Patricia Wells

DIE BISTRO-KÜCHE

Die 2oo besten Rezepte der
traditionellen französischen Küche

Deutsche Erstausgabe

WILHELM HEYNE VERLAG

MÜNCHEN

HEYNE KOCHBUCH
07/4668

Aus dem Amerikanischen übertragen von Maria Zybak

Titel der Originalausgabe:
BISTRO COOKING
erschienen bei Workman Publishing Company, Inc., New York

Copyright © 1989 by Patricia Wells
Copyright © der deutschen Ausgabe 1994 by
Wilhelm Heyne Verlag GmbH & Co. KG, München
Printed in Germany 1994
Umschlaggestaltung: Atelier Ingrid Schütz, München
Umschlagfoto: Ulrich Kopp, Füssen/Peter Knaup
Druck und Bindung: RMO, München

ISBN 3-453-07727-x

Widmung

Für meine lieben Eltern, Vera und Joe Kleiber,
die mich gelehrt haben, daß gute Hausmannskost ein
bleibender Wert ist.

Danksagung

Es ist erstaunlich, wieviel offene, von Herzen kommende Begeisterung das Wort »Bistro« auslöst. Ich mußte meine Freunde in all den Jahren kaum überreden, mich in ein einfaches Restaurant um die Ecke zu begleiten, und bei mir zu Hause findet sich immer eine ganze Horde ein, um die neueste Variante von gebratenem Huhn, Kartoffelgratin oder Apfelkuchen zu kosten.

Viele haben mich während dieser Zeit wissentlich und unwissentlich bei meiner Suche nach der authentischen Bistro-Küche unterstützt. Ohne Köchinnen wie Marie-Antoinette Cartet (vom »Cartet« in Paris), Adrienne Biasin (vom »Chez la Vieille« in Paris), Marie-Louise Auteli (vom »Chez Tante Paulette« in Lyon), Marie-Claude Gracia (vom »La Belle Gasconne« in Poudenas) und Köche wie dem verstorbenen Antoine Magnin (vom »L'Ami Louis« in Paris) gäbe es dieses Buch nicht. Ein Dankeschön auch den Bäckern, Metzgern und Händlern, die sowohl Anregungen wie auch Rezepte lieferten. Ich möchte vor allem Roland Henny danken, meinem Metzger in der Provence, der seine Kunden jederzeit gern an seinem großen kreativen Talent teilhaben läßt. Und ich danke auch Kermit Lynch, mit dessen Hilfe ich so viele wunderbare französische Weine entdeckt und schätzen gelernt habe.

Ebenso danke ich meinen Freunden und Redakteuren – Rita und Yale Kramer, Maggie und Al Shapiro, Susy Davidson, Catherine O'Neill und Richard Reeves, Steven Rothfeld, Stuart McBride, Pamela Fiori, Malachy Duffy, Linda Wells und anderen –, die mich begleitet, ermutigt und mir ermöglicht haben, Arbeit und Vergnügen auf die angenehmste Weise zu verbinden.

Meine Pariser Mitarbeiter haben mir dabei geholfen, Rezepte von Köchen, Bäckern und Restaurant-Inhabern zu bekommen. Sie haben mit mir zusammen versucht, den ständig wachsenden Stapel von Rezepten, Informationen, Zitaten und Tips zu ordnen. Ich danke Jane Sigal, Anne Trager und Laura Washburn für ihre freundliche Unterstützung.

Zu Hause in den USA haben dann andere mitgeholfen, die Rezepte für die nichtfranzösischen Küchen umzusetzen. Ganz besonders danke ich meiner Schwester, Judy Kleiber-Jones, dafür, daß sie viele Rezepte mehrmals ausprobiert hat, und den Freundinnen in ihrer Patchwork-, Koch- und Probiergruppe, die sich einmal die Woche in Ramsey, New Jersey trifft; dazu gehören Maureen Papola, Carol White und Rose Anne Tockstein.

Ebenso danke ich Susan Herrmann Loomis, meiner langjährigen Kollegin und Freundin, daß sie so viele Stunden in ihrem Apartment in Seattle damit verbracht hat, schnell Hingekritzeltes in vernünftige Rezepte zu verwandeln, und daß sie mich in Sachen Fisch und Meeresfrüchte beraten hat.

Aus all dem wäre jedoch ohne das Verständnis, die Unterstützung und Ermutigung des Herausgebers, Peter Workman, und meiner Lektorin, Suzanne Rafer, nichts geworden, die sich jahrelang um meine Manuskripte gekümmert hat. Ich kann mich schon gar nicht mehr daran erinnern, wieviele Erstdrucke und Neubearbeitungen wir zusammen gemacht haben.

Abschließend möchte ich meinen Eltern, Vera und Joe Kleiber, dafür danken, daß sie mich in meiner Entwicklung unterstützten, und meinem Mann Walter, der mir unermüdlich half.

Inhalt

Abkürzungen und Erklärungen:

EL	=	Eßlöffel
TL	=	Teelöffel
Msp	=	Messerspitze
g	=	Gramm
l	=	Liter
ml	=	Milliliter (1/1000 l, 1 g)

Das Bistro – eine Lebensform

Ich glaube, dieses Buch hat im Herbst 1979 erste Umrisse angenommen, als mein Mann Walter und ich in Frankreich Urlaub machten. Eines Abends liefen wir durch die Gassen von Lyon und gerieten unversehens in ein kleines Restaurant.

Wir ließen uns riesige Salatteller mit Frisée und Frühstücksspeck schmecken, die mit so viel Essig angemacht waren, daß sich der Mund zusammenzog und die Augen tränten. Es gab goldbraun gebratenes Huhn, wie wir es nie zuvor gegessen hatten, ein Kartoffelgratin, das auf der Zunge zerging, Karaffen mit kühlem Beaujolais und als Dessert eine reichhaltige Mousse au chocolat. Das Essen kam in großen weißen Schüsseln auf den Tisch, und das Ganze hatte etwas Großzügiges. Es war zwar ein traditionelles französisches Menü, hätte aber ebensogut von meiner Mutter in Wauwatosa, Wisconsin, zubereitet sein können, denn es war gute Hausmannskost.

Zurückblickend weiß ich, daß es das erste von Hunderten authentischer Bistro-Menüs war, die noch folgen sollten.

Ein paar Monate später zogen wir von New York nach Paris um, und die kleinen und großen Restaurants wurden bald zum Mittelpunkt meiner Arbeit, meiner Hobbies und meines Lebens. Zu jener Zeit war die Nouvelle Cuisine große Mode, und wir gingen zwar schon regelmäßig in kleine, altmodische Pariser Bistros wie das »L'Ami Louis«, aßen aber meistens in den eleganteren und teureren Restaurants zu Abend.

Die Zeiten ändern sich, der Geschmack ebenso, und wir bevorzugten immer mehr die kleineren, weniger bekannten Restaurants, in denen einfache, traditionelle französische Hausmannskost serviert wurde.

Als ich Material für meine ersten beiden Bücher sammelte »The

Food Lover's Guide to Paris« und »The Food Lover's Guide to France« – achtete ich besonders auf den Unterschied zwischen Luxusrestaurants und kleinen Lokalen, und ich bemühte mich, die Restaurants ausfindig zu machen, die wir als Bistros kennen.

Mein Herz hüpfte vor Freude, als mich Suzanne Rafer, meine Lektorin, vor einigen Jahren an einem grauen Wintertag unerwartet anrief und sagte: »Schreiben Sie für uns ein Bistro-Kochbuch.« Meine Antwort war schon heraus, bevor sie Näheres dazu sagen konnte: ein lautes, deutliches »Ja!«

Ich hatte schon jahrelang – ohne mir dessen bewußt zu sein – Informationen für dieses Buch gesammelt, mit Küchenchefs gesprochen, neben ihnen am Herd schnell Tips und Rezepte notiert, die vielen Varianten von Kartoffelgratin vermerkt und Essays über **pot-au-feu** und **aioli** geschrieben; meine Ordner mit Ideen für selbstgemachte Desserts, gehaltvolle **daubes** für den Winter und kühle Sommersalate wurden immer dicker.

Im Gegensatz zu anderen Projekten, die mich derart in Anspruch genommen haben, daß ich alles um mich herum vergaß, gehörte dieses Buches in den letzten Jahren auf ganz natürliche, angenehme Weise zu meinem Leben. An manchen Tagen fand ich überall etwas Interessantes zum Thema Bistro: einen Tip zum Grillen von Fisch, ein aufregendes neues Rezept für einen Obstkuchen, oder eines, das mir mir Appetit auf einen Teller mit frischen, salzigen Austern machte.

Bistro! Bistro!

Man wird sich wohl nie darüber einig werden, woher das Wort »Bistro« genau kommt. Die am häufigsten genannte Erklärung ist, daß russische Soldaten »bistro! bistro!« ausriefen, als sie nach der Eroberung von Paris im Jahr 1815 die Cafés stürmten. Da das Wort tatsächlich aber erst 1884 Eingang in die französische Sprache fand, dürften andere Erklärungen plausibler sein. Manche behaupten, das Wort komme von »bistrouille« oder »bistouille«, womit in Nordfrankreich eine Mischung aus Kaffee und Schnaps oder ein minderwertiger Schnaps bezeichnet wird; beide Getränke kann man auch in einem »Bistro« finden. Dann haben wir noch das Verb »bistrouiller«, was soviel heißt wie einen Ersatzwein aus Wasser, Alkohol und anderen Zutaten herstellen, der vielleicht in einem drittklassigen »Bistro« als Wein verkauft wird. Welchen Ursprungs es auch sein mag, ob es ein Café, ein kleines, einfaches Restaurant oder nur ein Ort ist, wo man sich mit einem herzhaften Sandwich und einem Glas Wein stärkt: Jeder wird mit mir übereinstimmen, daß das Bistro ein Ort ist, wo man mit Freunden schöne Stunden verbringt.

Ich probierte ständig Rezepte aus, durchstreifte meinen Markt an der Rue Poncelet auf der Suche nach den frischesten Jakobsmuscheln aus der Bretagne oder schlenderte durch die Märkte in der Provence, um ein dickes Huhn, frisch vom Bauernhof, zu finden, die ersten grünen Oliven der Saison oder kleine Laibe festen Ziegenkäses zum Einlegen in Öl.

Während ich es mir in Bistros überall in Frankreich schmecken ließ, meine Entdeckungen dann zu Hause in der eigenen Küche immer wieder ausprobierte, begann ich allmählich, gewisse Veränderungen meiner Eß- und Kochgewohnheiten festzustellen. Die Gerichte wurden einfacher und weniger aufwendig, schmeckten aber deswegen nicht schlechter. Kurz, die Bistro-Küche – ich halte sie für zeitlos – hatte mein Leben verändert.

Solange Menschen dicke Steaks mit großen Portionen Pommes frites verzehren und dazu billigen Rotwein aus dem Wasserglas trinken, werden uns die einladenden kleinen Restaurants um die Ecke weiter das Herz erwärmen und in uns Bilder von reichlichen, herzhaften und vernünftigen Mahlzeiten und schönen Stunden mit Freunden wachrufen. Ein Bistro ist ganz einfach ein kleines Lokal in der Nachbarschaft, in dem deftige Hausmannskost serviert wird. Das Geschirr ist fast immer aus schlichtem weißen Porzellan, die Tischdecken sind oft aus Papier mit Waffelmuster und haben umgeknickte Ecken, der Boden ist mit Sägemehl bestreut. Die Speisekarte – oft ein kaum lesbares, fotokopiertes Blatt in einer Plastikhülle – ist kurz und ändert sich nur selten, vielleicht mit Ausnahme des üblichen **plat du jour**: am Montag gibt es **pot-au-feu**.

Im Bistro flüstern die Leute nicht, sie sprechen laut, und die Gäste stehen mit der überlasteten Kellnerin in weißer Rüschenschürze auf du und du. Manchmal kann man im Bistro nicht einmal selbst wählen, was man ißt oder trinkt, weil der »Patron« oder Inhaber dieses Recht für sich in Anspruch nimmt. Und oft ergibt sich im Bistro ein Gespräch mit völlig Fremden am Nebentisch, und die Nachbarn teilen ihren Teller Pommes frites mit einem, bis die eigene Portion frisch zubereitet aus der Küche am anderen Ende des Raumes kommt. In früheren Zeiten war das Bistro, vor allem in Paris, oft eine Filiale des häuslichen Wohnzimmers. Die Küchen in den Wohnungen waren klein (genaugenommen gab es fast keine), und viele Pariser nahmen alle Mahlzeiten im Café-Bistro um die Ecke ein. Manchmal hatten sie dort sogar ihre eigenen Servietten.

Bistro-Küche bedeutet nicht nur eine bestimmte Art der Zubereitung, sondern auch der Präsentation. Wer **terrine de campagne** bestellt – im allgemeinen eine herzhafte Pâté aus gehacktem Schweinefleisch und Schweineleber, mit Cognac und Kräutern gewürzt –, bekommt nicht eine dünne Scheibe davon auf einem Teller serviert. Die Kellnerin bringt vielmehr die ganze Terrine, und man nimmt sich davon, so viel man will. Bestellt man gebratenes Huhn, kommt ein ganzer, knusprig brauner Vogel auf den Tisch, der dann erst zerlegt wird.

Bistro-Küche ist französische Hausmannskost im besten Sinne des Wortes, eine Küche, die nur ein Minimum an technischen Fähigkeiten erfordert und für die man keine Profi-Ausrüstung an Töpfen und Pfannen braucht. Ausgefallene Zutaten werden nicht verwendet; alles kommt direkt vom örtlichen Markt. Und sie ist aus dem Bedürfnis heraus entstanden, alles aus dem Einkaufskorb zu verwerten, was dem Geldbeutel gut tut.

Was ich an der Bistro-Küche am meisten schätze, ist das Großzügige, Üppige. Wenn ich zu Hause eine herzhafte Rindfleischdaube aus der Provence mache, bringe ich die ganze dampfende gußeiserne Kasserolle direkt aus der Küche auf den Tisch, damit meine Familie und die Gäste, falls wir welche haben, sehen können, was ihnen serviert wird. Salate werden nicht wie Stilleben arrangiert; vielmehr kommt die große Salatschüssel auf den Tisch, und er wird erst dort angemacht und serviert.

Die Bistro-Küche hat keine Angst davor, kräftig und bodenständig zu sein. Die Luft ist von durchdringendem Knoblauchgeruch erfüllt, oder es riecht nach Schinken, der in einer großen Stahlpfanne brutzelt, oder es verbreitet sich der Karamelduft einer Tarte Tatin, die gleich aus dem Ofen kommen wird.

Überdies ist sie eine Küche ohne großen Anspruch, und ihre Grundlagen kennen wir alle: große Salate; goldbraune Kartoffelgratins; preiswertes, aber schmackhaftes Fleisch, das in Rotwein mariniert und so lange gegart wird, bis es butterweich ist und sich vom Knochen löst und eine Menge einfacher Desserts wie Obstkuchen und süße, sahnige Cremes.

Die Grenzen der Bistro-Küche sind fließend, und die Liste der Bistro-Gerichte, die man als authentisch bezeichnen kann, geht in die Hunderte. Die Bistro-Küche in Paris hat ihren eigenen Stil, ebenso wie die in Lyon, Straßburg, Nizza und Marseille. Jede Region Frankreichs hat ihre besondere Charakteristik. So finden wir in den Bistros im Südwesten eingemachte Ente mit Kartoffeln, mit einer kräftigen Dosis Knoblauch sautiert; typisch für die Bistros im Elsaß ist Huhn, in Riesling aus der Gegend gegart; in provenzalischen Bistros serviert man gern Schmorfleisch mit Makkaroni-Gratin.

Die Bistro-Köche wissen, wie wir uns heute ernähren wollen: Sie bieten mehr Salate, mehr Fisch und weniger Fleisch an. Während früher die Charcuterie – Würste, Schinken, Terrinen und Pasteten – die Hauptrolle spielte, kommen Wurst- und Fleischwaren heute vielfach in anderer Form auf den Tisch; sie werden gewürfelt und unter Salate gemischt oder in kleineren Portionen serviert.

Wein ist für ein gutes Bistro-Menü ebenso wichtig wie knuspriges Baguette – und zur Bistro-Küche gehört ein bestimmter Wein: einfach, unkompliziert, unprätentiös. Der König der Bistro-Weine ist der Beaujolais, der zu allem paßt, aber die Auswahl an Weinen ist groß. Zu den bei Bistro-Gästen beliebten Roten zählen ein gut gekühlter Saumur-Champigny oder Chinon von der Loire; ein kräftiger Cahors, Madiran oder Gaillac aus dem Südwesten; ein guter Pinot noir aus dem Elsaß und aus der Provence der Côtes du Rhône, Bandol und Côtes de Provence. Spitzenreiter unter den Weißweinen sind der Saint-Véran, Aligoté und Mâcon-Villages aus dem Burgund, der Sancerre und Pouilly-Fumé aus dem Loiretal und der Muscadet von der Atlantikküste.

Ich habe auf der Suche nach der authentischen Bistro-Küche auf meinen Reisen durch Frankreich eine Vielzahl beliebter Gerichte zusammengetragen. Und auch Ihnen werden, wenn Sie dieses Buch lesen und die Rezepte zu Hause nachkochen, die Menschen vertraut werden, die ihr Können und Wissen mit mir geteilt haben. Ich hoffe, Sie werden sich von der Bistro-Küche und dieser besonderen Lebensart inspirieren lassen, ganz gleich woher Sie stammen und wo Sie leben.

Les hors-d'oeuvres
pour vous mettre en appétit
Appetithappen und Vorspeisen

In fast allen Bistros sind auf der Speisekarte einige »erprobte« Vorspeisen zu finden, wie zum Beispiel pikanter Knollensellerie in Senfsauce, heiße Wurst mit Kartoffelsalat oder in Öl und Kräutern marinierter Hering. Manche Vorspeisen wie der kräftige Brotaufstrich aus Sardellenfilets, Knoblauch und Olivenöl des »Chez Gilbert« sind ideal für heiße Sommertage. Ich denke dabei immer an den glühend heißen Nachmittag im August, als ich diesen Klassiker aus der Provence zum ersten Mal probierte. Andere, wie das Sandwich mit Rindfleisch und eingelegten Tomaten aus dem »Juvéniles«, erinnern mich an den regnerischen Wintertag, als wir in einer gemütlichen kleinen Weinstube Schutz suchten. Meine vielleicht liebste Vorspeise aber, die sich zudem leicht variieren läßt, ist der Toast »La Boutarde«, eine wunderbare Kombination aus Pistou (Pesto) mit viel Knoblauch und mit geräucherter Forelle, Ente oder Schinkenstückchen belegt. Ich weiß gar nicht, wie oft ich diese Vorspeise schon zubereitet habe. Sie ist das beste Beispiel für die Kreativität, die die moderne Bistro-Küche auszeichnet.

Anchoïade Chez Gilbert

Brotaufstrich aus Sardellen, Knoblauch und Olivenöl

Das »Chez Gilbert« ist ein vielbesuchtes Bistro in der Provence. Es liegt am sonnenverwöhnten Hafen von Cassis an der Mittelmeerküste. Dieser köstliche Appetithappen, auch als **quichét** bekannt, wird auf kleinen runden, gerösteten Brotscheiben zum Apéritif serviert. Ich liebe den überraschend intensiven Essiggeschmack, der – wie ich finde – so gut zu den salzigen Sardellen und dem kräftigen Knoblauch paßt. Am besten sind meiner Meinung nach in Olivenöl eingelegte Sardellenfilets. Da sie vielen zu salzig sind, werden sie bei diesem Rezept zuerst gewässert, worauf man aber auch verzichten kann. Reichen Sie dazu einen gut gekühlten Rosé wie Domaine Tempier Bandol rosé.

Für 4 Portionen:
120 g Sardellenfilets in Olivenöl , abgetropft (das Öl auffangen)
16 dünne Scheiben Baguette · 2 1/2 TL guter Rotweinessig
4 Knoblauchzehen, grob gehackt · 3 EL frische Petersilie, gehackt

Den Backofen vorheizen. Die Sardellenfilets in einer kleinen Schüssel 10 Minuten wässern. Abtropfen lassen und mit Küchenkrepp trockentupfen. Die Brotscheiben auf einem Backblech verteilen und auf beiden Seiten je etwa 1 1/2 Minuten im Ofen toasten. Das Brot beiseite stellen, den Backofen jedoch nicht ausschalten. Die Sardellenfilets zerkleinern und mit dem Öl mischen. Essig, Knoblauch und Petersilie zufügen und verrühren. Die Anchoïade auf die gerösteten Brotscheiben streichen und 1 Minute grillen, bis sie heiß ist. Sofort servieren.

Tapenade Restaurant Maurice Brun

Tapenade »Maurice Brun«

Im Gegensatz zu den meisten Tapenades, die fein püriert werden, wird diese klassische provenzalische Mischung aus schwarzen Oliven, Kapern, Sardellen und Kräutern nur ganz leicht im Mixer zerkleinert. Sie soll ziemlich grobkörnig bleiben. Im anheimelnden, museumsähnlichen Marseiller Restaurant »Maurice Brun« verwendet man dazu Rum statt des sonst üblichen Cognac. Madame Brun erzählte mir einmal, daß sie in den dreißiger Jahren oft zusahen, wie Schiffe mit einer Ladung Rumfässer direkt beim Restaurant festmachten, das im alten Hafen von Marseille liegt. Gleich nebenan wurde der Rum dann in Flaschen abgefüllt, deshalb verwenden sie ihn für ihr Rezept. Die Bruns servieren diesen Appetithappen separat, man ißt ihn mit der Gabel und nicht – wie sonst üblich – als Brotaufstrich.

Ergibt etwa 1/4 l:
2 EL abgetropfte Kapern
4 Sardellenfilets
1 TL frischer Thymian · 1 EL Rum
2 EL bestes kaltgepreßtes Olivenöl
250 g schwarze Oliven in Öl, entsteint, vorzugsweise aus Nyons

Kapern, Sardellen, Thymian, Rum und Öl im Mixer leicht vermengen. Die Oliven zufügen und den Mixer etwa 10 mal kurz hochschalten, bis alles zerkleinert, aber noch ziemlich grobkörnig ist. In ein Schälchen geben und servieren.

Tartines de pistou et poisson fumé La Boutarde

Geröstetes Brot mit Pesto und geräucherter Forelle

Von den Millionen Rezepten, die man sich vorstellen kann, wäre mir dieses eine sicher nie eingefallen, hätte ich es nicht an einem Sommerabend im »La Boutarde« probiert, einem gut besuchten Bistro im Pariser Westen. An jenem Abend wurden uns als Appetithappen diese köstlichen **tartines** serviert: geröstetes Bauernbrot, mit kräftigem Pesto bestrichen, darauf angerichtet ganz dünne Scheiben **flétan** (Heilbutt). Ich habe das Rezept nur etwas abgewandelt und nehme statt dessen geräucherte Forelle, die man leichter bekommt. Es sollten nur dünne Scheiben leicht geräucherten Fisches wie etwa Heilbutt sein. Trinken Sie dazu einen gut gekühlten Rosé aus der Provence.

Für 4 Personen:
4 EL Pistou (siehe Seite 91)
4 dicke Scheiben Bauern- oder Weißbrot, geröstet
4 dünne Scheiben Räucherfisch wie Forelle oder Heilbutt

Jede geröstete Brotscheibe mit 1 Eßlöffel Pistou bestreichen und eine Scheibe Räucherfisch darauflegen. Fisch auf die Brotgröße zurechtschneiden und servieren.

Mmh, Basilikum

Heute verwenden wir Basilikum in vielen Rezepten. Um die Jahrhundertwende aber war Basilikum, sogar in der Provence und an der Côte d'Azur, gleichbedeutend mit Pistou und wurde nur für die soupe au pistou verwendet. Guy Gedda, Küchenchef des »La Tonnelle des Délices« in Bormes-les-Mimosas in der Provence gesteht: »Ich liebe Basilikum, ... Ich mache Sandwiches mit Basilikumblättern und beträufle sie mit Olivenöl. Mit etwas Salz und das Brot mit einer frischen Knoblauchzehe eingerieben – das ist absolut köstlich.«

Saucisson chaud pommes à l'huile
Heiße Wurst mit Kartoffelsalat

Was wäre die Bistro-Küche ohne dampfende, gut gewürzte Wurst und dazu ein warmer Kartoffelsalat mit viel Öl und Schalotten? Dieses Gericht erinnert mich immer an eine unserer ersten Reisen nach Frankreich, als mein Mann und ich einfach in Lokale gingen, die interessant aussahen. Sechs Wochen später verließen wir New York und zogen mit Sack und Pack nach Frankreich! Gut paßt zu diesem Gericht ein Weißwein aus Burgund, zum Beispiel ein trockener Rully oder Saint-Véran. Wenn Sie lieber einen Roten trinken, nehmen Sie einen Beaujolais.

Für 4 Personen:
1/4 l bestes kaltgepreßtes Olivenöl
4 Schalotten, fein gehackt
etwa 350 g frische original Lyoner Wurst
750 g kleine, neue rotschalige Kartoffeln, abgebürstet
4 EL guter Sherry-Essig
Salz und frisch gemahlener schwarzer Pfeffer
eine knappe Handvoll frische Petersilie

Öl und Schalotten in einer kleinen Schüssel mischen und beiseite stellen. Durch das Marinieren in Öl verlieren die Schalotten ihren bitteren Geschmack. Die Wurst in einen Topf mit kaltem Wasser geben, bei starker Mittelhitze zum Köcheln bringen und 35 bis 40 Minuten leise sieden. Das Wasser darf nicht kochen, sonst platzt die Wurst. Man kann sie im Kochwasser bis zu 30 Minuten warm halten. Inzwischen die Kartoffeln in reichlich Salzwasser so lange kochen, daß sie gerade weich sind. Den Essig in die Öl-Schalotten-Mischung rühren, mit Salz und Pfeffer abschmecken. Das Wasser abgießen, die Kartoffeln abpellen und, wenn sie etwas abgekühlt, aber noch warm sind, in dünne, gleichmäßige Scheiben schneiden. Unter die Vinaigrette mischen und mit der feingehackten Petersilie bestreuen. Den Kartoffelsalat in der Mitte eines Tellers anrichten. Die Wurst aus dem Wasser nehmen und in dünne, gleichmäßige Scheiben schneiden. Rund um den Kartoffelsalat anrichten und servieren.

Bei uns findet man in Delikatessengeschäften nur selten die original französische Lyoner Wurst, die – grobkörnig aus gepökeltem Fleisch hergestellt – kräftig gewürzt und an der Luft getrocknet ist. Sie ist nicht mit der deutschen Lyoner, einer einfachen Fleischwurst, zu vergleichen. Dennoch kann man für diese Gerichte alle Würste, die sich zum Kochen eignen, verwenden, wobei die Qualität der Wurst sehr wichtig ist.

Cervelas rémoulade
Schweinswurst mit Senfsauce

Dieses altmodische, traditionelle Gericht ist typisch für jene Zeit, als Fleisch- und Wurstwaren die Hauptrolle in Bistros spielten. Es ist im Handumdrehen fertig. Nehmen Sie dazu die beste abgekochte Wurst, die Sie finden können, und bereiten Sie die Mayonnaise möglichst selbst zu. Als Beilage können Sie gemischten Salat, den man auf dem Wurstteller anrichtet, servieren. Ein paar Scheiben knuspriges Brot gehören unbedingt dazu.

Für 4 Personen:
1/4 l Mayonnaise, vorzugsweise hausgemacht (siehe Seite 270)
1 EL Dijon-Senf (nach Belieben auch mehr)
250 g abgekochte Schweinswurst, z.B. Knackwurst
einige Zweige frischer Kerbel oder 1 EL feingehackte Petersilie zum Garnieren

Mayonnaise und Senf in einer kleinen Schüssel verrühren. Abschmecken und nach Belieben noch etwas Senf zufügen. Die Wurst in 1/2 Zentimeter dicke Scheiben schneiden und gleichmäßig auf 4 Teller verteilen. Die Sauce dazugeben, mit Kerbel oder Petersilie bestreuen und mit gemischtem grünen Salat servieren.

Was bei uns als Cervelatwurst (=Schlackwurst) verkauft wird, ähnelt den französischen Cervelas nicht. Hier gilt der gleiche Rat wie beim vorhergehenden Rezept: Sie können alle Brühwürste, die sich zum Kochen eignen – vorausgesetzt sie schmecken ihnen – verwenden.

Céleri rémoulade
Sellerie in Senfsauce

Ich mag das Aroma von Knollensellerie sehr, und dies ist eine einfache, pikante Variante eines meiner liebsten Bistrosalate. Knollensellerie hat in der französischen Küche übrigens eine sehr lange Tradition. Mit der scharfen Senfsauce schmeckt er wunderbar! Kaufen Sie frischen Sellerie (ältere Knollen werden bitter), und nehmen Sie einen guten, scharfen Dijon-Senf. Machen Sie zuerst das Dressing, und gießen Sie es sofort über den frisch geraspelten Sellerie, damit er nicht dunkel wird. Bei den meisten klassischen Varianten wird er mit einer Senf-Mayonnaise angemacht, aber ich finde diese Sauce hier leichter. Knollensellerie ist zwar ziemlich fest, läßt sich in der Küchenmaschine aber gut zerkleinern.

Für 4-6 Personen:
2 EL frisch gepreßter Zitronensaft
2 EL Dijon-Senf (Menge nach Belieben)
1/4 l Crème fraîche (siehe Seite 272) oder dicke Sahne
Salz und frisch gemahlener schwarzer Pfeffer
1 Knolle Sellerie (etwa 500 g)

Zitronensaft, Senf und Crème fraîche in eine große Schüssel geben. Salzen, pfeffern und alles miteinander verrühren. Eventuell nachwürzen. Die Sellerieknolle vierteln, schälen und in der Küchenmaschine oder Moulinette grob raspeln. Sofort in die Senfsauce geben, gut durchmischen und abschmecken. Als ersten Gang servieren.

Harengs marinés
Heringe in Öl-Kräuter-Marinade

Diese marinierten Heringe gehören zu meinen liebsten Bistro-Gerichten. Sie sind in fünf Minuten zubereitet. In vielen alten Bistros werden die Heringe in Öl mit Zwiebeln, Möhren und Kräutern mariniert und kommen in einer großen weißen Porzellanschüssel auf den Tisch (das heißt, daß Sie sich gern noch ein zweites oder drittes Mal nehmen dürfen). Dazu gibt es warme, in Scheiben geschnittene Kartoffeln, die mit Vinaigrette begossen und mit Petersilie bestreut werden. Zu Hause können Sie marinierte Heringe sehr gut als Imbiß oder, bei einem größeren Menü, als ersten Gang servieren. Das Öl macht nicht nur Räucherhering zarter, auch die Zwiebeln werden dadurch weicher. Statt Räucherhering aus der Dose können Sie auch frisch eingesalzenen, ungeräucherten Matjeshering nehmen. Es macht nichts, wenn der Fisch beim Herausnehmen etwas auseinanderfällt. Das läßt sich manchmal nicht vermeiden und tut dem köstlichen Geschmack keinen Abbruch!

Für 8 Personen:
16 kleine Heringsfilets (etwa 360 g)
2 Zwiebeln, in dünne Scheiben geschnitten
2 Möhren, geputzt und in dünne Scheiben geschnitten
2 Zitronen, in dünne Scheiben geschnitten

Jeweils die halbe Menge der Zutaten in eine 1 l fassende Terrine schichten, und zwar in folgender Reihenfolge: Hering, Zwiebeln, Möhren, Zitrone, Lorbeerblatt, Thymian und Pfefferkörner; darauf die zweite Lage in derselben Reihenfolge. Soviel Erdnußöl zugießen, daß alle Zutaten bedeckt sind. Die Terrine gut abdecken und kalt stellen. Je nach Geschmack 2 bis 4 Tage marinieren. Der Hering bleibt bis zu 2 Wochen frisch und wohlschmeckend, wenn die Terrine fest verschlossen ist. Etwa 1 Stunde vor dem Servieren aus dem Kühlschrank nehmen.

Taboulé provençale
Würziger Couscous-Salat

Die Franzosen haben Couscous sozusagen adoptiert, wie es Völker mit allen Speisen machen, die sie besonders schätzen. In Nordafrika und dem Nahen Osten ist Couscous, der feine Hartweizengrieß, nicht wegzudenken, und auch in der modernen französischen Bistro-Küche wird er auf vielerlei Arten zubereitet. Eines der beliebtesten Gerichte – es ist in Frankreich Metzgerläden, Supermärkten und Cafés erhältlich – ist **salade de couscous** oder **taboulé**. Bei uns kennt man diesen Salat eher mit Bulgur (Weizenschrot), die Franzosen bereiten ihn im allgemeinen aus dem feineren Couscous zu. In das französische Gericht, wie man es oft in der Provence bekommt, gehören normalerweise auch Tomaten. Dieser erfrischende Sommersalat kann allein serviert werden, oder als Beilage zu **crudités**, einer Rohkostplatte aus Paprika, frischem Fenchel, Möhren, Gurke und Frühlingszwiebeln.

Für 4-6 Personen:
160 g vorgekochter Couscous (oder Bulgur)
4 EL glattblättrige Petersilie · 4 EL frische Minze
(oder 1 EL getrocknete, zerstoßene Minzeblätter)
4 mittelgroße Tomaten, geschält, entkernt und gehackt
10 Frühlingszwiebeln, *nur der weiße Teil in dünne Scheiben geschnitten*
4 EL frisch gepreßter Zitronensaft
4 EL bestes kaltgepreßtes Olivenöl · Salz

Den Couscous mit 1/2 l kaltem Wasser in eine Schüssel geben. Bei Zimmertemperatur etwa 30 Minuten stehen lassen, bis er das Wasser aufgenommen hat. Falls nach dieser Zeit noch Wasser in der Schüssel ist, den Couscous in ein mit einem Mulltuch ausgelegtes Sieb schütten und die restliche Flüssigkeit abgießen. Petersilie und Minze fein hacken und in eine kleine Schüssel geben. Bis auf das Salz alle Zutaten für das Dressing zufügen und alles gut miteinander vermischen, salzen und beiseite stellen. Den Couscous in eine mittelgroße Schüssel geben und mit einer Gabel auflockern. Das Dressing unterrühren und abschmecken. Zugedeckt mindestens 1 Stunde, jedoch höchstens 4 Stunden kalt stellen. Vor dem Servieren eventuell noch mit etwas Zitronensaft oder Salz abschmecken.

Gougère Françoise Potel
Käsewindbeutel »Françoise Potel«

Françoise Potel ist eine lebhafte und energische Frau, lebt in Burgund und stellt zusammen mit ihrem gemütvollen, bedächtigen Mann Gérard einen wunderbaren, feurigen Volnay her. Immer wenn ich ihr schönes Weingut besuche, bekomme ich ofenwarme Käsewindbeutel angeboten. Es sind köstliche Appetithappen und schmecken besonders gut zum roten Burgunder.

Ergibt etwa 40 Stück:

1/2 TL Salz · 120 g Butter, gekühlt und in kleine Stückchen geschnitten

130 g Mehl, durchgesiebt · 4 große Eier · 60 g frisch geriebener Gruyère

Salz, Butter und 1/4 l Wasser in einem mittelgroßen Topf auf höchster Stufe zum Kochen bringen; dabei umrühren. Den Topf vom Herd nehmen und das Mehl auf einmal hineingeben. Mit einem großen Holzlöffel kräftig durchrührern, bis ein glatter Teig entsteht. Topf auf den Herd stellen und 1 Minute bei Mittelhitze weiterrühren, damit der Teig etwas trockener wird. Den Teig in eine Rührschüssel geben, die Eier und die Hälfte des geriebenen Käses zufügen. Mit dem Handmixer auf mittlerer Stufe durchrühren, bis Eier und Käse gut eingearbeitet sind. Den noch warmen Teig in einen Spritzbeutel füllen, der eine Tülle von 1,5 cm Durchmesser hat. In etwa 5 cm Abstand 5 cm große Häufchen auf 2 Backbleche setzen. (Wenn Sie keinen Spritzbeutel haben, können Sie den Teig mit einem Eßlöffel vorsichtig auf das Blech setzen.) Die Teighäufchen mit dem restlichen geriebenen Käse bestreuen. Die Windbeutel 20-25 Minuten backen, bis sie gleichmäßig goldbraun sind. (Wenn sie nicht gleichmäßig backen, die Tür auf keinen Fall öffnen und die Bleche umstellen. Ein Blech fertig backen und herausnehmen; dann die Windbeutel auf dem zweiten Blech goldbraun werden lassen.)

Filet de boeuf sur pain grillé aux tomates confites Juvéniles

Sandwich mit Rindfleisch und eingelegten Tomaten »Juvéniles«

Dieses herzhafte Sandwich ist eine feine Sache, wenn Sie Bratenreste und gegrillte Tomaten übrig haben. Ansonsten verwenden Sie Roastbeef und frische Tomaten und reichen dazu Kressesalat mit Senf-Dressing. Auch Reste von Lammbraten eignen sich hervorragend, vor allem vom **Gigot à sept heures** und dazu **Tomates à la provençale**. Das Rezept stammt aus dem »Juvéniles«, einem beliebten

Pariser Weinlokal. Als ich dieses Sandwich zum ersten Mal aß, tranken wir dazu einen Bandol, Château Vannières.

Für 4 Personen:
1 EL Dijon-Senf,
3 EL Crème fraîche (siehe Seite 272) oder dicke Sahne
Salz und frisch gemahlener schwarzer Pfeffer
1 Schälchen Kresse , gewaschen, abgetropft, ohne Stengel
8 Scheiben Bauern- oder Weißbrot
3 EL Butter · 8 dünne Scheiben Roastbeef
4 Tomaten à la provençale (siehe Seite 101), geviertelt
oder 4 frische Tomaten, in Scheiben geschnitten

Senf und Crème fraîche in einer kleinen Schüssel gründlich verrühren, mit Salz und Pfeffer würzen. Kresse unterrühren, abschmecken und beiseite stellen. Das Brot auf beiden Seiten gleichmäßig rösten und auf einer Seite mit Butter bestreichen. 4 Scheiben mit Roastbeef, Kresse-Dressing und Tomaten belegen, darauf eine zweite Scheibe geröstetes Brot geben und servieren.

La tartine chaude au Bleu des Causses et jambon cru Les Bacchantes
Sandwich mit Blauschimmelkäse und Schinken »Les Bacchantes«

Das »Les Bacchantes« ist ein gut besuchtes Pariser Weinlokal in der Nähe der Oper, nicht weit von den großen Kaufhäusern entfernt. Ich gehe samstags gern dorthin zum Mittagessen. Es gibt eine große Auswahl an Sandwiches und Salaten, große Steaks mit Pommes frites, Omeletts und natürlich auch ein gutes Angebot an Weinen. Ich esse dieses herzhafte Sandwich sehr gern – es wärmt so schön an einem kalten Herbst- oder Wintertag. Dazu paßt ein gemischter Salat mit Tomaten, und auch ein Schluck Roter darf nicht fehlen.

Für 4 Personen:
4 große Scheiben Bauern- oder Weißbrot
gut 100 g zerkrümelter Blauschimmelkäse *wie Bleu de Causses oder Roquefort*
4 dünne Scheiben gepökelter, ungeräucherter Schinken

Den Backofen vorheizen. Das Brot auf beiden Seiten rösten. Mit Käse bestreuen, darauf eine Scheibe Schinken legen. Etwa 2 Minuten grillen, bis der Schinken warm ist und der Käse zerläuft.

Pan bagna
»Gebadetes« Sandwich provenzalische Art

Pan bagna – wörtlich »gebadetes Brot« – ist Salade niçoise auf einem Baguette. Im Grunde können Sie für ein solches Sandwich alle möglichen Zutaten verwenden, zum Beispiel gekochte grüne Bohnen, Gurke, grünen Paprika, Zucchini, schwarze oder grüne Oliven, Kopfsalat, Radieschen, harte Eier oder Kräuter. Mir schmeckt es aber nach dem Motto »weniger ist mehr« besser. Welche Zutaten Sie auch wählen, das Sandwich sollte dick belegt und schön saftig sein. Es gibt nichts Schlimmeres als ein trockenes Pan bagna!

FÜR 4 PERSONEN:
1 großes Baguette oder mehrere kleine Sandwichbrötchen
6 Knoblauchzehen, fein gehackt
4 EL bestes kaltgepreßtes Olivenöl
60 g Sardellenfilets · 1 Dose (200 g) Thunfisch ohne Öl
2 EL Kapern · 1 mittelgroße Zwiebel, in dünne Ringe geschnitten
1 rote Paprikaschote, entkernt und in Streifen geschnitten
2 mittelgroße Tomaten, entkernt und in dünne Scheiben geschnitten
1/8 l »Maggies scharfer Paprika« mit Öl (siehe Seite 102)

Baguette oder Brötchen der Länge nach halbieren. Knoblauch und Öl mischen und mit einem Backpinsel die Schnittflächen des Brotes bestreichen. Die Mischung dabei fest in das Brot drücken. Die Sardellenfilets abtropfen lassen, einige Minuten wässern und trockentupfen. Den abgetropften Thunfisch mit den Kapern vermengen und die Mischung gleichmäßig auf die untere Hälfte des Brotes streichen, festdrücken. Darauf Zwiebel, Paprikastreifen, Tomaten, Sardellenfilets und »Maggies Paprika« in Öl verteilen. (Das Sandwich soll schön saftig sein.) Die obere Hälfte des Brotes darauflegen, ein Baguette in vier gleich große Stücke schneiden. Beide Hälften fest zusammendrücken. Es macht nichts, wenn die Kruste dabei etwas bricht. Die Sandwiches gut in Frischhaltefolie einwickeln und mit etwas beschweren, damit sie noch flacher werden. Mehrere Stunden oder über Nacht kalt stellen (ich nehme zum Beschweren immer zwei dicke Schneidebretter). Leicht gekühlt servieren.

Les soupes et les potages du jour
Tagessuppen

Ich bereite ausgesprochen gern Suppen zu, es hat so etwas Anheimelndes und Befriedigendes, wenn eine gute Suppe auf dem Herd vor sich hinköchelt. Der Klassiker der Bistro-Suppen stammt – wie könnte es anders sein – vom alten Pariser Markt, Les Halles, wo die Arbeiter von je her in den frühen Morgenstunden ihre Zwiebelsuppe aßen. Die Bistro-Suppen sind heute eher Hauptgerichte, wie zum Beispiel die provenzalische Fischsuppe, die weltbekannte Bouillabaisse, oder die **garbure**, eine Kohlsuppe aus dem Südwesten. Genau wie die Suppen liebe ich die verschiedenfarbigen Suppenschüsseln, in denen sie serviert werden: runde weiße Tassen aus dickem Porzellan für Zwiebelsuppe, tiefe, ockerfarbene für Bouillabaisse, und Tassen mit hübschem Blumenmuster für eine Suppe aus gartenfrischem Sauerampfer. Zur Suppe gehören unbedingt knuspriges Brot oder Brötchen. Zu Lauchsuppe mit Kartoffeln und Frühstücksspeck paßt am besten ein kräftiges Roggenbrot; das Fenchel-Safran-Brot von Jacques Collet paßt zu allen Fischsuppen, und ein Mehrkornbrot ist der ideale Partner für alle Gemüsesuppen.

Soupe à l'oignon Pied de Cochon

Zwiebelsuppe »Pied de Cochon«

Es gibt kein Lokal in Paris, dessen Zwiebelsuppe so bekannt ist wie die der Brasserie »Pied de Cochon«, die rund um die Uhr geöffnet hat. Fast jeder, der Paris liebt, ist schon nachts zu den Markthallen gefahren, um hier noch etwas zu sich zu nehmen. Für mich ist sie eine der leichtesten Zwiebelsuppen, die ich kenne, vielleicht weil die Zwiebeln zuerst geschmort werden. Nehmen Sie dazu nur weiße Gemüsezwiebeln (gelbe Zwiebeln können bitter werden). Sollte die Zwiebelsuppe zu einem Lieblingsgericht der Familie werden, lohnt sich die Ausgabe für die traditionellen kleinen Suppentassen mit Untersatz, die speziell dafür gedacht sind.

Für 6 Personen:
500 g weiße Gemüsezwiebeln, in dünne Scheiben geschnitten
1/2 l trockener Weißwein (Muscadet oder MâconVillages)
2 EL Butter
1 1/2 l ungesalzene Hühnerbrühe, vorzugsweise hausgemacht
6 Scheiben knuspriges Baguette · 150 g frisch geriebener Gruyère

Den Backofen auf 220° C vorheizen. Zwiebeln, Wein und Butter auf ein Backblech geben, nicht abdecken und etwa 45 Minuten schmoren, bis die Zwiebeln sehr weich sind und fast die ganze Flüssigkeit aufgenommen haben. Die Temperatur auf Grillstufe schalten. Inzwischen die Brühe in einem großen Topf zum Köcheln bringen. Zwiebeln gleichmäßig auf 6 Suppentassen verteilen und die köchelnde Brühe darübergießen. Je eine Scheibe Brot darauf legen und den geriebenen Käse darüberstreuen. Die Suppentassen 2- 3 Minuten unter den Grill stellen, bis der Käse geschmolzen und leicht gebräunt ist. Sofort servieren.

La bourride de baudroie Lou Marquès

Seeteufelsuppe mit Knoblauchcreme »Lou Marquès«

Seeteufel – auch **lotte** oder, in der Provence, **baudroie** genannt – ist ein beliebter Mittelmeerfisch und für Suppen wie diese bestens geeignet. Mit der Knoblauchmayonnaise – Aïoli – ist diese Suppe ein Hauptgericht. Ich habe sie zum ersten Mal auf der Terrasse des »Lou Marquès«, dem Restaurant des Hotels »Jules César« in Arles gegessen. Nehmen Sie dazu möglichst hausgemachten Fischfond, ersatzweise auch Wasser. Dazu empfehle ich entweder einen gut gekühlten Weißwein aus der Provence wie den Cassis, einen Tavel oder Bandol rosé. Ich bereite das Aïoli immer vorher zu, damit ich in letzter Minute nur noch wenig Arbeit habe.

Für 6 Personen:

---

500 g mehlige Kartoffeln,
geschält und in sehr dünne Scheiben geschnitten

---

1 Stange Lauch (nur der weiße Teil),
geputzt und in Scheiben geschnitten

---

1 mittelgroße Möhre, geputzt und in Scheiben geschnitten

---

1 Knoblauchzehe, fein gehackt

---

geriebene Schale von 2 Orangen

---

1 Fenchelknolle, geputzt und in dünne Scheiben geschnitten

---

3 Lorbeerblätter · 2 l Fischfond (siehe Seite 275) oder Wasser

---

1/4 l trockener Weißwein wie Cassis

---

1 kg ganz frischer Seeteufel ohne Haut,
in 1 1/2 cm dicke Scheiben geschnitten

---

1 Portion Aïoli (Rezept folgt) · 1 großes Eigelb

---

4 EL Crème fraîche (siehe Seite 272) oder dicke Sahne

Salz und frisch gemahlener schwarzer Pfeffer

8-12 Scheiben Bauernbrot zum Garnieren

Den Backofen auf 100° C vorheizen. Eine große Suppenschüssel und 4-6 kleine Suppentassen zum Anwärmen hineinstellen. Kartoffeln, Lauch, Möhre, Knoblauch, Orangenschale, Fenchel, Lorbeerblätter, Brühe und Wein in einen großen Topf mit schwerem Boden geben, zudecken und bei starker Hitze zum Kochen bringen. Auf Mittelhitze zurückschalten und das Ganze 12-15 Minuten köcheln lassen, bis das Gemüse gerade weich ist. Den Fisch zufügen und etwa 5 Minuten garen, bis er fest ist; mehrmals abschäumen. Die Lorbeerblätter entfernen. Inzwischen in einer mittelgroßen Schüssel 180 ml Aïoli mit dem Eigelb und der Crème fraîche gut verrühren. Nach und nach etwa 1/8 l heiße Brühe unter die Aïoli-Mischung rühren. Das Ganze bei schwacher Hitze unter die Suppe ziehen und 1-2 Minuten rühren, bis sie etwas eingedickt ist. Nicht kochen lassen! Mit Salz und Pfeffer abschmecken. Das Brot rösten. Die Suppe in der Terrine auftragen und in die vorgewärmten Suppenschüsseln verteilen. Restliches Aïoli und Röstbrot getrennt dazu reichen.

Aïoli

Knoblauchmayonnaise

Für diese provenzalische Sauce sollten Sie nur frische, saftige Knoblauchzehen verwenden. Wenn Sie keinen großen Mörser haben, können Sie den Knoblauch auch mit der flachen Messerklinge zerdrücken und die Mayonnaise mit dem Schneebesen oder Handmixer zusammenrühren. Bereiten Sie die Aïoli nicht in der Küchenmaschine zu, sonst bekommt sie eine leimartige Beschaffenheit.

Ergibt etwa 1/4 l:
6 große, frische Knoblauchzehen · 1/2 TL Salz
2 große Eigelb, zimmerwarm
1/4 l bestes kaltgepreßtes Olivenöl

Die Knoblauchzehen schälen, halbieren und den grünen Keim entfernen. Einen großen Mörser mit kochendem Wasser anwärmen, das

Wasser weggießen und den Mörser abtrocknen. Knoblauchzehen und Salz darin zu einer glatten Paste zerreiben. Ein Eigelb zufügen. Knoblauch und Eigelb unter leichtem Druck und ständigem Rühren mit dem Stößel gut vermischen. Das zweite Eigelb unterziehen. Das Öl ganz langsam tropfenweise unterrühren, bis die Mayonnaise die richtige Konsistenz hat.

Bouillabaisse Bacon

Provenzalische Fischsuppe »Bacon«

Von den vielen Bouillabaisses, die ich an der französischen Mittelmeerküste gegessen habe, ist mir die Fischsuppe im Restaurant »Bacon« in Cap d'Antibes wegen des wunderbaren Geschmacks und des frischen Fisches im Gedächtnis geblieben. Ein Rezept für Bouillabaisse kann nur eine grobe Vorlage sein, denn die verwendeten Fischsorten und Mengen sind vom Tagesangebot abhängig – auch an der französischen Küste. Verwenden Sie dazu mindestens drei verschiedene Fischsorten, die sich in Konsistenz und Geschmack unterscheiden. Dabei kann manchmal eine etwas unkonventionelle Zusammenstellung herauskommen, aber ich habe die Bouillabaisse schon mit Schwertfisch, Seehecht, Kabeljau und Heilbutt zubereitet, und sie hat wunderbar geschmeckt. Probieren Sie dazu das Fenchel-Safran-Brot von Jacques Collet, dem Bäcker in Aix-en-Provence. Das Rezept folgt.

FÜR 6-8 PERSONEN:
2 1/2 - 3 kg Fisch, entweder Seeteufel oder Schwertfisch
ein Fisch mit weichem Fleisch wie Heilbutt oder Seehecht
ein Fisch mit zartem Fleisch wie Scholle, Merlan, Seebarsch oder Goldbrasse
ganze Fische sollten filetiert sein, die Abschnitte (Kopf, Flossen und Schwanz) werden zurückbehalten
zusätzlich etwa 500 g Fischabschnitte (nach Belieben)

1/8 l bestes kaltgepreßtes Olivenöl
1 kg frische reife Tomaten, entkernt und geviertelt
500 g Zwiebeln, geviertelt · 6 große Knoblauchzehen, zerdrückt
2 Fenchelknollen, geputzt und geviertelt
1 Bund frische Petersilie, gewaschen und abgetropft
2-3 l kochendes Wasser · Salz · 1/4 TL Safranfäden
6-8 kleine, neue rotschalige Kartoffeln, geschält
Dazu: *Aïoli (siehe Seite 34), Rouille (Rezept folgt)*
1 Baguette oder Fenchel-Safran-Brot »Jacques Collet« (Rezept folgt), in Scheiben geschnitten und geröstet

Größere Filets und Scheiben in 2 1/2 cm große Stücke schneiden. Den Fisch vor allem noch auf Schuppen oder Kiemen hin überprüfen, auch wenn der Händler ihn schon gesäubert hat, denn sonst wird die Suppe bitter. Fisch waschen, trockentupfen und bis zum Gebrauch in den Kühlschrank stellen. Das Öl in einem schweren, 12 l fassenden Topf auf mittlerer Stufe erhitzen; es darf nicht rauchen. Tomaten, Zwiebeln, Knoblauch, Fenchel und Petersilie hineingeben und etwa 5 Minuten ohne Deckel bei Mittelhitze garen, bis das Gemüse weich zu werden beginnt. Inzwischen Wasser in einem großen Kessel zum Kochen bringen. Sobald das Gemüse weich ist, alle Fischabschnitte zufügen und soviel kochendes Wasser zugießen, daß die Zutaten gerade bedeckt sind. Die Brühe darf nicht wäßrig sein. 2-3 l Wasser sollten reichen. Salzen und die Brühe zugedeckt etwa 45 Minuten kräftig kochen lassen, bis sie eine rötlichgelbe Farbe hat und etwas eingekocht ist. Ein Sieb mit einem doppelt genommenen, angefeuchteten Mulltuch auslegen und die Brühe in eine Schüssel passieren. Das ergibt etwa 2-3 l Fischsuppe. (Sie können sie auch einige Stunden im voraus zubereiten.) Die Kartoffeln weich dünsten oder kochen, beiseite stellen und warm halten. Die Fischsuppe wieder in den Topf gießen, Safran zugeben und alles auf höchster Stufe zum Kochen bringen. Die Fischfilets und -stücke hineingeben – zuerst Fische mit festem Fleisch, den Rest etwa 5 Minuten später – und das Ganze 10 Minuten kochen, bis der Fisch gar, aber noch fest ist. Er darf nicht zerfallen. Kurz vor dem Servieren die Kartoffeln in Scheiben schneiden und vorgewärmte Suppenteller damit auslegen. Darauf jeweils 3 Stücke Fisch legen und die heiße Fischsuppe darübergießen. Sofort servieren und dazu Aïoli, Rouille und geröstetes Brot reichen.

Rouille

Scharfe Pfeffersauce mit Knoblauch und Safran

Es gibt viele Varianten von Rouille, der rostroten Sauce mit viel Knoblauch, die so gut zu den Fischsuppen der Provence paßt. Hier ein einfaches Rezept, im Grunde nichts weiter als eine klassische Aïoli (Knoblauchmayonnaise), mit Safran und fein gemahlenem Cayennepfeffer verfeinert.

Ergibt etwa 300 ml:
6 große frische Knoblauchzehen · Salz
2 große Eigelb, zimmerwarm · 1/4 l bestes kaltgepreßtes Olivenöl
1/4 TL Safranfäden · fein gemahlener Cayennepfeffer

Die Knoblauchzehen schälen, halbieren und den grünen Keim entfernen. Einen großen Mörser mit kochendem Wasser anwärmen, das Wasser weggießen und den Mörser abtrocknen. Den Knoblauch darin mit einer Prise Salz zu einer glatten Paste zerreiben. Ein Eigelb zufügen. Knoblauch und Eigelb unter leichtem Druck und ständigem Rühren mit dem Stößel gut vermischen. Mit dem zweiten Eigelb ebenso verfahren. Öl ganz langsam tropfenweise unterrühren, bis die Mischung eindickt. Nach einigen Tropfen Öl den Safran und eine Prise Cayennepfeffer zufügen. Das restliche Öl langsam unterziehen, bis die Sauce die richtige Konsistenz hat. Eventuell noch mit etwas Cayennepfeffer nachwürzen. Die Sauce bis zum Gebrauch zugedeckt im Kühlschrank aufbewahren.

Pain de fenouil et safran Jacques Collet

Fenchel-Safran-Brot »Jacques Collet«

Jacques Collet ist ein junger, tatkräftiger und geschäftstüchtiger Bäcker in Aix-en-Provence, wo er mehrere Bäckereien betreibt, die »Boulangeries du Coin«. In seinen nach frischem Brot duftenden Läden werden Dutzende verschiedener Brote angeboten, darunter kompakte aus Hafermehl und Gerste; runde, mit zerstoßenen Sonnenblumenkernen bestreute Laibe; längliche Brote mit viel frischen Kräutern der Provence und kleinen schwarzen Oliven; und auch dieses Fenchel-Safran-Brot, das man zur Bouillabaisse reicht. Durch den Hartweizengrieß wird das Brot schön knusprig und bekommt einen buttrigen Geschmack; zum Eintunken in die köstliche Fischsuppe genau das richtige!

Ergibt 1 Brot:
300 ml lauwarmes Wasser
1 EL oder 1 Päckchen Trockenhefe
1 EL Zucker · ca. 300 g Mehl (Type 1050)
2 TL Meersalz
1 EL Fenchelsamen, frisch gemahlen · 1 Msp Safranpulver
180 g Hartweizengrieß · grobes Hafermehl

Wasser, Hefe, Zucker und 150 g Mehl in eine große Schüssel geben, alles gut miteinander vermischen und etwa 5 Minuten ruhen lassen, bis sich Blasen bilden. Salz, Fenchel und Safran unterrühren, anschließend nach und nach den Hartweizengrieß. Das restliche Mehl einarbeiten und den Teig gründlich durchkneten.Den Teig auf eine leicht bemehlte Arbeitsfläche geben und etwa 10 Minuten kneten, bis er schön glatt ist und leicht glänzt. Wenn er zu klebrig ist, noch etwas Mehl zufügen. Den Teig in eine Schüssel geben und bei Zimmertemperatur etwa 1 Stunde gehen lassen, bis er sein Volumen verdoppelt hat. Ein Backblech mit grobem Hafermehl bestreuen. Den Teig nochmals leicht durchkneten, zu einer festen Kugel formen und auf das Backblech setzen. Mit einem Tuch zudecken und erneut etwa 1 Stunde gehen lassen, bis er sein Volumen verdoppelt hat. Nach etwa 40 Minuten den Backofen auf 190°C vorheizen. Das Brot auf der mittleren Schiene etwa 40 Minuten backen, bis es eine knusprige braune Kruste hat. Vor dem Aufschneiden auf einem Kuchengitter abkühlen lassen.

Tip:

Nach Ansicht der Franzosen müssen Gerichte mit Aïoli zu Mittag gegessen werden, damit man den Rest des Tages Zeit hat, den Knoblauch zu verdauen.

Soupe de moules Chez Benoit

Muschelsuppe »Chez Benoit«

Manchmal habe ich ein unwiderstehliches Verlangen nach Muscheln. Ich putze sie so gern und liebe den Duft, der aus der Küche kommt, wenn sie sich beim Kochen wie große, silbrig-schwarze Blüten öffnen. Wenn mir gleichzeitig der Sinn nach einer Suppe steht, fällt mir dieses Gericht ein.

Diese Muschelsuppe aus dem schönen Pariser Bistro »Benoit« ist ein wunderbares Gericht für Herbst oder Winter. Es ist eine delikate, wirklich feine Suppe. Im »Benoit« wird sie zwar mit Fischfond zubereitet, ich nehme dafür aber eine leichte hausgemachte Hühnerbrühe, wenn ich keinen Fischfond zur Hand habe.

Für 4 Personen:

---

1 kg frische Miesmuscheln

1/8 l trockener Weißwein, z.B. Muscadet

1/8 l Crème fraîche (siehe Seite 272) oder dicke Sahne

---

2 EL Butter · 1 große Zwiebel, gehackt

---

2 kleine Möhren, geputzt und gehackt

---

*2 Stangen Lauch (nur der weiße Teil),
gründlich gewaschen und gehackt*

---

100 g Frühstücksspeck, gehackt

---

100 g Bauchspeck ohne Schwarte, gehackt

---

*1/2 l Fischfond oder leichte, ungesalzene Hühnerbrühe,
vorzugsweise hausgemacht (siehe Seite 274)*

---

*100 g grüne Bohnen,
geputzt und schräg in 1 1/2 cm große Stücke geschnitten*

---

frisch gemahlener schwarzer Pfeffer

Die Muscheln gründlich abbürsten und mehrmals in frischem, kaltem Wasser waschen; entbarten. (Die Muscheln nicht vorher entbarten, sonst sterben sie ab und verderben.) Muscheln, Weißwein und Crème fraîche in einem großen, flachen Topf 3-4 Minuten zugedeckt bei Mittelhitze garen, bis sich die Muscheln öffnen. Den Topf des öfteren rütteln. Die Muscheln nicht zu lange garen, sonst wird das Fleisch zäh. Den Topf vom Herd ziehen und die Muscheln herausnehmen. Noch geschlossene Muscheln wegwerfen. Die Garflüssigkeit durch ein mehrlagiges, angefeuchtetes Mulltuch passieren und beiseite stellen.

Die Butter in einem großen Topf bei Mittelhitze schmelzen. Zwiebeln, Möhren, Lauch und Speck hineingeben und umrühren. Etwa 5 Minuten unter gelegentlichem Rühren garen, bis die Zwiebeln glasig werden. Den Fischfond bzw. die Hühnerbrühe zugießen und das Ganze etwa 45 Minuten kochen, bis das Gemüse ganz weich ist. Die Garflüssigkeit der Muscheln zugießen und weitere 5 Minuten köcheln lassen.

Die grünen Bohnen in einem großen Topf mit kochendem Salzwasser etwa 4 Minuten blanchieren, sie sollten noch knackig und hellgrün sein. Sofort abgießen und die Bohnen mit kaltem Wasser abschrecken. So bleiben Farbe und »Biß« erhalten. Gut abtropfen lassen und beiseite stellen. Das Muschelfleisch aus den Schalen lösen, die Schalen wegwerfen. Das Muschelfleisch etwa 5 Minuten vor dem Servieren in die Suppe geben und sie nochmals erhitzen, so daß es warm ist. Die Suppe auf 4 Suppenteller verteilen, mit grünen Bohnen garnieren und etwas Pfeffer darübermahlen. Sofort servieren.

La soupe de pois cassés aux herbes
Erbsensuppe mit Kräutern

Eine Suppe gehörte früher zu jeder Bistro-Mahlzeit. Heute ist sie seltener auf der Speisekarte zu finden, vielleicht weil sie als Bestandteil eines Menüs zu sättigend ist. Erbsensuppe erinnert mich immer an die Suppe, die meine Mutter einmal im Jahr in der Osterzeit zubereitete. Sie kochte davon gleich einen großen Topf, um den riesigen Knochen vom Osterschinken zu verwerten. Diese Erbsensuppe mit Kräutern ist eine moderne Abwandlung der guten alten Version.

Für 8-10 Portionen:

---

500 g getrocknete grüne Spalterbsen

---

2 l ungesalzene Hühnerbrühe,
vorzugsweise hausgemacht (siehe Seite 274)

---

250 g geräucherter Bauernschinken, gewürfelt

---

4 Knoblauchzehen, zerdrückt

---

1 Stengel Petersilie · 2 Lorbeerblätter

1/2 TL getrockneter Thymian

1/2 TL getrockneter Majoran

---

2 mittelgroße Zwiebeln, halbiert · 4 ganze Nelken · Salz

Erbsen, Hühnerbrühe, Schinken, Knoblauch und Kräuter in einen Topf geben. Eine Nelke in jede Zwiebelhälfte stecken und dazugeben. Das Ganze auf höchster Stufe zum Kochen bringen. Sofort auf die niedrigste Stufe herunterschalten und bei halb geöffnetem Deckel etwa 2 Stunden leise köcheln lassen, bis die Erbsen zerfallen und man sie mit einer Gabel an der Topfwand zerdrücken kann. Die Suppe eventuell mit etwas Salz und zusätzlichen Kräutern abschmecken. Man kann sie so servieren oder aber durch ein feinmaschiges Sieb streichen bzw. im Mixer pürieren. Die Erbsensuppe in vorgewärmte Teller füllen und sofort servieren.

Soupe à l'oseille

Sauerampfersuppe aus dem Poitou

Kartoffeln und Sauerampfer sind eine beliebte Kombination: Der Sauerampfer trägt seinen charakteristischen Geschmack bei, die Kartoffeln machen die Substanz aus. Wenn Sie gerade Diät halten, können Sie weniger Ei und Sahne verwenden oder sie ganz weglassen und dafür etwas mehr Sauerampfer hineingeben. Diese Suppe aus dem Poitou an der Atlantikküste schmeckt sowohl warm als auch kalt ausgezeichnet.

Für 4-6 Portionen:
250 g frischer Sauerampfer · Salz
frisch gemahlener schwarzer Pfeffer
500 g Kartoffeln, geschält und gewürfelt
2 große Eier
180 ml Crème fraîche (siehe Seite 272) oder dicke Sahne

Nur sehr jungen Sauerampfer kann man im Ganzen verwenden, ansonsten die Stengel und dicken Blattrippen entfernen. Sauerampfer waschen und trockenschleudern, dann den Stengel mit einem Ruck abziehen, so daß die Mittelrippe mit entfernt wird. Den Sauerampfer mit 1 TL Wasser in einen großen Topf geben und bei schwacher Hitze unter gelegentlichem Rühren zusammenfallen lassen. 1 1/2 l Wasser zugießen, mit Salz und Pfeffer würzen und zum Kochen bringen. Die Kartoffeln zufügen und das Ganze 15-20 Minuten bei schwacher Hitze garen, bis die Kartoffeln weich sind. (Jetzt die Suppe im Mixer pürieren, wenn man sie cremiger haben möchte.) Eier und Crème fraîche in einer vorgewärmten Suppenschüssel verquirlen. Einen Schöpflöffel Suppe zugeben und gründlich verrühren. Die restliche Suppe zugießen und sofort servieren.

Soupe cresson, pommes de terre
Kressesuppe mit Kartoffeln

Ich esse diese Suppe sehr gerne, weil sie mich an den Frühling erinnert, obwohl Kresse mittlerweile zu jeder Jahreszeit angeboten wird. Durch die Kartoffeln wird sie schön cremig, ohne daß man Sahne zufügen muß. (Soll das Ganze gehaltvoller sein, können Sie am Schluß etwas Butter oder Sahne unterrühren!)

Für 4-6 Portionen:

---

500 g Kresse (etwa 2 Schälchen) · 3 EL Butter

---

*750 g festkochende Kartoffeln, geschält, gewaschen und
in etwa 1 cm große Würfel geschnitten*

---

*2 l Hühnerbrühe, vorzugsweise hausgemacht (siehe Seite 274),
ersatzweise Wasser*

Salz · frisch gemahlener schwarzer Pfeffer

---

einige Zweige Kerbel oder glattblättrige Petersilie zum Garnieren

---

Die Kresse sorgfältig verlesen, holzige Stengel und welke Blätter entfernen. Mit der Schere grob zerkleinern oder mit einem großen Küchenmesser nicht zu fein hacken. Die Butter in einem großen Topf bei Mittelhitze zerlassen und die Kresse darin einige Minuten garen, sie soll viel Flüssigkeit abgeben. Kartoffeln und Hühnerbrühe zufügen, mit Salz abschmecken und auf höchster Stufe zum Kochen bringen. Die Hitze zurückschalten und die Suppe zugedeckt 10-15 Minuten leise köcheln lassen, bis die Kartoffeln weich sind. Eventuell mit Salz und Pfeffer nachwürzen. Sofort in vorgewärmten Suppentassen servieren. Mit Kerbel oder Petersilie garnieren.

Soupe poireaux – pommes de terre et lard fumé

Lauchsuppe mit Kartoffeln und Frühstücksspeck

Diese kräftige Suppe mit ihrem wunderbaren Aroma schmeckt besonders gut an Wintertagen, wenn man es sich am Wochenende zu Hause gemütlich macht. Ein grüner Salat, eine Käseplatte und ein Glas Wein – was braucht der Mensch mehr zum Glücklichsein? Das Rezept stammt von José Lampreia, einem jungen, aufgeschlossenen Küchenchef. Sein »Maison Blanche«, entspricht überhaupt nicht dem Bild eines alten Bistros mit abgewetzten Stühlen. Das Essen aber ist traditionell und bodenständig, deshalb hier das Rezepte:

Für 6-8 Portionen:
2 1/2 kg Lauch 2 EL Olivenöl
250 g magerer Bauchspeck ohne Schwarte, gewürfelt
1 kg festkochende Kartoffeln, geschält und gewürfelt
Salz · frisch gemahlener schwarzer Pfeffer

Den harten grünen Teil vom Lauch entfernen. Den Rest gründlich waschen, trockentupfen und in dünne Ringe schneiden. Das Öl in einem großen Topf auf mittlerer Stufe erhitzen, den Bauchspeck hineingeben, Hitze reduzieren und den Speck anbräunen. Lauch und Kartoffeln zufügen und umrühren. So lange garen, bis der Lauch weich ist. 2 l kaltes Wasser und 2 TL Salz zufügen und zugedeckt etwa 45 Minuten köcheln lassen. Auf niedrigste Stufe zurückschalten und die Suppe mindestens 1 Stunde stehenlassen, damit sich das Aroma entwickeln kann. (Sie können sie auch vorab zubereiten und später aufwärmen. Sie läßt sich auch gut einfrieren.) Die Suppe vor dem Servieren leicht erwärmen. In vorgewärmten Suppentellern mit viel frisch gemahlenem schwarzem Pfeffer servieren.

Tip: *Kaufen Sie nach Möglichkeit Lauchstangen, an deren Wurzeln noch etwas Erde klebt. Sie bleiben länger frisch, wenn sie, in Frischhaltefolie eingewickelt, an einem kühlen, dunklen Ort aufbewahrt werden.*

Potage Parmentier
Kartoffelsuppe mit Lauch

Diese cremige Gemüsesuppe mit Crème fraiche esse ich ganz besonders gern. Sie schmeckt sowohl kalt als auch warm. Nehmen Sie nach Möglichkeit frische Kräuter.

Für 6-8 Portionen:
3 große Kartoffeln (etwa 500 g), geschält und geviertelt
2 Lauchstangen (etwa 180 g), geputzt, gut gewaschen und in Streifen geschnitten
0,2 l Crème fraîche (siehe Seite 272) oder dicke Sahne
Salz · frisch gemahlener schwarzer Pfeffer
3 EL frischer Estragon oder Kerbel, gehackt, zum Garnieren

Kartoffeln und Lauch mit 1 l Wasser in einem großen Topf auf höchster Stufe zum Kochen bringen. Mit Salz und Pfeffer würzen. Hitze zurückschalten und das Ganze 35-40 Minuten leise köcheln lassen, bis das Gemüse ganz weich ist. Die Suppe im Mixer pürieren oder durch ein Sieb streichen, wieder in den Topf geben, Crème fraîche unterrühren und auf niedriger Stufe nochmals erhitzen. Abschmecken, mit frischem Estragon oder Kerbel garnieren und servieren.

Soupe aux deux céleris
Suppe mit zweierlei Sellerie

Diese leichte, bekömmliche Suppe ist ideal für die letzten Wintertage, wenn die Temperaturen wechselhaft sind, man gerne noch etwas Warmes, aber nicht zu Schweres ißt. Knollensellerie – in Frankreich heißt er **céleri rave** – wird viel zu wenig verwendet. Er ergibt
zusammen mit Stangensellerie und Lauch eine köstliche Suppe. Ich
habe sie an einem Tag im April kreiert, als der Mistral blies und es seit
Tagen regnete. Es ist eine kräftigende Suppe wie sie Kranke bekommen, – die Franzosen nennen das **soupe de santé**. Reichen Sie dazu
geröstetes Brot und grünen Salat.

Für 6-8 Portionen:
1 mittelgroße Sellerieknolle (etwa 500 g), geschält und gewürfelt
10 Selleriestangen, gewürfelt
3 Stangen Lauch (knapp 300 g), geputzt, gewaschen und in dünne Scheiben geschnitten
Bouquet garni, bestehend aus: 1 großen Zweig Thymian, 3 Lorbeerblättern, einigen Petersiliestengeln, mit einem Faden zusammengebunden
2 l Hühnerbrühe, vorzugsweise hausgemacht (siehe Seite 274)
Salz · frisch gemahlener schwarzer Pfeffer,
eine Handvoll frische, gehackte Kräuter zum Garnieren wie Kerbel, Schnittlauch und glattblättrige Petersilie

Sellerie, Lauch und Bouquet garni in einen großen Topf geben. Die
Hühnerbrühe zugießen und mit etwas Salz und Pfeffer würzen. Bei
Mittelhitze kurz aufkochen und etwa 25 Minuten köcheln lassen, bis
das Gemüse weich ist; abschmecken. In vorgewärmte Suppenteller
geben, mit gehackten Kräutern garnieren und sofort servieren.

Garbure aux choux Les Pyrénées

Suppentopf mit Schinken und eingemachtem Gänsefleisch
»Les Pyrénées«

Saint-Jean-Pied-de-Port im Baskenland ist eines der hübschesten
Dörfer in Frankreich. Wer in das Dorf hineinfährt, kann das »Les
Pyrénées« gar nicht verfehlen. Es ist ein helles, renoviertes Restaurant
und zweifellos das beste am Ort, wenn man gepflegt zu Abend essen
will. Ich habe diese Suppe bei meinem ersten Besuch dort an einem
Tag im Frühherbst gegessen. Komischerweise denkt man bei **garbure** immer an ein fettes, schwer verdauliches Gericht. Diese gehaltvolle, aber keinesewgs zu schwere Suppe ist genau das richtige für
Wintertage. Wenn Sie kein eingemachtes Gänsefleisch bekommen,
können Sie statt dessen eine gut gewürzte, geräucherte Wurst nehmen. Es ist dann zwar kein original baskischer Suppentopf mehr,
schmeckt aber trotzdem ausgezeichnet. Gut paßt dazu ein Madiran
aus dem Südwesten oder ein junger Bordeaux.

Für 4-6 Personen:
500g frische oder 300 g getrocknete weiße Bohnen, über Nacht eingeweicht
100 g Parmaschinken · 8 Knoblauchzehen, gehackt
1 Zwiebel, fein gehackt
4 Möhren, geputzt und in dünne Scheiben geschnitten
4 Stangen Lauch, geputzt, gut gewaschen, in dünne Scheiben geschnitten · Salz
1/2 Wirsing, in vier Stücke geschnitten
500 g Kartoffeln, geschält und gewürfelt
1 Stück eingemachtes Gänsefleisch, mundgerecht zerteilt
2 eingelegte Gänsemägen, in mundgerechte Stücke geschnitten

Die Bohnen in einen großen Topf geben. Soviel kaltes Wasser zugießen, daß sie bedeckt sind, und auf höchster Stufe zum Kochen bringen, dann den Topf vom Herd nehmen und die Bohnen zugedeckt 40 Minuten stehenlassen. Das Wasser abgießen. Bohnen, Schinken und Knoblauch in eine große feuerfeste Kasserolle geben. 2 l Wasser zugießen und auf höchster Stufe zum Kochen bringen. Auf Mittelhitze zurückschalten und Möhren und Lauch zufügen. Leicht salzen. Zugedeckt 1 Stunde leise köcheln lassen. Wirsing und Kartoffeln zufügen und das Ganze weitere 15 Minuten köcheln lassen, bis das Gemüse weich ist. Das eingemachte Gänsefleisch und die Gänsemägen hineingeben und alles weitere 10 Minuten köcheln lassen, bis das Fleisch warm ist. Die Suppe in vorgewärmte Suppenteller füllen und sofort servieren.

Anmerkung: Eingemachtes Gänsefleisch und eingelegte Gänsemägen bekommen Sie in manchen Feinkostgeschäften.

Potage aux lentilles avec saucisses de porc
Linsensuppe mit Schweinswurst

Diese Kombination aus Linsen, einer kräftigen Dosis Gewürze und geräucherten Schweinswürsten schmeckt ganz ausgezeichnet. In Frankreich nehme ich dazu die kleinen geräucherten Montbéliard-Würste, aber Sie können statt dessen jede andere gute Räucherwurst verwenden. Versuchen Sie für dieses Gericht die dunkelgrünen **lentilles de Puy** zu bekommen, denn sie sind viel besser als die herkömmlichen grünlich-braunen Linsen.

Für 6-8 Personen:
125 g Frühstücksspeck, grob gehackt
1 Lauchstange, gewaschen und kleingeschnitten
1 Möhre, kleingeschnitten · 1 Zwiebel, fein gehackt
1 Stange Sellerie, kleingeschnitten · 1 TL Kreuzkümmel, gemahlen
4 ganze Nelken · 500 g Puy-Linsen, vorgeweicht
2 Lorbeerblätter · Salz · frisch gemahlener schwarzer Pfeffer
1 EL Butter · 4 geräucherte Schweinswürste (etwa 500 g)

Den Frühstücksspeck in einem großen Topf bei Mittelhitze leicht anbraten. Das kleingeschnittene Gemüse, Kreuzkümmel und Nelken zufügen und das Gemüse leicht anbräunen. Linsen und Lorbeerblätter hineingeben, mit Salz und Pfeffer würzen. 2 1/2 l Wasser zugießen, umrühren und etwa 40 Minuten zugedeckt köcheln lassen, bis die Linsen weich sind. Inzwischen die Würstchen in einer großen Kasserolle bei Mittelhitze von allen Seiten in Butter anbraten (nicht einstechen!). Soviel Wasser zugießen, daß sie bedeckt sind, und erhitzen, bis es leise köchelt. Hitze sofort reduzieren und die Würste etwa 30 Minuten zugedeckt fertig garen. Herausnehmen und in dünne Scheiben schneiden. Auf 4 vorgewärmte Suppenteller verteilen und die heiße Suppe darübergießen.

Les salades du marché

Salate frisch vom Markt

Keiner bereitet so abwechslungsreiche Salate zu wie die Franzosen. Neben den vielen verschiedenen Blattsalaten – von der Kresse mit ihren dunkelgrünen Blättchen bis zum etwas bitteren Endiviensalat, vom Feldsalat bis zum jungen Spinat –, gibt es eine große Auswahl an sonstigen Zutaten. Die hier vorgestellten Salate haben eines gemeinsam: Sie sind meist so reichhaltig, daß sie ein leichtes Mittagessen abgeben. Viele sind Bistro-Klassiker, wie zum Beispiel der Salat aus Spinat mit Hühnerleber. Andere sind neu entwickelte, von der regionalen Küche inspirierte Gerichte, wie der Salat mit Schinken, Walnüssen und eingelegtem Entenmagen. Als ich für dieses Buch Rezepte sammelte, war ich immer wieder überrascht, wie sich bestimmte Zutaten auf natürliche Weise zu einem wunderbaren Gericht vereinen. Roquefort, Walnüsse und Chicorée scheinen füreinander geschaffen zu sein; ebenso weiße Bohnen und geräucherte Würste; oder Kartoffeln, Hering und harte Eier. Die Rezepte sind wie immer nur als Vorlage zu verstehen; Sie können die Zutaten je nach Lust und Laune abwandeln.

Salade frisée aux lardons Aux Lyonnais

Frisée mit Würstchen und Speck »Aux Lyonnais«

Nach einem Salat satt sein! Wenn ich ihn zu Hause bereite, wundere ich mich immer, daß ich in den Bistros nach einem Salat noch ein Hauptgericht essen konnte. Das »Aux Lyonnais« ist ein altes Pariser Bistro, wo einige der ganz klassischen und »altmodischen« Gerichte serviert werden. Ich aß diesen Salat zum ersten Mal an einem kalten Herbsttag und fand ihn umwerfend. Die Kellnerin trug ihn in einer großen weißen Salatschüssel auf und machte ihn bei Tisch sorgsam an. Dazu trank ich einen köstlichen Beaujolais. Der Frisée ist übrigens eine französische Neuzüchtung aus der Endivie.

Für 4 Personen:
4 frische Schweinswürste (etwa 500 g) · 2 EL Dijon-Senf
2 EL bester Rotweinessig · Salz · 1/8 l Erdnußöl
1 Frisée, gewaschen, getrocknet und in mundgerechte Stücke zerpflückt
125 g Frühstücksspeck, in 3 cm große Würfel geschnitten
2 große Scheiben Bauern- oder Vollweizenbrot, in 3 cm große Würfel geschnitten

Die Würste in einen Topf geben und soviel kaltes Wasser zugießen, daß sie bedeckt sind. Bei Mittelhitze zum Sieden bringen – das Wasser darf nicht kochen – und 30-40 Minuten köcheln lassen, bis die Würste gar sind. Aus dem Wasser nehmen und etwas abkühlen lassen. Senf und Essig in einer kleinen Schüssel verrühren und mit Salz abschmecken. Das Öl langsam unterrühren und das Dressing beiseite stellen. Den Salat in eine große Schüssel geben. Die Würste häuten und in dünne Scheiben schneiden. Die Wurstscheiben auf dem Salat anrichten. Den Frühstücksspeck in einer großen Pfanne ohne Fett bei Mittelhitze unter ständigem Rühren 4-5 Minuten anbraten, bis etwas Fett austritt. Die Brotwürfel zufügen und gelegentlich umrühren, bis alles nach etwa 5 Minuten gleichmäßig gebräunt und knusprig ist.

Speck und Croûtons auf den Salat geben, das Dressing darübergießen und alles gut durchmischen. Mit einigen Scheiben Brot servieren.

Salade de pois chiches Auberge d'Aillane
Kichererbsensalat »Auberge d'Aillane«

Kichererbsen passen gut zum Öl, zu den Kräutern und Aromen der Provence. Ich habe diesen Salat zum ersten Mal in der »Auberge d'Aillane« gegessen, einem gemütlichen Restaurant am Stadtrand von Aix-en-Provence. In den Sommermonaten habe ich diesen Salat immer vorrätig, als Vorspeise, zum Imbiß oder als Beilage zu gegrilltem Fisch oder Fleisch. Trinken Sie dazu einen Côtes de Provence rosé, zum Beispiel einen Commanderie de Peyrassol rosé.

Für 8-10 Portionen:
250 g getrocknete Kichererbsen
2 EL guter Rotweinessig
5 Knoblauchzehen, fein gehackt
2 EL frische, gemischte Kräuter wie *Rosmarin, Thymian, Estragon und Petersilie, fein gehackt*
Salz · 1/8 l bestes kaltgepreßtes Olivenöl
frisch gemahlener schwarzer Pfeffer
100 g eingelegte schwarze Oliven, *möglichst aus Nyons, entsteint*
1 mittelgroße Zwiebel, fein gehackt

Die Kichererbsen 24 Stunden vor der Zubereitung in ausreichend kaltem Wasser einweichen und zugedeckt in den Kühlschrank stellen. Am nächsten Tag Wasser abgießen und die Kichererbsen in einen mittelgroßen Topf geben. Soviel frisches kaltes Wasser zugießen, daß sie bedeckt sind und auf höchster Stufe zum Kochen bringen. Hitze zurückschalten und Kichererbsen auf niedrigster Stufe zugedeckt etwa 2 Stunden köcheln lassen, bis sie weich sind. (Sehen Sie alle halbe Stunde nach, ob noch genug Wasser im Topf ist, und gießen Sie entsprechend nach.) Inzwischen für die Vinaigrette Essig, Knoblauch und Kräuter verrühren und mit Salz abschmecken. Das Öl langsam unterrühren und die Vinaigrette mit Pfeffer würzen. Die gegarten Kichererbsen abtropfen lassen. Mit Oliven, Zwiebeln und Vinaigrette anmachen, solange sie noch warm sind. Abschmecken und servieren.

Salade à l'ail Chez Tante Paulette
Salat mit Knoblauch »Chez Tante Paulette«

Als ich das letzte Mal im »Chez Tante Paulette« saß, einem kleinen Bistro in Lyon, war die Luft von Knoblauchduft erfüllt. Ihr Huhn mit Knoblauch ist inzwischen weltbekannt, aber ich wollte bei meiner Reise das Geheimnis ihres köstlichen Salates ergründen, einer einfachen Mischung aus Blattsalat, Croûtons und gewürfeltem Räucherschinken, der mit Senfsauce angemacht und mit frisch gehacktem Knoblauch bestreut wird. Als Marie-Louise Auteli – besser bekannt als Tante Paulette – mich in ihre Küche führte, sah ich sofort, wonach ich gesucht hatte. Da war eine verrußte Stahlpfanne, in der Schinken- und Brotwürfel nebeneinander brutzelten. Natürlich! Wenn die Croûtons nach Schinkenspeck schmecken sollen, müssen sie zusammen in einer Pfanne gebraten werden!

Für 4 Personen:
2 EL Dijon-Senf · 2 EL guter Rotweinessig · Salz · 1/8 l Erdnußöl
gemischter Blattsalat wie Radicchio, Frisée, Kopf- und Eichblattsalat, gewaschen, abgetropft und in mundgerechte Stücke zerpflückt
120 g Frühstücksspeck, in 2 1/2 cm große Würfel geschnitten
2 große Scheiben Bauern- oder Weizenbrot, in 2 1/2 cm große Würfel geschnitten
2 große Knoblauchzehen, fein gehackt

Senf und Essig in einer kleinen Schüssel gründlich verrühren und mit Salz abschmecken. Das Öl langsam unterziehen und das Dressing beiseite stellen. (Es wird fast so dick wie Mayonnaise.) Die Salatblätter in eine große Salatschüssel geben. Die Speckwürfel in einer großen Pfanne ohne Fett bei Mittelhitze unter ständigem Rühren 2-3 Minuten anbraten, bis Fett austritt. Die Brotwürfel darin 5 Minuten unter gelegentlichem Rühren rösten, bis Brot- und Speckwürfel knusprig braun sind. Speckwürfel und Croûtons über den Salat geben, mit Knoblauch bestreuen, das Dressing darüberträufeln und miteinander vermischen. Dazu Brot reichen.

Salade de magret fumé Cro-Magnon
Frisée mit Entenbruststreifen »Cro-Magnon«

Das »Cro-Magnon« ist ein kleines, familiäres Restaurant am Ortsrand von Les-Eyzies-de-Tayac in Südwestfrankreich. An jenem warmen Frühlingsabend probierten wir mehrere, für diese Region typische Gerichte in dem hübschen, eichenholzgetäfelten Lokal. Ich aß als Vorspeise diesen Salat aus den besten Zutaten, die der Südwesten zu bieten hat: zarter, junger Frisée und ganze **pluches** oder Zweige von frischem Kerbel aus dem Garten; dicke Maiskörner frisch vom Acker und köstliche Walnüsse von den Nußbäumen, die überall in der Dordogne die Straßen säumen. Dazu noch zarte, geräucherte Entenbrust vom Hof. Auch diesen Salat können Sie nicht nur als Vorspeise, sondern mit knusprigem Brot und einer Flasche Wein als Hauptgericht servieren. Wir tranken dazu einen Cahors Jean Jouffreau vom Weingut Clos de Gamont. Wenn Sie keine geräucherte Entenbrust bekommen, können Sie auch einen geräucherten Schinken nehmen.

Für 4 Personen:

1 ganz zarter Frisée, gewaschen, gut abgetropft und in mundgerechte Stücke zerpflückt · 2 EL guter Sherry-Essig
1/8 l frisches Walnußöl oder bestes kaltgepreßtes Olivenöl · Salz
100 g frischer Mais, gekocht, oder tiefgefrorene Maiskörner, aufgetaut
4 dünne Scheiben (etwa 100 g) geräucherte Entenbrust
(oder geräucherter Schinken), in dünne Streifen geschnitten
60 g frische Walnüsse, halbiert

Den Salat in eine große Salatschüssel geben. Essig und Öl in einem kleinen Topf bei Mittelhitze erwärmen und mit Salz abschmecken. Zum Köcheln bringen und den Mais darin 1-2 Minuten erwärmen. Das Maisdressing vorsichtig, aber gründlich unter den Salat mischen. Den Salat auf 4 große Teller verteilen und etwas flachdrücken. Die Entenbruststreifen sternförmig darauf anrichten, mit Walnüssen bestreuen und servieren.

Tip: *Salz löst sich in Öl nicht auf. Bei Zubereitung einer kalten Vinaigrette sollten Sie das Salz also immer in Essig oder Zitronensaft auflösen, bevor Sie das Öl unterrühren.*

Salade niçoise La Mère Besson

Nizza-Salat »La Mère Besson«

Salade niçoise, der klassische Salat aus Nizza, ist inzwischen weltweit bekannt geworden, und es gibt mittlerweile Dutzende von Varianten davon. Beim traditionellen Nizzasalat werden zwar außer harten Eiern keine gekochten Zutaten verwendet und offiziell auch kein grüner Salat, aber diese Variante aus dem »La Mère Besson«, einem kleinen, familiären Bistro in Cannes, ist einer meiner Lieblingssalate. Das Dressing erinnert an Pesto und paßt sehr gut zum Gemüse und den Sardellen. Sie können dazu jeden leichten Wein aus der Provence trinken, etwa einen Tavel.

Für 4-6 Personen:
3 Knoblauchzehen, fein gehackt
eine Handvoll Basilikumblätter, *mit der Schere in dünne Streifen geschnitten*
1/8 l bestes kaltgepreßtes Olivenöl · 1 grüne Paprikaschote
1 rote Paprikaschote · 2 Stangen Sellerie
60 g Sardellenfilets in Öl, abgetropft
gemischter Blattsalat aus Kopfsalat, Eichblattsalat und Frisée
1 Dose (200 g) Thunfisch ohne Öl, abgetropft *und in Stücke zerpflückt*
60 g schwarze Oliven, vorzugsweise aus Nizza

Für das Dressing Knoblauch und Basilikum in eine kleine Schüssel geben und langsam das Öl untermischen. Mit Salz abschmecken. Paprikaschoten entkernen. Paprika und Sellerie in Würfel schneiden. Die Sardellenfilets der Breite nach in 4 Stücke schneiden. Die Salatzutaten wie folgt in eine große Schüssel geben: gemischter grüner Salat, Paprikawürfel, Sellerie, Thunfisch, Oliven und Sardellen. Mit dem Dressing anmachen und servieren.

Salade de Roquefort, noix et endives Chardenoux

Chicorée mit Roquefort und Walnüssen »Chardenoux«

Dieser Salat gehört zu meinen liebsten Wintersalaten: knackiger Chicorée, frische Walnüsse und pikanter Roquefort, angemacht mit einem würzigen Dressing mit feinem Haselnußöl. Ich lasse die Chicoréeblätter immer ganz und richte den Salat in einer großen Schüssel an. Die Gäste müssen den Chicorée zwar selbst in mundgerechte Stücke teilen, aber andererseits schmeckt es hervorragend, wenn sich Nüsse und Käse in einem Chicoréeblatt verfangen und man alles mit einem Bissen genießen kann! Für die klassischen Bistro-Salate wird zwar immer Roquefort verwendet, aber auch ein Fourme d'Ambert eignet sich dafür. Dieser Blauschimmelkäse ist meiner Meinung nach sahniger und hat mehr Aroma. In dem hübschen Pariser Bistro »Chardenoux« wird die klassische Variante mit viel Roquefort und Walnüssen in Olivenöldressing serviert.

Für 6 Personen:
2 EL frisch gepreßter Zitronensaft · 1/4 TL Salz
4 EL gutes Haselnußöl oder bestes kaltgepreßtes Olivenöl
6 Chicorée, 120 g Walnüsse
180 g Roquefort oder Fourme d'Ambert, zerkrümelt

Zitronensaft und Salz in einer kleinen Schüssel verquirlen. Öl unterrühren, abschmecken und das Dressing beiseite stellen. Die Chicoréeblätter ablösen, waschen, trockentupfen und in eine große Salatschüssel geben, Walnüsse und Käsekrümel darüberstreuen. Mit dem Dressing anmachen, eventuell nachsalzen und sofort servieren.

Salade colmarienne Chez Jenny
Frisée mit Käse und Wurst »Chez Jenny«

In fast allen Bistros im Elsaß – dort heißen sie **winstub** – gibt es Salat auf der Speisekarte, der neben der für die Region typischen **cervelas** auch Comté-Käse aus dem Jura, dem südlichen Nachbarn, enthält. Ich habe diesen Salat zum ersten Mal im »Chez Jenny« gegessen, einer beliebten Pariser Brasserie nahe der Place de la République. Es ist ein schöner, frischer Wintersalat, der mit knusprigem Baguette und einem Schluck Elsässer Weißwein wie Silvaner oder Gewürztraminer ein gutes Mittagessen ergibt. Der Salat ist nach der elsässischen Stadt Colmar benannt.

Für 4-6 Personen:
2 kleine Tomaten, geschält, entkernt und gehackt
1 Bund Schnittlauch, fein gehackt
4 Schalotten, in dünne Ringe geschnitten · 2 EL guter Weißweinessig
1/8 l Erdnußöl · Salz
250 g gekochte, geräucherte Würste aus Schweinefleisch, z.B. Knack- wurst (siehe Anmerkung Seite 22)
250 g Gruyère · 1 Frisée, gewaschen und abgetropft
frisch gemahlener schwarzer Pfeffer

Tomaten, Schnittlauch, Schalotten, Essig und Öl in einer kleinen Schüssel vermischen, mit Salz und Pfeffer würzen und beiseite stellen. (Sie können das Dressing schon eine Stunde vorher zubereiten, damit die Schalotten durchziehen.) Die Würste häuten und in dicke Scheiben schneiden. Die Wurstscheiben in eine mittelgroße Schüssel geben und mit einem Drittel des Dressings vermischen. Den Käse in Stifte schneiden, etwa so groß wie Pommes frites. In eine mittelgroße Schüssel geben, mit einem Drittel des Dressings vermengen und beiseite stellen. Den Frisée in mundgerechte Stücke zerpflücken und mit dem restlichen Dressing anmachen. Den Frisée auf 4 große Teller verteilen und einige Wurstscheiben kreisförmig darauf anrichten. Die Käsestifte darüber verteilen und mit reichlich frisch gemahlenem Pfeffer würzen. Dazu knuspriges Bauernbrot reichen.

Chipirons en salade Chez Philippe
Kalmar-Salat »Chez Philippe«

Die Bistros in den Städten an der Atlantikküste wie das »Chez Philippe« in Bordeaux bieten eine reiche Auswahl an Meeresfrüchten. Man bekommt dort Austern aus dem nahegelegenen Arcachon und einen leichten, erfrischenden Salat mit kleinen Tintenfischen oder Kalmaren, die im Baskenland **chipirons** heißen. Sie werden zuerst in etwas Mehl gewendet, kurz in Olivenöl gebraten und auf gemischtem grünen Salat angerichtet. Zum Schluß kommen noch gehackter Knoblauch und Petersilie darüber. Probieren Sie dazu einen jungen Weißwein, zum Beispiel einen trockenen Graves.

Für 4 Personen:
4 EL guter Rotweinessig · Salz · frisch gemahlener schwarzer Pfeffer
1/8 l bestes kaltgepreßtes Olivenöl · 4 Knoblauchzehen
eine knappe Handvoll frische Petersilie · 35 g Mehl
250 g kleine Tintenfische, geputzt (siehe Seite 85), Beutel ganz gelassen
4 EL Olivenöl · 4 Schalotten, in dünne Ringe geschnitten
gemischter Blattsalat wie Radicchio, Frisée und Endiviensalat, gewaschen, abgetropft und in mundgerechte Stücke zerpflückt

Essig und Salz in einer kleinen Schüssel verrühren und mit Pfeffer abschmecken. Das Öl unterziehen und das Dressing beiseite stellen. Knoblauchzehen und Petersilie fein hacken und beiseite stellen. Das Mehl mit Salz und Pfeffer vermischen, die Kalamare darin wenden, überschüssiges Mehl abschütteln. Das Öl in einer großen Pfanne auf höchster Stufe erhitzen, es sollte aber nicht rauchen. Schalotten und Kalamare hineingeben und auf höchster Stufe 1-2 Minuten unter ständigem Rühren braten, bis sie weich sind. (Nicht länger garen, sonst wird der Tintenfisch wie Gummi.) Vom Herd nehmen und auf Küchenkrepp abtropfen lassen. Mit reichlich Salz und Pfeffer würzen, Knoblauch und Petersilie darüberstreuen. Den gemischten Salat mit dem Dressing anmachen und auf 4 Teller verteilen. Die Kalamare darauf anrichten und sofort servieren.

Salade dauphinoise
GemischterSalat mit Schinken, Käse und Walnüssen

Dieser Salat enthält die köstlichen Dinge, die die Dauphiné im Überfluß zu bieten hat: Walnüsse, Käse, Schinken und Sahne. Es fehlt nur ein frischer Salat aus dem Garten. Was mir an diesem Rezept besonders gefällt, ist die Zusammenstellung der unterschiedlichen Zutaten. Das sahnige Dressing ist das Tüpfelchen auf dem i, da der Salat sonst zu trocken wäre.

Für 4 Personen:
2 TL Dijon-Senf · 2 TL frisch gepreßter Zitronensaft
1 EL guter Rotweinessig
2 EL Crème fraîche (siehe Seite 272) oder saure Sahne
3 EL Walnußöl oder bestes kaltgepreßtes Olivenöl
Salz · frisch gemahlener schwarzer Pfeffer
gemischter Blattsalat wie Frisée, Endivien- und Kopfsalat, Radicchio oder Feldsalat, gewaschen und abgetropft
60 g Walnußkerne, zerkleinert
100 g Gruyère, gewürfelt
100 g gekochter Schinken, gewürfelt
1 Bund Schnittlauch, fein gehackt

Senf, Zitronensaft und Essig in einer kleinen Schüssel verrühren. Crème fraîche und Öl zufügen und glattrühren. Mit Salz und Pfeffer abschmecken und das Dressing beiseite stellen. Gemischten Salat, Nüsse, Käse, Schinken und Schnittlauch in einer großen Schüssel vermengen. Das Dressing darüberträufeln und und alles gründlich vermischen.

Salade de coques et moules Gabriel Coulet

Muschelsalat »Gabriel Coulet«

Nach einer langen, erfolgreichen Reise durch den Südwesten verbrachte ich einen Tag bei André und Pierre Laur, die in Roquefort schon in der dritten Generation Käse herstellen. Zum Mittagessen gingen wir in ein schlichtes ländliches Restaurant ohne Namen. Deshalb widme ich diesen erfrischenden Salat jenem »No-Name-Restaurant« und dem wunderbaren Roquefort-Käse der Brüder Laur, der unter dem Namen Gabriel Coulet verkauft wird. Hier heißt es zugreifen, denn die Muscheln oder **coques** werden in der Schale serviert. Dieser Salat ist also genau das Richtige für eine vergnügte Runde. Reichen Sie dazu viel frisches Baguette, mit dem man die köstliche Sauce aufnehmen kann. Damals tranken wir einen Picpoul de Pinet dazu, einen trockenen Weißwein aus der Gegend. Ein Riesling paßt aber genausogut.

Für 4 Personen:
1/4 l trockener Weißwein wie Picpoul de Pinet oder Riesling
750 g Miesmuscheln, gründlich abgebürstet, *mehrmals in frischem Wasser gründlich gewaschen und kurz vor dem* *Garen entbartet (siehe Anmerkung)*
750 g Venusmuscheln, entbartet (siehe Anmerkung), *mehrmals in frischem Wasser gründlich abgebürstet*
4 Schalotten, fein gehackt
3 EL guter Sherry-Essig

Wein und Muscheln in einem 6 l fassenden Topf auf höchster Stufe zum Kochen bringen und zugedeckt etwa 5 Minuten garen, bis sich die Muscheln öffnen, nicht länger. Den Topf vom Herd nehmen, die Muscheln herausnehmen und in eine große Schüssel geben. Noch geschlossene Muscheln wegwerfen, die Garflüssigkeit durch ein Sieb gießen, mit den Schalotten in einen kleinen Topf geben und auf höchster Stufe etwa 5 Minuten kochen, bis die Schalotten weich sind. Den Essig zufügen und noch 1 Minute kochen. Die Sauce über die Muscheln gießen und umrühren. Zugedeckt bis zu 4 Stunden kalt stellen. Gut gekühlt mit viel frischem, knusprigem Brot und Weißwein servieren.

Anmerkung: Die Muscheln erst bei Zubereitung entbarten, sonst sterben sie und sind nicht mehr genießbar.

Probleme mit sandigen Muscheln?
Vor allem kleine Muscheln sind oft recht sandig. Sie lassen sich reinigen, wenn man sie 1 bis 2 Stunden in Salzwasser legt. Dafür löst man grobes Meersalz in Wasser auf, und zwar 100 g pro 1 Liter Wasser.

Picodon à l'huile d'olive
Ziegenkäse in Olivenöl

Wenn ich nicht irgendwo noch ein Glas Ziegenkäse in Öl versteckt habe, fehlt mir etwas. Denn so ein Glas Picodon, in Öl eingelegt, ist ein wahres Geschenk des Himmels, wenn keine Zeit mehr zum Einkaufen war, oder ich es einfach vergessen habe. Kaufen Sie für dieses Rezept ziemlich festen und nicht zu frischen Ziegenkäse, denn sonst fällt er leicht auseinander. Er hält sich normalerweise einen Monat (mit und ohne Kühlung). Sie können statt der französischen Sorten aber jeden halbweichen Ziegenkäse nehmen. Er eignet sich auch zum Grillen, denn er bleibt schön weich. Das Öl kann man wieder zum Einlegen von Käse oder für eine Vinaigrette verwenden. Geben Sie den Käse auf geröstete Baguettescheiben, die Sie auf gemischtem grünen Salat anrichten.

Für 8 Personen:
4 kleine, halbweiche Ziegenkäse à ca. 100 g (Picodon, Crottin oder Cabécou)
1 TL Kräuter der Provence (siehe Seite 268) · 4 Lorbeerblätter
12 schwarze Pfefferkörner, grob zerstoßen
1/4 - 3/8 l bestes kaltgepreßtes Olivenöl

Jeden Käsewürfel einmal quer durchschneiden (Käse in Zylinderform in 3 cm dicke Scheiben schneiden). Zuerst den Käse, dann die Kräuter, Lorbeerblätter und Pfefferkörner in ein Glas mit breiter Öffnung geben, das einen halben bis dreiviertel Liter faßt. Alles mit Öl bedecken. Gut verschließen und mindestens 1 Woche an einem kühlen Ort stehenlassen. (Sie können den Käse auch im Kühlschrank aufbewahren; er muß dann vor dem Servieren wieder auf Zimmertemperatur gebracht werden.) Den Käse aus dem Glas nehmen, das Öl abtropfen lassen und servieren.

Saucissons à l'huile d'olive
Würste in Olivenöl

Auch Würste lassen sich in Öl ausgezeichnet haltbar machen. Das Rezept stammt von den drei Brüdern Cousin, den Inhabern des schönen Pariser Bistros »Le Petit Marguery«. Sie kommen aus dem Poitou, wo es vor dem Ersten Weltkrieg sehr viele Walnußbäume gab. Später wurden allerdings viele Bäume gefällt, als Feuerholz oder für die Herstellung von Waffen verwendet. Es gab aber immer reichlich Walnußöl – mehr sogar als das heute allgegenwärtige Sonnenblumenöl –, und es wurde tagtäglich zum Kochen verwendet. Die Bauersfrauen legten ihre hausgemachten Würste, in Scheiben geschnitten, oft in Gläsern mit Walnußöl ein und verwendeten sie dann für Salat, den sie frisch aus dem Garten holten. In der Küche der Cousin-Brüder steht immer ein großes Glas mit in Öl eingelegten Würsten, und ich halte es seitdem genauso. Ich glaube, ich habe es schon mit allen möglichen Wurstsorten ausprobiert: frische Würste für meine hausgemachten Pizzas und luftgetrocknete für Salate. Da gutes Walnußöl nur schwer zu bekommen und außerdem oft sehr teuer ist, nehmen Sie statt dessen am besten ein gutes Olivenöl. Die Würste sind unbegrenzt haltbar. Ich bewahre das Glas im Kühlschrank auf und fülle es immer wieder mit Würsten auf. Das Öl können Sie auch für Salatdressings nehmen; es wird also nichts verschwendet. Ob Sie Chilischoten hineingeben, hängt davon ab, wofür Sie Würstchen und Öl verwenden.

Für 500 g eingelegte Würste:
500 g erstklassige, luftgetrocknete Würstchen (z.B. italienische »Abruzzi«)
4 Lorbeerblätter
1/2 TL Chilischoten, grob zerstoßen (nach Belieben)
12 ganze schwarze Pfefferkörner
3/8-1/2 l bestes kaltgepreßtes Olivenöl

Die Würste in dünne Scheiben schneiden. Mit den Lorbeerblättern, Chilischoten und Pfefferkörnern in ein Glas mit breiter Öffnung geben, das einen halben Liter faßt. Alles mit Öl bedecken. Glas gut verschließen und für mindestens 1 Woche bzw. bis zu einem Monat an einen kühlen Ort stellen. (Sie können das Glas auch im Kühlschrank aufbewahren; das Öl muß dann vor dem Servieren wieder auf Zimmertemperatur gebracht werden.) Die Wurstscheiben aus dem Glas nehmen, das Öl abtropfen lassen. Auf grünem Salat anrichten oder eine Pizza damit belegen.

Salade de haddock aux épinards L'Aquitaine

Spinatsalat mit geräuchertem Schellfisch »L'Aquitaine«

Dieser Salat ist eine wundervolle Komposition: knackiger Spinat, warmer, mild geräucherter Schellfisch und kleine neue Kartoffeln, das alles mit einem sahnigen Senfdressing angemacht. Ich nenne ihn »Auftürm-Salat«, denn er schmeckt am besten, wenn man von allem ein bißchen auf die Gabel häuft. Achten Sie beim Einkauf der Zutaten – das Rezept stammt übrigens von Christiane Massia vom »L'Aquitaine« in Paris – besonders darauf, daß sie frisch und von erstklassiger Qualität sind. Dieser Salat eignet sich auch gut als Hauptgericht. Ich trinke am liebsten einen vollmundigen, trockenen Weißwein wie einen jungen Meursault, einen Chardonnay, Elsässer Gewürztraminer oder einen Chablis Grand Cru dazu.

Für 4-6 Personen:
2 EL frisch gepreßter Zitronensaft · 1 TL Dijon-Senf,
80 ml Erdnußöl
2 EL Crème fraîche (siehe Seite 272) oder dicke Sahne
Salz · frisch gemahlener schwarzer Pfeffer
250 g kleine, neue, rotschalige Kartoffeln, abgebürstet
1/2 l Vollmilch
500 g erstklassige geräucherte Schellfischfilets
500 g zarter, junger Spinat, gewaschen, abgetropft, ohne Stengel

Zitronensaft, Salz und Senf in einer kleinen Schüssel verrühren. Langsam das Öl und dann die Crème fraîche unterrühren. Abschmecken und das Dressing beiseite stellen. Die Kartoffeln in reichlich Salzwasser kochen, bis sie gerade weich sind, abgießen und etwas abkühlen lassen. In dünne, gleichmäßige Scheiben schneiden, solange sie noch warm sind. Die Kartoffeln in eine Schüssel geben und einige EL Dressing unterrühren. Beiseite stellen und durchziehen lassen. Die Milch in einem Topf bei Mittelhitze zum Sieden bringen. Den Schellfisch hineingeben, Hitze zurückschalten und zugedeckt etwa 10 Minuten leise köcheln lassen. Er kann in der Garflüssigkeit bis zu 15 Minuten warmgehalten werden, wenn er gar ist. Jeweils einige Spinatblätter aufeinanderlegen und mit einem langen Küchenmesser in 2 cm breite Streifen (Chiffonade) schneiden. Die Spinatstreifen in einer großen Salatschüssel verteilen. Den Fisch aus dem Topf nehmen, abtropfen lassen und enthäuten. Er sollte sich mit der Gabel leicht zerpflücken lassen. Die Fischstücke auf dem Spinat anrichten und die Kartoffeln darübergeben. Das restliche Dressing untermischen und reichlich schwarzen Pfeffer darübermahlen. Fisch, Spinat und Kartoffeln gleichmäßig auf große, flache Teller verteilen und servieren.

Salade harengs – pommes de terre La Meunière
Heringssalat mit Kartoffeln »La Meunière«

Das »La Meunière« in Lyon ist eines der letzten großen Bistros mit einem echten **saladier lyonnais**, einer reichen Auswahl an gemischten Salaten, alles in großen Steingutschüsseln dargeboten. Als ich dort zu Mittag aß, wurden allein neun verschiedene Salate angeboten, unter anderem auch dieser köstliche Salat aus mariniertem Räucherhering mit neuen Kartoffeln. Wir tranken dazu einen wunderbaren Beaujolais cru.

Für 4 Personen:
250 g kleine, neue rotschalige Kartoffeln, geschält · Salz
4 Räucherhering-Filets aus der Dose oder *4 marinierter Heringe, geviertelt (siehe Seite 24),*
3 EL Schnittlauch, gehackt
4 EL Erdnußöl oder das Öl, in dem die Heringe eingelegt waren

Die Kartoffeln mit Wasser und Salz etwa 15 Minuten garen, bis sie fast gar, aber noch fest sind, dann abgießen und vierteln. Die warmen Kartoffeln, Heringsstücke und Schnittlauch in einer großen Schüssel miteinander vermengen. Mit Öl beträufeln, gründlich umrühren und servieren.

Tip: *Wenn die Heringe zu salzig sind, legen Sie sie vor der weiteren Zubereitung für etwa 3 Stunden in Milch ein.*

Salade mesclun La Mère Besson
Bunter Sommersalat »La Mère Besson«

Im »La Mère Besson«, einem alteingesessenen Bistro an der Côte d'Azur, ließ ich mir zusammen mit einem Freund ein köstliches provenzalisches Menü schmecken. Ich trank dazu einen meiner Lieblingsweine, den Bandol rouge von der Domaine Tempier. Vor dem Hauptgericht, einer herzhaften **estouffade de boeuf** – in Wein und Kräutern geschmortes Rindsragout – aß ich diesen köstlichen Salat, der durch die verschiedenen Grüntöne besonders hübsch aussieht. Machen Sie ihn zu Hause ruhig noch etwas bunter, und geben Sie Kapuzinerkresse-Blüten und ein paar Blätter Portulak, Basilikum, Bohnenkraut und Ysop dazu!

Für 4 Personen:
1 EL Dijon-Senf · 1 EL guter Rotweinessig · Salz
1/8 l bestes kaltgepreßtes Olivenöl
2 große Eier, zimmerwarm · 3 EL Olivenöl
2 große Scheiben Brot, in 1 cm große Würfel geschnitten
gemischter Blattsalat wie Endivie, Eichblatt- und Feldsalat, Bataviasalat · 2 Tomaten, entkernt und gewürfelt
2 große Knoblauchzehen, fein gehackt

Senf, Essig und Salz in einer kleinen Schüssel gut verrühren. Das Olivenöl langsam unterziehen und das Dressing beiseite stellen. Die Eier in einen Topf geben und soviel Wasser zugießen, daß sie gut bedeckt sind. Ohne Deckel bei Mittelhitze kochen, bis das Wasser zu sprudeln beginnt. Hitze zurückschalten und die Eier 8 Minuten sieden, aber nicht mehr kochen lassen. Eigelb und Eiweiß sollten dann fest sein. Das Wasser abgießen und die Eier 1-2 Minuten mit kaltem Wasser abschrecken. Wenn sie abgekühlt sind, die Eier schälen und grob hacken, beiseite stellen.

Für die Croûtons 3 EL Olivenöl in einer Pfanne auf mittlerer Stufe erhitzen. Sobald das Öl heiß ist, aber nicht raucht, die Brotwürfel hineingeben und darin wenden. 3-4 Minuten rösten, bis die Croûtons rundum gebräunt sind, beiseite stellen. Den gemischten Blattsalat in eine große Salatschüssel geben. Tomaten, Eier, Knoblauch und Croûtons darüberhäufen. Das Dressing zufügen, alles gut durchmischen und servieren.

Salade lyonnaise La Meunière
Endiviensalat mit Kartoffeln, Hering und Eiern »La Meunière«

Lyon hat immer wieder Überraschungen bereit. Ich bin von dem, was in den dortigen Bistros gekocht wird, nach jedem Besuch noch mehr angetan, und mir scheint, daß ich jedesmal eine Menge dazulerne. Es ist verblüffend, wie ganz alltägliche Zutaten zusammengerührt werden und dann ein köstliches Gericht ergeben! Dies hier ist eine der vielen Varianten des klassischen **salade lyonnaise**, der fast immer mit Hering und Kartoffeln zubereitet wird. Als ich den Salat zu Hause zubereitete, kam mir der Gedanke, daß der Chef des »La Meunière« wohl das Öl für das Dressing verwendet haben mußte, in dem der Hering eingelegt war. Ich folgte meinem Instinkt, und heraus kam ein Salat, der – wie ich finde – eine echte Attraktion ist.

Für 4 Personen:

2 große Eier · 250 g kleine, neue rotschalige Kartoffeln, geschält

1 EL Dijon-Senf · 1 EL guter Rotweinessig · Salz

1 Endiviensalat oder Frisée, gewaschen, abgetropft
und in mundgerechte Stücke zerpflückt

4 marinierte Heringe (siehe Seite 24), gewürfelt, das Öl zurückbehalten

3 EL Schnittlauch, gehackt · 3 EL Petersilie, gehackt

Die Eier in einen Topf geben und soviel Wasser zugießen, daß sie bedeckt sind. Ohne Deckel bei Mittelhitze kochen, bis das Wasser zu
sprudeln beginnt. Hitze zurückschalten und die Eier 8 Minuten leise
köcheln, aber nicht mehr kochen lassen. Eigelb und Eiweiß sollten
dann fest sein. Das Wasser abgießen und die Eier unter kaltem Wasser abschrecken. Danach schälen, grob hacken und beiseite stellen.
Die Kartoffeln in einen Topf geben und soviel Wasser zugießen, daß
sie bedeckt sind. Salzen und auf höchster Stufe zum Kochen bringen.
Die Kartoffeln etwa 15 Minuten kochen, bis sie fast gar, aber noch fest
sind. Das Wasser abgießen und die Kartoffeln abkühlen lassen. Senf
und Essig in einer kleinen Schüssel verrühren, mit Salz abschmecken.
Langsam 6 EL von dem Öl unterziehen, in dem der Hering mariniert
wurde. Das Dressing beiseite stellen. Den Salat in eine große Schüssel geben. Den gewürfelten Hering darüberstreuen. Die Kartoffeln in
dünne Scheiben schneiden und darauflegen. Die Eier vierteln und auf
die Kartoffeln legen. Schnittlauch und Petersilie darüberstreuen. Das
Dressing zufügen und alles vorsichtig, aber gründlich durchmischen.
Mit knusprigem Landbrot servieren.

Salade aux lingots et saucisses de Morteau Quai d'Orsay

Salat von weißen Bohnen und geräucherten Würsten »Quai d'Orsay«

Ich liebe Salate, in denen verschiedene gehaltvolle, gut gewürzte Zutaten auf einem Bett aus gesundem »Grünzeug« angerichtet sind. Das folgende Rezept ist eine Variante des Salates, den ich am Quai d'Orsay einmal zu Mittag aß. Der Blattsalat wird mit einem Zitronendressing angemacht, darauf werden die warmen weißen Bohnen (in Frankreich heißen sie **lingots**) angerichtet, und um die Bohnen herum die warmen, in Scheiben geschnittenen geräucherten Würste. Sie können übrigens jede gute geräucherte Wurst nehmen. In Frankreich wird dieser Salat mit **saucisse de Morteau** aus dem Jura zubereitet. Trinken Sie dazu einen jungen Rotwein, nur leicht gekühlt, zum Beispiel einen Saumur-Champigny von der Loire.

Für 4 Personen:

Bohnen: *300 g getrocknete weiße Bohnen, über Nacht eingeweicht*

---

2 EL kaltgepreßtes Olivenöl · 2 Lorbeerblätter

---

einige Zweige frischer oder einige TL getrockneter Thymian · Salz

---

Dressing: *4 Schalotten, fein gehackt · 80 ml Zitronensaft*

---

160 ml bestes kaltgepreßtes Olivenöl · Salz

Würste: *300 g geräucherte Schweinswürste · 1 EL Olivenöl*

---

einige Zweige frischer oder 1 EL getrockneter Thymian · 1 Lorbeerblatt

---

1 Zwiebel, fein gehackt · 2 Knoblauchzehen

1/4 l trockener Weißwein

Salat: *junger Frisée, gewaschen, abgetropft und in mundgerechte Stücke zerpflückt*

---

40 g gesalzene Pistazienkerne · 1 EL Schnittlauch, gehackt

Die Bohnen in einen großen Topf geben und soviel Wasser zugießen, daß sie bedeckt sind. Auf höchster Stufe zum Kochen bringen, den Topf vom Herd nehmen und zugedeckt 40 Minuten beiseite stellen. Das Wassser abgießen, die Bohnen abspülen und wieder mit kaltem Wasser bedecken. Öl, Lorbeerblätter und Thymian zufügen und bei Mittelhitze zum Kochen bringen. Zugedeckt bei Mittelhitze etwa 1 Stunde weichkochen. (Die Kochzeit hängt davon ab, wie frisch die Bohnen sind; ältere brauchen etwas länger.) Die Bohnen sollten nicht breiig, sondern gar, aber noch fest sein. Salzen. Während die Bohnen kochen, das Dressing zubereiten.

Dafür die Schalotten mit Zitronensaft und Salz in einer kleinen Schüssel verrühren. Langsam das Öl unterziehen und das Dressing glattrühren. Abschmecken. Die Bohnen abtropfen lassen. Die Hälfte des Dressings darübergießen, beiseite stellen und warm halten.

Nun die Würste zubereiten. Das Öl in einer großen Pfanne auf mittlerer Stufe erhitzen. Die Würste darin rundum anbräunen, aber nicht einstechen. Thymian, Lorbeerblatt, Zwiebel, Knoblauch und Wein zufügen und das Ganze zum Kochen bringen. Zugedeckt 1 Stunde leise köcheln lassen, dabei gelegentlich umrühren. Die Würste herausnehmen, abtropfen lassen, beiseite stellen und warm halten.

Den Frisée in eine große Salatschüssel geben und mit dem restlichen Dressing anmachen. Den Frisée auf 4 große Teller verteilen und flachdrücken. In der Mitte einige Löffel Bohnen aufhäufen. Die Würste häuten und in dünne Scheiben schneiden. Diese fächerförmig um die Bohnen herum anordnen. Den Salat mit Pistazienkernen und Schnittlauch bestreuen und warm servieren.

Salade du théâtre

Frisée mit Sülze, Eiern und Tomaten »Brasserie du Théâtre«

Die »Brasserie du Théâtre« ist ein hübsches, gutbesuchtes Bistro in Versailles, in dem bekannte, traditionelle Gerichte serviert werden. Ich probierte diesen Salat an einem Augusttag und aß hinterher ein klassisches **gigot à la provençale**, ein köstliches Lammgericht mit weißen Bohnen und gegrillten Tomaten. Die Kombination von grünem Salat mit Wurstwaren, in diesem Fall mit **museau de boeuf** (Ochsenmaul) oder Rindersülze mag ich ausgesprochen gern. Sie können statt dessen auch Schweinesülze verwenden.

Für 4 Personen:

4 große Eier · 2 EL Dijon-Senf · 2 EL guter Rotweinessig

Salz · 1/8 l Erdnußöl

1 Frisée, gewaschen, abgetropft und in mundgerechte Stücke zerpflückt

2 Scheiben (etwa 200 g) Rinder- oder Schweinesülze

16 Kirschtomaten, gewaschen und halbiert

Die Eier in einen Topf mit reichlich Wasser geben. Ohne Deckel bei Mittelhitze kochen, bis das Wasser zu sprudeln beginnt. Hitze zurückschalten und die Eier 6 Minuten leise köcheln, aber nicht mehr kochen lassen. Das Eiweiß sollte fest, das Eigelb jedoch noch weich und dunkelgelb sein. Das Wasser abgießen und die Eier 1-2 Minuten unter kaltem Wasser abschrecken. Anschließend die Eier pellen und beiseite stellen. Senf und Essig in einer kleinen Schüssel gründlich verrühren, mit Salz abschmecken. Langsam das Öl unterziehen und das Dressing beiseite stellen. Den Salat in eine große Schüssel häufen. Die Sülze in mundgerechte Stücke schneiden und mit den Tomaten zum Salat geben. Die Eier vierteln und darauflegen. Das Dressing zufügen und alles vorsichtig, aber gründlich durchmischen. Mit knusprigem Bauernbrot servieren.

La salade d'épinards aux foies de volailles

Spinatsalat mit sautierter Hühnerleber

Diesen Salat kann man keiner bestimmten französischen Region zuordnen; er wird sowohl in Bistros in Lyon als auch in den kleinen Restaurants der Charentes serviert. Ich muß gestehen, daß ich lange Zeit eine ausgesprochene Abneigung gegen Hühnerleber hatte, denn als wir frisch verheiratet waren, aßen wir sie ein bis zweimal die Woche, weil sie so preiswert ist. Inzwischen mag ich sie wieder gern, vor allem wenn es frische Leber von Freilandhühnern ist.

Für 4 Personen:
500 g Spinat, gewaschen, abgetropft und in mundgerechte Stücke zerpflückt
12 frische Hühnerlebern, halbiert
Salz · frisch gemahlener schwarzer Pfeffer
2 EL Butter
2 EL guter Rotweinessig · 1/8 l Erdnußöl

Den Spinat auf 4 große Teller verteilen. Hühnerlebern mit Salz und Pfeffer würzen. Die Butter in einer kleinen Pfanne bei Mittelhitze schmelzen und die Hühnerlebern darin 2-3 Minuten sautieren, wenn sie innen noch rosa, und 5-7 Minuten, wenn sie ganz durchgebraten sein sollen. In jedem Fall sollten sie saftig und weich bleiben. Die Lebern mit dem Essig ablöschen, den Bratensatz vom Boden lösen. Das Öl unterrühren und einmal aufkochen lassen. Die warmen Hühnerlebern und das Dressing gleichmäßig auf dem Spinat verteilen und servieren. Jeder Gast macht seinen Salat selbst an.

Salade de lentilles vertes

Salat von grünen Linsen

Es gibt Tage im Winter, da habe ich großen Appetit auf Linsen. In Frankreich werden sie vor allem in der Auvergne angebaut. Die besten kommen aus dem Dorf Le Puy, wo der Boden besonders für den Anbau geeignet ist. Ein Freund von mir bezeichnete sie einmal als »diese köstlichen, kleinen französischen Erbsen«. Servieren Sie diesen Salat mit gegrillten Würsten oder einfach nur mit frischem Bauernbrot.

Tip: *Ratschlag einer französischen Großmutter, damit die Linsen noch besser schmecken: 1 TL Essig und 1 Würfel Zucker in das Kochwasser geben.*

Für 6-8 Personen:

---

500 g grüne Linsen aus Frankreich
(oder ersatzweise braune Linsen), eingeweicht

---

1 mittelgroße Zwiebel, halbiert und mit 2 Gewürznelken gespickt

---

1 Knoblauchzehe, geschält · Lorbeerblatt

---

4 EL guter Rotweinessig · 2 EL bestes kaltgepreßtes Olivenöl

Salz · frisch gemahlener schwarzer Pfeffer

Die Linsen sorgfältig verlesen und mit Zwiebel, Knoblauch und Lorbeerblatt in einen schweren mittelgroßen Topf geben. Mit reichlich kaltem Wasser bedecken. Zugedeckt bei Mittelhitze zum Kochen bringen. Hitze zurückschalten und Linsen zugedeckt 25-35 Minuten leise köcheln lassen, bis sie weich sind. Sie dürfen nicht zerfallen. Während der Garzeit in Abständen prüfen, ob sie schon weich sind. Während des Kochens sollte stets etwas Wasser im Topf sein. Nötigenfalls etwas Wasser zugießen, keinesfalls aber mehr als 4 EL. Am Ende der Garzeit sollten sie die Flüssigkeit ganz aufgenommen haben. Sobald die Linsen weich sind, den Topf vom Herd nehmen; Zwiebel, Knoblauch und Lorbeerblatt wegwerfen. Essig, Öl und Salz in einer kleinen Schüssel verrühren. Das Dressing über die warmen Linsen gießen und gründlich umrühren, bis sie ganz überzogen sind. Die Linsen in eine Servierschüssel geben, mit Pfeffer und eventuell noch etwas Salz abschmecken. Warm servieren.

La salade et vinaigrette de tante Yvonne
Gemischter grüner Salat mit Vinaigrette »Tante Yvonne«

Yvonne Soliva ist eine sehr lebhafte Person. Ihr Restaurant »Chez Tante Yvonne« in Lambesc in der Provence, dessen Küche sie führt, erinnert an ein Völkerkundemuseum. Bei ihr findet man für die Region typische Gerichte auf der Speisekarte. Eines Abends bereitete sie einen einfachen grünen Salat mit einem wundervollen Dressing zu, bei dem die verschiedenen Aromen sehr gut harmonierten. Und sie war so freundlich, mir das Rezept zu verraten.

Für 6-8 Personen:
2 Kopfsalate, gewaschen und abgetropft
2 EL frisch gepreßter Zitronensaft
2 EL guter Sherry-Essig
1 TL Dijon-Senf · Salz · frisch gemahlener schwarzer Pfeffer
180 ml bestes kaltgepreßtesOlivenöl

Die Salatblätter in mundgerechte Stücke zerpflücken und in eine große Schüssel geben. Zitronensaft, Essig und Senf sowie Salz und Pfeffer in einer kleinen Schüssel verrühren. Langsam das Olivenöl unterziehen und eventuell nachwürzen. Das Dressing über den Salat gießen, gründlich vermischen und servieren.

Salade quercynoise L'Oulette

Salat mit Schinken, Walnüssen und Entenmägen »L'Oulette«

Das »L'Oulette« in Paris ist ein Bistro, in dem eine bodenständige und dennoch moderne Küche wie in Südwestfrankreich gepflegt wird. Küchenchef Marcel Baudis serviert diesen üppigen Salat als Vorspeise. Mit knusprigem, hausgemachtem Brot und einem Schluck kräftigem Landwein, zum Beispiel einem Gaillac wie im »L'Oulette«, ergibt er ein Hauptgericht. Die Zutaten sind typisch für die Küche im Südwesten. Versuchen Sie, wirklich frische Walnüsse zu bekommen, am besten unbehandelte aus organischem Anbau. Und wenn Sie kein frisches Walnußöl bekommen, können Sie statt dessen erstklassiges Olivenöl verwenden. Eingemachte Entenmägen gibt es in Feinkostläden. Sie können sie durch sautierte Hühnerleber ersetzen oder aber ganz weglassen.

Für 4 Personen:

2 EL frisch gepreßter Zitronensaft

Salz · frisch gemahlener schwarzer Pfeffer

1/8 l Walnußöl

gemischter Blattsalat wie Frisée, Feldsalat und Radicchio, gewaschen und abgetropft

90 g frische Walnüsse

4 dicke Scheiben gekochter Schinken, klein geschnitten

4 eingemachte Entenmägen oder frische Hühnerlebern

Zitronensaft und Salz in einer kleinen Schüssel verrühren, das Öl langsam unterziehen. Das Dressing mit Pfeffer abschmecken und beiseite stellen. Salat, Walnüsse und Schinken in eine große Schüssel geben. Das Fett von den Entenmägen abschaben und 1 Teelöffel zum Braten zurückbehalten. Jeden Magen in 8 Stücke schneiden. Das Entenfett in einer kleinen Pfanne auf mittlerer Stufe erhitzen und die Entenmägen darin 3-4 Minuten braten, bis sie leicht gebräunt und warm sind. (Bei Hühnerleber 1 Eßlöffel Pflanzenöl oder Butter in einer kleinen Pfanne auf mittlerer Stufe erhitzen. Die Hühnerlebern darin 2-3 Minuten sautieren, wenn sie innen noch rosa, 5-7 Minuten, wenn sie ganz durchgebraten sein sollen.) Mit Salz und Pfeffer würzen, aus der Pfanne nehmen und abtropfen lassen. Die Mägen oder Lebern auf dem Salat anrichten, mit dem Dressing begießen und servieren.

Schön herrichten, und dann kann's losgehen

Das Tüpfelchen auf dem i beim Salat ist das richtige Dressing, und manche passen wirklich hervorragend zu bestimmten Salaten. Hier einige Vorschläge:
– Zarte grüne Salate wie Kopfsalat machen Sie mit einem Dressing aus einem Teil Zitronensaft und drei Teilen Sahne an.
– Für rote Bete, Knollensellerie, Bratenreste und Geflügel verwenden Sie ein Dressing aus 1 Eßlöffel Senf, 3 Eßlöffel Sahne und dem Saft einer halben Zitrone.
– Für knackige Salate wie Endivie pochieren Sie Hühnerlebern 2 Minuten in Hühnerbrühe, zerdrücken Sie mit einer Gabel und stellen dann eine Vinaigrette aus einem Teil Essig und drei Teilen Öl her. Das Ganze gut mischen.
Und wenn das Dressing fertiggestellt ist, sollten Sie den Salat gründlich damit anmachen und ihn so lange wenden, bis er ganz von der Sauce überzogen ist. Die Franzosen sagen dazu »fatiguer la salade«. Sie erleichtern sich die Arbeit erheblich, wenn Sie eine besonders große, tiefe Schüssel verwenden.

Les Pâtes
Nudelgerichte

Zu Nudeln fällt einem fast zwangsläufig Italien ein, aber Teigwaren, ob getrocknet oder frisch, sind auch in vielen französischen Regionen fester Bestandteil auf dem Speisezettel, vor allem in den Gebieten an der italienischen Grenze und an der Côte d'Azur. Ein klassisches Gericht der kleinen Bistros in Nizza zum Beispiel sind Nudeln mit Basilikumsauce; etwas weiter nördlich, im Département Vaucluse, werden als regionale Spezialität frische Eiernudeln mit schwarzen Trüffeln angeboten. Im Norden der Provence, im Département Drôme, schätzt man Ravioli, und inzwischen sind diese kleinen, mit Ziegenkäse gefüllten Teigtaschen auch in den Pariser Bistros sehr beliebt. Offenbar entwickeln immer mehr Menschen eine Vorliebe für Gerichte wie Nudeln mit Tintenfisch, Nudeln mit Schinken, Zitrone und schwarzen Oliven oder mit frisch zubereiteten Miesmuscheln, um nur einige zu nennen. Sie können die hier vorgestellten Gerichte entweder als Vorspeise oder als Hauptmahlzeit servieren je nach Appetit, Jahres- oder Tageszeit.

Pâtes aux citron, jambon et olives noires
Le Procope

Nudeln mit Zitrone, Schinken und schwarzen Oliven »Le Procope«

Dies ist eines meiner Lieblingsgerichte, und es gelingt jedesmal anders, weil ich von dem einen etwas mehr dazutue, von dem anderen etwas weglasse, je nachdem, was ich gerade an Zutaten zur Hand habe. Inspiriert hat mich dazu das Gericht, das ich an einem Augustabend im »Le Procope« probierte, einer Pariser Brasserie, die sich selbst als das älteste Café-Bistro der Welt bezeichnet (und dort war es leider nicht sehr gelungen). Die Zusammenstellung ist raffiniert: Zitronensaft und geriebene Zitronenschale, Fadennudeln, Olivenöl, schwarze Oliven und dünne Schinkenstreifen. Zum Schluß gebe ich noch viel frischen Thymian und grob gemahlenen schwarzen Pfeffer darüber. Als ich das Rezept zum ersten Mal ausprobierte, war ich gerade von einer Reise ins Loiretal zurückgekommen und hatte noch eine Flasche Vouvray sec im Kühlschrank. Schon bevor ich den ersten Schluck davon zum Essen trank, wußte ich, daß er wunderbar dazu passen würde. So war es dann auch!

Für 6-8 Personen:
4 EL frisch gepreßter Zitronensaft · Salz
1/8 l bestes kaltgepreßtes Olivenöl
8 Scheiben (etwa 250 g) gekochter Schinken, in dünne Streifen geschnitten
100 g schwarze Oliven in Öl, vorzugsweise aus Nyons, entsteint
2 TL Thymian, gehackt
geriebene Schale von 2 Zitronen
grob gemahlener schwarzer Pfeffer
500 g Fadennudeln wie Engelshaar oder capelli d'angeli

Den Zitronensaft in eine kleine Schüssel gießen und leicht salzen. Das Öl mit einer Gabel unterrühren und das Dressing beiseite stellen. Schinkenstreifen, Oliven, Thymian und Zitronenschale in eine große Schüssel geben, mit Salz und Pfeffer würzen und gut mischen. Kurz vor dem Servieren in einem großen Topf Wasser zum Kochen bringen. Wenn es sprudelt, Salz und Nudeln hineingeben und so lange kochen, bis sie gerade weich sind. Wasser durch ein Sieb abgießen. Die Nudeln in die Schüssel geben, das Dressing darübergießen und alles gut miteinander vermischen. Auf jedem Teller eine Portion Nudeln anrichten, Schinken und Oliven dabei gleichmäßig verteilen. Grob gemahlenen schwarzen Pfeffer darüberstreuen und servieren.

Ein Tip zum Thema Salz

Wenn ich Wasser für Nudeln oder zum Blanchieren von Gemüse koche, vergesse ich immer, ob ich es schon gesalzen habe oder nicht. Jetzt salze ich immer ganz zum Schluß und messe das Wasser vorher ab. Zwei Eßlöffel Salz pro Liter Wasser sind genau die richtige Menge.

Tagliatelle aux moules Brasserie Le Coq
Bandnudeln mit Miesmuscheln »Brasserie Le Coq«

Man findet fast kein Bistro, auf dessen Speisekarte nicht mindestens ein Nudelgericht steht. Die Bandnudeln mit Miesmuscheln, die ich an einem sonnigen Samstagmittag in der Pariser Brasserie »Le Coq« an der Place de la Trocadéro aß, sind inzwischen ein Lieblingsgericht meiner Familie . Eigentlich ist es ein Nudelsalat, den man lauwarm servieren kann. Das Rezept ergibt für zwei Personen ein sättigendes Hauptgericht, für vier eine Vorspeise.

Für 4 Personen:

3 EL guter Sherry-Essig
1 TL Kräuter der Provence (siehe Seite 268)
2 Tomaten, geschält, entkernt und gehackt
2 Schalotten, in dünne Ringe geschnitten
4 EL bestes kaltgepreßtes Olivenöl
Salz · 250 g frische Bandnudeln wie Tagliatelle oder Fettucine
1 kg frische Miesmuscheln
3 große Knoblauchzehen · 3-4 EL Petersilie, fein gehackt

Essig, Kräuter, Tomaten, Schalotten, Öl und Salz in einer kleinen Schüssel gründlich vermischen und beiseite stellen. Die Vinaigrette kann einige Stunden vor Gebrauch zubereitet werden. In einem großen Topf Salzwasser zum Kochen bringen und Nudeln darin garen, bis sie gerade weich sind. Durch ein Sieb abgießen und Nudeln abtropfen lassen. Die Nudeln in eine große Servierschüssel geben, das Dressing zufügen, umrühren, bis die Nudeln damit überzogen sind, und beiseite stellen. Die Muscheln gründlich abbürsten, mehrmals in frischem Wasser waschen und entbarten. (Die Muscheln nicht vorher entbarten, sonst sterben sie und sind nicht mehr genießbar.) Die Muscheln in eine große Pfanne geben und zudecken. (Zusätzliche Flüssigkeit ist nicht nötig, die Muscheln geben selbst Flüssigkeit ab, wenn sie sich öffnen.) Auf höchster Stufe 2-3 Minuten garen, bis sie sich öffnen, keinesfalls länger. Die Pfanne vom Herd nehmen, noch geschlossene Muscheln wegwerfen und die anderen beiseite stellen. Die Garflüssigkeit der Muscheln durch ein feines Sieb oder mehrere Lagen angefeuchtetes Passiertuch gießen. 1/8 l davon zu den Nudeln geben und umrühren. (Die Muscheln geben unterschiedlich viel Flüssigkeit ab. Nehmen Sie soviel, daß eine richtige Sauce entsteht.) Das Muschelfleisch aus den Schalen lösen und zu den Nudeln geben. Den Salat etwa 20 Minuten durchziehen lassen. Kurz vor dem Servieren den Knoblauch hacken und zusammen mit der Petersilie unter die Nudeln mischen. Sofort servieren.

Moules aux pâtes à la niçoise
Miesmuscheln mit Nudeln, Sardellen, Kapern und Knoblauch

Dieses Rezept stammt nicht aus einem Bistro in Nizza. Ich habe es in einem kleinen Muschelkochbuch gefunden, das ich auf einer Reise in die Charentes an der Atlantikküste gekauft hatte, wo es reichlich Muscheln gibt. Als ich dieses Gericht zum ersten Mal zubereitete, war ich der Meinung, ich hätte frischen Kerbel gekauft. Es war aber frischer Koriander, der in Südfrankreich nicht so häufig verwendet wird. Der Irrtum stellte sich als Glücksfall heraus, denn Koriander mit seinem kräftigen Geschmack paßt ausgesprochen gut in dieses Gericht. Ich habe das Rezept seither immer wieder abgewandelt und ein paar Handvoll andere frische Kräuter aus dem Garten dazu verwendet. Servieren Sie dazu einen kräftigen Wein, zum Beispiel einen gut gekühlten Rosé aus der Provence.

Für 4-6 Personen:
1 kg frische Miesmuscheln
1/4 l trockener Weißwein wie Riesling
4 Schalotten, gehackt
10 mittelgroße Tomaten (etwa 1 kg), geschält, entkernt und gehackt
500 g frische Bandnudeln wie Tagliatelle
1 Glas (60 g) Sardellenfilets in Olivenöl, abgetropft, trockengetupft und grob gehackt
1 EL Kapern, abgetropft · 4 große Knoblauchzehen, fein gehackt
eine Handvoll frische Kräuter, vorzugsweise eine Mischung aus Basilikum, Petersilie und Estragon oder nur Koriander

Die Muscheln gründlich abbürsten, mehrmals in frischem Wasser waschen und entbarten. (Die Muscheln nicht vorher entbarten, sonst sterben sie und werden ungenießbar.) Wein und Muscheln in eine große Pfanne geben und auf höchster Stufe zum Kochen bringen.

Die Muscheln zugedeckt etwa 5 Minuten garen, bis sie sich öffnen, aber nicht länger. Die Pfanne vom Herd nehmen, die Garflüssigkeit abgießen und beiseite stellen. Geschlossene Muscheln aussortieren und wegwerfen. Muschelfleisch in den Schalen lassen. Die Garflüssigkeit mit den Schalotten in einen kleinen Topf geben und auf höchster Stufe etwa 5 Minuten kochen bis sie weich sind. Die Tomaten zufügen und etwa 20 Minuten garen, bis sie ebenfalls weich sind. Die Mischung sollte ziemlich flüssig sein. Einen großen Topf Wasser zum Kochen bringen, salzen und die Nudeln darin bißfest garen. Während die Nudeln kochen, die gehackten Sardellenfilets und die Kapern zu der Tomaten-Schalotten-Mischung geben und umrühren. Die Muscheln hineingeben und alles gut vermischen. Zum Schluß Knoblauch und Kräuter darüberstreuen. Das Wasser abgießen und die Nudeln auf 4-6 vorgewärmte Suppenteller verteilen. Die Muschelsauce darübergeben und servieren.

Sauté de chipirons aux pâtes fraîches
Tintenfisch in Tomatensauce mit frischen Nudeln

An einem frostigen Februartag landeten mein Mann und ich in einem Pariser Bistro mit dem sympathischen Namen »Jean Claude et Ses Amis« (»Jean-Claude und seine Freunde«). Wir fühlten uns in diesem gutbesuchten Bistro nahe der berühmten Avenue George V sehr wohl, wo wir dicht gedrängt neben Geschäftsleuten und Ladenbesitzern saßen, die häufig hierherkommen. Ich aß damals dieses pikante Gericht mit zartem Tintenfisch, einer gut gewürzten Tomatensauce und frischen Nudeln. Drei Tage später kochte ich es zu Hause nach. Ich möchte mich nicht selbst loben, aber meine hausgemachte Version war fast noch besser! Trinken Sie dazu einen kräftigen Rotwein wie Vacqueyras, der aus der gleichnamigen Stadt in der Provence kommt.

Für 4 Personen:
500 g frischer Tintenfisch · 4 Schalotten, fein gehackt
4 große, frische Knoblauchzehen, fein gehackt
1 TL Kräuter der Provence (siehe Seite 268)
1/4 TL Chili, zerkleinert (nach Belieben) · Salz
400 g frische Bandnudeln wie Tagliatelle oder Fettucine
0,6 l Tomatensauce (siehe Seite 271)
4 EL bestes kaltgepreßtes Olivenöl

Die Tintenfischbeutel quer in sehr dünne Ringe schneiden. Die Tentakel hacken und beides beiseite stellen. Schalotten, Knoblauch, Kräuter und Chili in einer kleinen Schüssel vermischen und beiseite stellen. Einen großen Topf Wasser zum Sprudeln bringen, salzen und die Nudeln bißfest garen. Das Wasser abgießen und die Nudeln wieder in den Topf geben. Die Tomatensauce zufügen, das Ganze gründlich vermischen und auf niedrigster Stufe warm halten. Das Öl in einer großen Pfanne auf höchster Stufe erhitzen (es darf aber nicht rauchen). Knoblauch und Schalotten darin 1-2 Minuten anschwitzen, bis die Schalotten glasig werden. Den Tintenfisch hineingeben und 2-3 Minuten sautieren, bis er weiß wird (nicht zu lange garen, sonst wird er zäh). Die Nudeln auf einer großen Platte anrichten. Den Tintenfisch ohne die Garflüssigkeit in der Pfanne darübergeben und sofort servieren.

Tintenfisch vorbereiten

Zuerst schneidet man die Tentakel direkt über den Augen ab. Dann wird der kleine, harte Fortsatz in den Tentakeln (dort, wo sie am Kopf sitzen) herausgedrückt und weggeworfen. Nun zieht man den Darm und das dünne Plättchen, den Kiel, mit den Fingern aus dem Körper. Die gräuliche Haut muß nicht entfernt werden; sie ist eßbar. Den Tintenfisch gründlich unter kaltem Wasser abspülen und gut abtropfen lassen.

Tagliatelle sauce catanese
Bandnudeln mit Tomaten, Aubergine und Paprika

Mir scheint, im Mittelmeerraum gibt es mindestens 365 Rezepte, in denen Tomaten, Auberginen und rote Paprikaschoten zusammen enthalten sind. Man könnte jeden Tag ein neues ausprobieren. Das Rezept für dieses Gericht stammt aus dem kleinen Bistro der Tosellos in der Altstadt von Nizza, einer Mischung aus einem Fachgeschäft für Nudeln und Restaurant. Meine Freundin Maggie und ich hatten an einem Winterabend, nachdem wir den ganzen Tag auf der Suche nach lokalen Spezialitäten durch die verwinkelten kleinen Straßen gestreift waren, großen Appetit auf einen Teller Nudeln. Ich war von diesem Gericht so angetan, daß ich es immer wieder gern koche. Sollte, was unwahrscheinlich ist, etwas davon übrigbleiben: Es schmeckt auch am nächsten Tag als Nudelsalat. Trinken Sie dazu einen kräftigen Rotwein, zum Beispiel einen Côtes du Rhône.

Für 4-6 Personen:
4 EL bestes kaltgepreßtes Olivenöl
10 mittelgroße Tomaten (etwa 1 kg), geschält, entkernt und grob gehackt
1 große Aubergine (etwa 500 g), geschält und in mundgerechte Stücke geschnitten
4 große rote Papikaschoten, entkernt und in mundgerechte Stücke geschnitten
1/2 TL Chili, zerkleinert (nach Belieben)
Salz · frisch gemahlener schwarzer Pfeffer
500 g frische Tagliatelle (Bandnudeln)

2 EL Öl bei Mittelhitze in einer großen Pfanne erhitzen und die Tomaten darin unter gelegentlichem Rühren etwa 10 Minuten garen. Inzwischen in einer anderen großen Pfanne die restlichen 2 EL Öl

auf mittlerer Stufe erhitzen (es darf nicht rauchen). Die Aubergine darin unter ständigem Rühren einige Minuten von allen Seiten bräunen. Aubergine und Paprikaschoten zu den Tomaten geben, umrühren und mit Chili, Salz und Pfeffer würzen. Zugedeckt etwa 1 Stunde leise köcheln lassen. Kurz vor dem Servieren Wasser zum Sprudeln bringen, salzen und die Nudeln darin bißfest kochen. Wasser abgießen, die Nudeln gleichmäßig auf 4 bis 6 Teller verteilen und die Sauce darüberziehen.

Tip: Wenn Sie das Problem haben, daß der Rezeptzettel immer in der Küche herumflattert: Stecken Sie ihn zwischen die Zinken einer Gabel, und stellen Sie sie mit den Zinken nach oben in ein hohes Glas.

Pâtes au pistou vieux Nice
Nudeln mit Sahne-Pesto aus Alt-Nizza

Ich habe dieses Gericht zum ersten Mal an einem Januarabend in der Altstadt von Nizza gegessen, in dem kleinen Bistro der Tosellos. Die Tosellos stellen im Familienbetrieb ausgezeichnete Nudeln in allen Variationen her, und dieses Gericht war an jenem Abend genau das, wonach mir der Sinn stand. Das sonst für Pesto übliche Olivenöl wird hier durch Sahne ersetzt.

Für 4 Personen:
4 Handvoll frische Basilikumblätter
1/4 l Crème fraîche (siehe Seite 272) oder dicke Sahne
500 g frische Tagliatelle oder Fettucine
100 g frisch geriebener Parmesan

Das Basilikum in der Küchenmaschine zerkleinern. Crème fraîche zufügen und beides zu einer glatten Mischung verarbeiten. Die Sauce in eine große Schüssel geben, in der die Nudeln serviert werden. Einen großen Topf Wasser zum Sprudeln bringen, salzen und die Nudeln darin bißfest kochen. Wasser abgießen. Kurz vor dem Servieren den Parmesan unter die Basilikumsauce rühren. Die Nudeln in die Schüssel geben, alles gründlich vermengen und servieren.

Les pâtes fraîches aux truffes de Vaucluse
Nudeln mit schwarzen Trüffeln und Sahne

Guy Jullien ist ein Mann mit Passion, und niemand kann ihm seine Vorliebe für den starken Wein aus der Region und die aromatischen schwarzen Trüffeln verleiden. In seinem kleinen ländlichen Restaurant, das er mit seiner Frau Tina betreibt, wird alles, was der heimatliche Boden der Provence hergibt, mit Respekt behandelt. Dieses traditionelle Gericht aus frischen Nudeln und schwarzen Trüffeln ist sehr einfach und dennoch vorzüglich. Guy Jullien servierte dazu einen ausgezeichneten Weißwein, einen Châteauneuf vom Château de Beaucastel, einen 1986er Roussane Vieille Vigne von älteren Weinstöcken mit kleinem Ertrag. Zu schwarzen Trüffeln trinkt man zwar üblicherweise Rotwein, aber nach Ansicht von Monsieur Jullien paßt zu den meisten Gerichten mit Trüffeln von **foie gras** bis zu Omelettes und zu Trüffelsalaten am besten Weißwein. Und er hat recht. Das intensive Aroma der frischen Trüffeln, die Sahne und der blumige Körper des weißen Châteauneuf sind wirklich eine Gaumenfreude. Die Trüffeln werden nie gekocht – das gilt für alle seine Trüffelgerichte –, sondern nur schonend erwärmt, so daß sich ihr Aroma voll entwickeln kann. Frische Trüffeln sind natürlich am besten, aber Sie können ersatzweise auch konservierte verwenden.

Für 4 Personen:

Salz · 500 g frische Fettucine (schmale Bandnudeln)

1/4 l Crème fraîche (siehe Seite 272) oder dicke Sahne

---

120 g schwarze Trüffeln, vorsichtig gesäubert

Einen großen Topf Wasser zum Sprudeln bringen, salzen und die Nudeln darin bißfest kochen. Wasser abgießen. Inzwischen die Crème fraîche bei schwacher Hitze zum Köcheln bringen. Etwa 1 Minute, bevor die Nudeln gar sind, die Trüffeln zerkleinern (Trüffeln von der Größe einer Murmel zum Beispiel sollten in acht Stücke geteilt werden.) Die Trüffeln nur leicht in der Sahne erwärmen. Die Nudeln mit Trüffeln und Sahne vermischen, auf 4 vorgewärmte Teller verteilen und sofort servieren.

Anmerkung: Frische Trüffeln vorsichtig mit einer kleinen, festen Bürste säubern. Trüffeln aus dem Glas (hier sieht man, was man kauft; sie sind also Dosentrüffeln vorzuziehen) lediglich abtropfen lassen.

Pistou La Merenda
Grüne Nudeln mit Pesto »La Merenda«

Dieses Gericht, das durch die beiden Grüntöne so hübsch aussieht, bestelle ich immer, wenn ich im »La Merenda«, einem kleinen, familiären Restaurant in Nizza zu Mittag esse. Das Pesto wird hier mit dem fruchtigen Olivenöl von Alziari zubereitet, und ich sehe Madame Giusti gern dabei zu, wie sie Nudeln und Pesto liebevoll in einer riesigen weißen Schüssel vermischt. Ich bestelle immer das gleiche: als Vorspeise fritierte Zucchiniblüten, als Hauptgericht diese Nudeln und zum Nachtisch frische Himbeeren. Manche Rituale sind einfach so schön, daß man sie nicht ändern sollte! Probieren Sie dazu einen von der Sonne verwöhnten Rotwein, etwa einen Côtes de Provence.

Für 4 Personen:

Salz · 500 g frische grüne Nudeln,
vorzugsweise Fettucine (schmale Bandnudeln)

Pistou (Rezept folgt), doppelte Menge

In einem großen Topf Wasser zum Sprudeln bringen, salzen und die Nudeln darin so lange kochen, bis sie gerade weich sind. Sie sollten noch Biß haben. Wasser abgießen und die Nudeln in eine große Schüssel geben. Das Pistou zufügen und alles gründlich vermischen, bis die Nudeln ganz mit Sauce überzogen sind.

Pistou

Basilikum-Knoblauch-Sauce

Pistou ist inzwischen unverdient zu einer Allzwecksauce degradiert worden. Diese gehaltvolle Sauce, die an Sommer und Sonne erinnert, wird für Nudelgerichte, Suppen und sogar als Aufstrich für geröstetes Landbrot verwendet. Bei uns ist sie besser bekannt unter dem italienischen Namen Pesto. Bereiten Sie das Rezept ohne Pinienkerne oder Parmesan zu, wenn reichlich frisches Basilikum zur Hand ist, und frieren Sie das Pistou für später ein. Das aufgetaute Pistou geben Sie dann in den Mixer, fügen die Pinienkerne hinzu und verarbeiten das Ganze zu einer glatten Sauce. Zum Schluß rühren Sie den frisch geriebenen Parmesan unter.

Ergibt 1/4 l:
4 Handvoll frische Basilikumblätter
1/8 l bestes kaltgepreßtes Olivenöl · 2 EL Pinienkerne
3 große Knoblauchzehen, halbiert · Salz
50 g frisch geriebener Parmesan

Alle Zutaten bis auf den Käse im Mixer fein pürieren. Die Mischung in eine mittelgroße Schüssel geben, den Käse unterrühren und eventuell noch nachsalzen.

La macaronade
Überbackene Makkaroni

Für eine echte **macaronade** muß zuerst ein Schmorbraten zubereitet werden, entweder eine **estouffade** oder eine **daube**, die für Südfrankreich typischen Rinderschmorbraten. Auf die gekochten Makkaroni geben Sie etwas Bratensauce, die mit Wein verfeinert wurde,
darüber den frisch geriebenen Parmesan. Dann wird das Ganze im
Ofen überbacken, bis es leicht gebräunt ist.

Für 4 Personen:
Salz · 500 g Makkaroni
1/4 l Schmorbratensauce
100 g frisch geriebener Parmesan

Den Ofen vorheizen. In einem großen Topf Wasser zum Sprudeln
bringen, salzen, die Nudeln bißfest kochen. Das Wasser abgießen
und die Hälfte der Nudeln in eine 2 l fassende Auflaufform geben,
darüber etwas Bratensauce gießen. Mit der halben Menge Käse bestreuen. Die restlichen Nudeln, Sauce und Käse hineingeben. In den
Ofen stellen und grillen, bis der Käse goldbraun ist und Blasen wirft.

Ravioles à la crème du laurier et de la sauge
Ravioli mit Sahne, Lorbeer und Salbei

Diese Ravioli sind eines meiner liebsten provenzalischen Gerichte.
Ich serviere sie gern, wenn Freunde zum Essen kommen. Dazu reiche ich eine große Platte mit rotem Paprika, den ich mit pikanten
Wurststückchen sautiere. In unserem Ort gibt es ein Geschäft, das
ausgezeichnete frische Nudeln führt. Es wird von einem netten Ehepaar geführt, das vor Jahren aus Mailand hierherkam. Sie machen hervorragende Ravioli mit Käsefüllung. Ich kaufe immer ziemlich viel
davon und serviere sie in einer nach Lorbeer duftenden Sahnesauce.
Zuletzt streue ich noch frischen, gehackten Salbei aus dem Garten

darüber. Zu diesem Gericht hat mich vor einigen Jahren ein ähnliches inspiriert, das ich in einem Bistro in der Altstadt von Nizza gegessen habe. Sie können die Zutaten verdoppeln oder verdreifachen, je nachdem, wie viele Gäste Sie bewirten.

Für 4 Personen:

1/4 l dicke Sahne · 6 Lorbeerblätter · Salz

500 g frische Ravioli mit Käsefüllung

eine große Handvoll frischer Salbei, gewaschen und trockengetupft

frisch gemahlener schwarzer Pfeffer

Sahne und Lorbeerblätter in eine große, tiefe Pfanne geben, in die alle Ravioli hineinpassen, und auf höchster Stufe zum Kochen bringen. Auf niedrigste Temperatur zurückschalten und die Sahne 3-4 Minuten leise köcheln lassen, sie soll das Lorbeeraroma aufnehmen. Die Lorbeerblätter herausnehmen und wegwerfen.
Inzwischen in einem großen Topf Wasser zum Sprudeln bringen, salzen und die Ravioli darin kochen, bis sie gerade weich sind. Sie sollten noch Biß haben. Das Wasser abgießen und die Ravioli in die Sahne geben. Umrühren, bis sie ganz von der Sauce überzogen sind. Die Ravioli auf 4 vorgewärmte, tiefe Teller verteilen und mit gehacktem Salbei bestreuen. Reichlich Pfeffer darübermahlen und sofort servieren.

Les légumes de saison

Gemüse der Saison

Als großer Freund von Gemüse und ehemalige Vegetarierin bin ich stets auf der Suche nach neuen Gemüserezepten. Viele der folgenden Rezepte, und das wird niemanden überraschen, stammen aus der Provence, wo ein Großteil des französischen Gemüses angebaut wird. Für die köstlichen Tomaten auf provenzalische Art werden halbierte Fleischtomaten mit Knoblauch, Petersilie und Semmelbröseln bestreut, und für das beliebte Ratatouille holt Winzerin Françoise Rigord Auberginen, Zucchini, Tomaten und Paprikaschoten aus ihrem Gemüsegarten. Mein persönlicher Favorit aber ist das Paprikarezept meiner Freundin Maggie Shapiro, die es in einem Pariser Bistro entdeckt und zu Hause leicht abgewandelt hat. Inzwischen haben wir es etwas verbessert: Wir nehmen mehr Chili und machen auch keinen Hehl aus unserer Vorliebe für Knoblauch. Aber das ist es gerade, was die Bistro-Küche ausmacht: einfache Gerichte, die dem persönlichen Geschmack entsprechend abgewandelt werden.

Terrine de poireaux aux lamelles de truffes Michel Trama

Lauch-Terrine mit Trüffeln »Michel Trama«

Diese einfache, erlesene Gemüseterrine aß ich vor einigen Jahren bei Michel und Maryse Trama, als ich ihr romantisches kleines Restaurant auf dem Land in Südwestfrankreich zum ersten Mal besuchte. Dieses Gericht ist schnell und leicht zubereitet und macht zudem Eindruck, vor allem wenn man mit den Trüffeln großzügig umgeht. Sie können die Trüffeln auch weglassen; die Terrine schmeckt deshalb nicht weniger gut. Wenn Sie diese köstliche Variante des beliebten Bistro-Gerichts »Lauch in Vinaigrette« ausprobiert haben, werden Sie verstehen, warum die Franzosen den Lauch als »Spargel des armen Mannes« bezeichnen.

Für 8 Personen:
12 Stangen Lauch (etwa 2 kg)
Salz · frisch gemahlener schwarzer Pfeffer
2 große schwarze Trüffeln (nach Belieben), vorsichtig gesäubert
4 EL frisch gepreßter Zitronensaft
1/4 l bestes kaltgepreßtes Olivenöl · 4 EL kochendes Wasser

Die Wurzeln möglichst knapp abschneiden, damit der Lauch nach dem Garen nicht zerfällt. Vom Grün soviel abschneiden, daß die Stangen die Länge der Terrine haben. Den Lauch zuerst unter fließendem kaltem Wasser abspülen, dann in einer Schüssel mit kaltem Wasser waschen, bis er sandfrei ist. In reichlich sprudelndem Salzwasser (etwa 1 TL Salz pro Liter Wasser) etwa 10 Minuten kochen, bis er weich ist. Den Lauch vorsichtig aus dem Wasser nehmen, damit er nicht zerfällt, mit kaltem Wasser abschrecken und gut abtropfen lassen. (Ich wickle die Lauchstangen in ein dickes Handtuch, damit sie ganz trocken werden.) Eine eckige Terrine oder Kastenform (25 x 10 cm groß) mit Alufolie auslegen; es muß davon soviel überstehen, daß die Terrine ganz abgedeckt werden kann. 2 oder 3 Lauchstangen hineinlegen, das Weiße der Stangen nebeneinander plaziert, und drücken, damit die restliche Flüssigkeit herauskommt. Die zweite Schicht Lauch darauflegen, diesmal mit dem weißen Teil auf der anderen Seite. Weiter so verfahren, bis die Terrine voll ist. Es sollten mindestens 4 Schichten hineinpassen. Die Alufolie darüberschlagen, so daß der Lauch ganz bedeckt ist, und festdrücken. Den Lauch fest zusammendrücken und die Terrine nochmals mit Alufolie abdecken. Für mindestens 12 Stunden in den Kühlschrank stellen. Kurz vor dem Servieren die Trüffeln in hauchdünne Scheiben schneiden; Reste für die Vinaigrette zurückbehalten. Zitronensaft und Trüffelreste in eine kleine Schüssel geben, mit Salz und Pfeffer würzen und verrühren. Das Öl unterziehen, danach das kochende Wasser unterrühren. Die Terrine vorsichtig auf eine lange, eckige Platte stürzen. Die Enden mit einem sehr scharfen Messer vorsichtig begradigen. Terrine in dicke Scheiben schneiden, die Vinaigrette darübergießen und mit den Trüffelscheiben dekorieren.

Anmerkung: Frische Trüffeln vorsichtig mit einer kleinen, festen Bürste säubern. Trüffeln aus dem Glas (hier sieht man, was man kauft; sie sind also Dosentrüffeln vorzuziehen) lediglich abtropfen lassen.

Aromatisiertes Öl
Eine frische oder eingelegte Trüffel 3-4 Tage in einem kleinen Glas mit bestem kaltgepreßten Olivenöl im Kühlschrank ziehen lassen. Die Trüffel kann anschließend zum Kochen verwendet werden, und Sie haben außerdem ein feines Trüffelöl, das Sie zum Kochen oder für Salate verwenden können.

Tian de légumes
Provenzalisches Gemüsegratin

François Perraud, Küchenchef der »Domaine de L'Enclos« in Gordes in der Provence serviert dieses traditionelle Gericht, das dort **tian** heißt, zu einem Rinderbraten in körniger Senfsauce. Für mich ist das Gratin allein ausreichend, denn es sind alle guten Zutaten wie Tomaten, Zucchini, Auberginen und Thymian, die die Provence zu bieten hat, darin enthalten. Die Zubereitung ist ganz einfach, und ich finde, es schmeckt am nächsten Tag noch besser – falls etwas übrigbleiben sollte!

Für 4 Personen:
2 kleine Zwiebeln (etwa 250 g)
2 kleine Auberginen (etwa 600 g),
4 kleine Zucchini (etwa 600 g) · 500 g kleine Tomaten
1 Knoblauchzehe, geschält · 2 TL Thymian · Salz
4 EL bestes kaltgepreßtes Olivenöl

Den Ofen auf 200°C vorheizen. Das Gemüse abspülen, die Zwiebeln schälen und alles in dünne Scheiben schneiden. Den Boden einer 2 l fassenden Auflaufform mit Knoblauch einreiben und mit etwas Thymian bestreuen. Die Zwiebelscheiben hineinschichten, salzen und mit Thymian bestreuen. Mit etwas Olivenöl beträufeln. Jeweils eine Schicht Auberginen, Zucchini und Tomaten hineingeben, jede mit Salz und Thymian würzen und mit Öl beträufeln. Die Form mit Alufolie abdecken und das Gemüse ca. 1 1/2 Stunden im Ofen garen, bis es weich ist. Sofort servieren.

Oseille fondue
Geschmolzener Sauerampfer

Dieses Grundrezept können Sie unterschiedlich verwenden: so wie es ist, als Sauce, als Gemüsebeilage oder Suppengrundlage, für Omeletts oder gemischt mit Spinat. Ich mag die Sauce am liebsten als Omelettfüllung. Der Sauerampfer wird hierbei nicht gekocht, sondern geschmolzen; die Franzosen sagen dazu fondre (fondue).

Für 4 Personen:

250 g frischer Sauerampfer · 1 EL Butter

1 EL Crème fraîche (siehe Seite 272) oder dicke Sahne

Salz · frisch gemahlener schwarzer Pfeffer

Nur sehr jungen Sauerampfer im Ganzen lassen, ansonsten Stengel und dicke Blattrippen entfernen. Sauerampfer waschen und trockenschleudern, dann den Stengel mit einem Ruck abziehen, so daß die Mittelrippe mitgeht. Sauerampfer und Butter in einen großen Topf geben und bei schwacher Hitze unter gelegentlichem Rühren zusammenfallen lassen. Wenn das Gemüse einen Großteil des Saftes abgegeben hat, Crème fraîche unterrühren und den Sauerampfer so lange garen, bis die Blätter ganz weich und nicht mehr hell-, sondern dunkelgrün sind. Mit Salz und Pfeffer würzen und sofort servieren.

Gratin d'oignons à la Félix Benoît
Zwiebelgratin à la Félix Benoît

Félix Benoît ist Journalist in Lyon, für viele die Metropole der Bistro-Küche. Er schreibt häufig über Gastronomie und hat im Laufe der Jahre nicht nur die besten Bistros in Lyon und Umgebung aufgespürt, sondern als guter Chronist auch die Rezepte notiert. Deshalb scheint es mir angemessen, dieses wunderbare Zwiebelgratin nach ihm zu benennen. Kaufen Sie die frischesten Gemüsezwiebeln, die Sie bekommen können, und seien Sie auch beim Pfeffer und der frisch geriebenen Muskatnuß nicht knauserig. Das letzte Mal habe ich dafür fast eine ganze Muskatnuß verwendet! Der Mund prickelt nach ein paar Bissen Gratin ganz schön, aber gerade das gefällt mir. Das Gratin paßt gut zu gebratenem Fleisch, Sie können es aber auch zusammen mit grünem Salat als vegetarisches Gericht servieren.

Für 8 Personen:

---

1 kg große weiße Gemüsezwiebeln

---

3 EL Crème fraîche (siehe Seite 272) oder dicke Sahne

---

frisch geriebene Muskatnuß · Salz

---

frisch gemahlener schwarzer Pfeffer

Den Ofen auf 190° C vorheizen. Die Zwiebeln schälen und in kochendem Salzwasser ohne Deckel etwa 20 Minuten garen, bis sie ziemlich weich sind, aber nicht auseinanderfallen. Die Zwiebeln aus dem Wasser nehmen, abkühlen lassen und in jeweils 3 oder 4 gleich große Scheiben schneiden. Es macht nichts, wenn sie auseinanderfallen. Die Zwiebeln in einer großen Schüssel mit der Crème fraîche vermischen und mit reichlich Muskatnuß, Salz und Pfeffer würzen. In eine mittelgroße Auflaufform (mit etwa 30 cm Durchmesser) aus Glas oder Porzellan geben. Etwa 30 Minuten im Ofen überbacken, bis das Gratin goldbraun ist. Sofort servieren.

Tip: *Ganze Zwiebeln fallen beim Kochen nicht auseinander, wenn Sie sie schälen und am Wurzelende kreuzförmig einschneiden.*

Tomates farcies Chez La Vieille
Gefüllte Tomaten »Chez La Vieille«

Tomates farcies gehören in Adrienne Biasins gemütlichem Pariser Bistro »Chez La Vieille« im Sommer und Frühherbst zu der reichen Auswahl an Gerichten, die man als ersten Gang wählen kann. Adrienne variiert die Füllung nach den Zutaten, die ihr zur Verfügung stehen. So macht es eigentlich jeder Koch, der häufig das gleiche Gericht zubereitet. Wenn sie am Tag vorher **pot-au-feu** – einen Eintopf mit Rindfleisch – gekocht hat, schneidet sie eventuell etwas Fleisch klein und gibt es zu der Fülle aus gut gewürzten Würsten und Schinken. Von ihr stammt der Tip, auf den Boden der Form Reis zu verteilen: Er nimmt die Flüssigkeit auf und wird ganz weich, so daß daraus eine schmackhafte Sauce entsteht, die man über die Tomaten ziehen kann. Wenn die Jahreszeit danach ist, bereitet Adrienne in derselben Weise Kohlrouladen zu. Sie können die gefüllten Tomaten warm oder kalt als ersten Gang servieren oder auch zusammen mit gemischtem Salat und geröstetem Bauernbrot eine Mittagsmahlzeit daraus machen.

Für 4-8 Personen:

---

4 EL Butter · 50 g Langkornreis

---

4 große, 6 mittelgroße oder 8 kleine Tomaten (insgesamt etwa 1 kg)

---

3 Schalotten, fein gehackt

---

2 Knoblauchzehen, fein gehackt

---

200 g gekochten Schinken in Scheiben · 200 g Schweinswürste

---

1 großes Ei

---

*eine kleine Handvoll frischer Kräuter, am besten eine Mischung aus
Schnittlauch, glattblättriger Petersilie und Thymian*

Salz und frisch gemahlener schwarzer Pfeffer

Den Ofen auf 220°C vorheizen. Eine Auflaufform aus Glas oder Porzellan (27 cm Durchmesser) mit 1 EL Butter einfetten. Den Boden der Form mit dem Reis bestreuen. Von den Tomaten auf der Seite des Stielansatzes eine Kappe abschneiden und diesen Deckel beiseite legen. Das Fruchtmark mit den Kernen herausholen und beiseite stellen. 1 EL Butter in einer kleinen Pfanne zerlassen. Schalotten und Knoblauch darin etwa 5 Minuten bei Mittelhitze leicht anbräunen. Beiseite stellen. Den Schinken in der Küchenmaschine grob hacken. Würste, Ei, Kräuter, die Schalotten-Knoblauch-Mischung und das

Fruchtmark der Tomaten zufügen und alle Zutaten vermischen. Mit wenig Salz und Pfeffer würzen. Die Tomaten mit der Mischung füllen, bis alles aufgebraucht ist. Die Deckel darauflegen und die Tomaten in die vorbereitete Auflaufform setzen. 2 EL Butter als Flöckchen darauf verteilen. Die Tomaten etwa 35 Minuten backen, bis sie schön gebräunt sind.

Tomates à la provençale
Tomaten auf provenzalische Art

Diese Tomaten habe ich zum ersten Mal in unserer Stamm-Pizzeria in der Provence probiert, der »Pizzeria de Vieux Vaison«. Sie werden dort in einem riesigen Holzfeuerofen gebraten. Die Schale verkohlt leicht und nimmt einen süßen, karamelartigen Geschmack an. Ein Freund hat dieses Rezept einmal im Winter ausprobiert und meinte: »Das hat wunderbar geschmeckt, sogar mit diesen schrecklichen Tomaten aus dem Gewächshaus.« Acht Knoblauchzehen mögen Ihnen zuviel erscheinen, aber wenn Sie sie probiert haben, werden Sie mir zustimmen.

Für 8 Personen:
8 feste, reife Tomaten (etwa 1 kg), entkernt und halbiert
Salz · frisch gemahlener schwarzer Pfeffer· 8 Knoblauchzehen
100 g frische Semmelbrösel
eine Handvoll glattblättrige Petersilie, fein gehackt
3 EL bestes kaltgepreßtes Olivenöl

Den Ofen auf 200° C vorheizen. Die Tomaten mit der Schnittfläche nach oben in eine große Auflaufform setzen. (Die Tomaten nur abtropfen lassen, wenn sie besonders wäßrig sind. Ansonsten vermischt sich der Saft schön mit dem Knoblauch und den Kräutern, und sie bleiben besser in Form.) Mit reichlich Salz und Pfeffer würzen. Die Knoblauchzehen fein hacken und über die Tomaten streuen. Semmelbrösel und Petersilie vermischen und über den Tomaten verteilen. Mit dem Öl beträufeln. Die Tomaten etwa 1 Stunde ohne Deckel im Ofen garen, bis sie weich und gebräunt sind und leicht brutzeln. Sofort servieren.

Les poivrons rouges de Maggie
Maggies scharfe Paprika

Ich weiß eigentlich nicht warum, aber ich fühle mich immer etwas sicherer, wenn im obersten Kühlschrankfach ein Glas mit »Maggies Paprika« steht, wie ich ihn nenne – eine köstliche Mischung aus rotem Paprika, Chillies, Knoblauch und Olivenöl. Ich habe sie schon zu den unterschiedlichsten Zwecken verwendet, und frage mich, was ich eigentlich gemacht habe, bevor meine Freundin Maggie Shapiro diese Beilage an einem Samstag im Frühling für mich zubereitet hat. »Maggies Paprika« schmecken heiß ganz hervorragend, zum Beispiel zu gegrilltem Thunfisch und gehören unbedingt in ein Pan Bagna, dieses herzhafte provenzalische Sandwich. Ebensogut schmecken sie als kalte Gewürzbeilage, man kann sie aber auch als Nudelsauce verwenden. Frische Chillies werden nicht immer angeboten, deshalb nehme ich ersatzweise zerkleinerten getrockneten Chili. Wieviel Chili man verwendet, hängt ganz vom persönlichen Geschmack ab. »Maggies Paprika« kann, gut verschlossen und mit Flüssigkeit bedeckt, mehrere Wochen im Kühlschrank aufbewahrt werden.

Für 6-8 Personen:
150 g kleine, mittelscharfe grüne Chillies oder
60-90 g scharfe grüne Chillies, in dicke Ringe geschnitten (oder ersatzweise 1 TL getrocknete rote Chillies, zerkleinert)
6 große rote Paprikaschoten (insgesamt etwa 1 1/2 kg), entkernt und in breite Streifen geschnitten
2 Knoblauchzehen, gehackt
4 EL bestes kaltgepreßtes Olivenöl extra

Den Ofen auf 200° C vorheizen. Die Chillies entkernen und in dünne Streifen schneiden; die weißen Rippen entfernen. (Tragen Sie zum Schutz der Hände immer Gummihandschuhe, wenn Sie Chillies verarbeiten.) Chillies, Paprika, Knoblauch und Olivenöl in eine große Auflaufform geben. Mit Alufolie abdecken und das Ganze 45 Minuten bis 1 Stunde garen, bis der Paprika ziemlich weich ist. Die Alufolie entfernen und den Paprika weitere 45 Minuten garen, bis er ganz weich und stellenweise leicht geschwärzt ist. Warm als Gemüsebeilage servieren oder zugedeckt in einem großen Glas aufbewahren und gekühlt zum Würzen reichen.

Ratatouille Françoise Rigord
Provenzalischer Gemüseeintopf »Françoise Rigord«

Ratatouille ist ein klassisches Bistro-Gericht, das ebensooft in Paris wie in seiner Heimat, der Provence, zu finden ist. Dieses Rezept stammt nicht aus einem Bistro, sondern von einer Winzerin, Françoise Rigord, die der Gegend östlich von Aix-en-Provence lebt, wo es sehr viel Wein und Oliven gibt. Im Herbst, wenn die Trauben für den blumigen Rosé de Provence und den aromatischen, eleganten Rotwein Côtes de Provence gelesen werden, bereitet Madame Rigord ein Menü mit mediterranen Spezialitäten zu, bei denen einem das Wasser im Munde zusammenläuft. Dazu gehört natürlich ihr Ratatouille (die Gemüse werden separat gegart, so behalten sie ihr Eigenaroma), außerdem eine wunderbare Aïoli – also eine Knoblauchmayonnaise –, die zu gekochtem, gepökeltem Kabeljau und zu Schnecken gereicht wird, die während der Lese im Weinberg gesammelt wurden. Vervollständigt vielleicht noch durch ein Lamm aus der eigenen Herde, das im ganzen gebraten wird. Butter verwendet Madame Rigord nie, sondern nur bestes Olivenöl aus eigener Herstellung. Und was gibt es zu trinken? »Das hängt ganz von denen ab, die die Ernte einbringen«, lacht die lebhafte Madame Rigord. »Ich finde, Rotwein unterdrückt den Geschmack der Aïoli, und deshalb schlage ich immer einen Rosé vor. Aber den Arbeitern steht der Sinn nur nach Rotwein, und meistens setzen sie sich durch.«

Für 10 Personen:

6 EL bestes kaltgepreßtes Olivenöl
5 mittelgroße Zwiebeln (etwa 500 g), grob gehackt
Bouquet garni, bestehend aus: 12 Petersilienstengeln · 8 Pfefferkörnern *1/2 TL Thymian · 1/4 TL Fenchelsamen · 1 Lorbeerblatt,* *in ein doppelt gelegtes Mulltuch gebunden*
3 große rote Paprikaschoten (etwa 500 g) *entkernt und in Würfel geschnitten*
2-3 kleine Auberginen (etwa 500 g), gewürfelt
2-3 mittelgroße Zucchini (etwa 500 g), in Würfel geschnitten
5 mittelgroße Tomaten (etwa 500 g), entkernt und geviertelt
Salz · 1 Zitrone, halbiert · eine Handvoll Petersilie, fein gehackt

In einer großen, schweren Pfanne 2 EL Öl auf mittlerer Stufe erhitzen. Bouquet garni und Zwiebeln hineingeben und umrühren, bis sie ganz mit Öl überzogen sind. Die Zwiebeln zugedeckt unter gelegentlichem Rühren 20 Minuten garen, bis sie weich und goldbraun sind. Den Paprika zufügen, umrühren und das Ganze noch etwa 30 Minuten garen, bis alles ganz weich ist. In einer anderen schweren Pfanne 2 EL Öl auf mittlerer Stufe erhitzen. Die Auberginen hineingeben und so lange rühren, bis sie ganz mit Öl überzogen sind. Zugedeckt etwa 20 Minuten garen, bis sie weich sind. Dabei gelegentlich umrühren, damit sie nicht am Pfannenboden kleben bleiben. In einer anderen schweren Pfanne die restlichen 2 EL Öl auf mittlerer Stufe erhitzen. Die Zucchini hineingeben und umrühren, bis sie ganz mit Öl überzogen sind. Zugedeckt etwa 20 Minuten garen, bis sie weich sind. Dabei gelegentlich umrühren, damit sie nicht festkleben. Während Auberginen und Zucchini garen, die Tomaten zur Zwiebel-Paprika-Mischung geben und das Ganze bei schwacher Hitze weitere 15 Minuten köcheln lassen. Die Gemüse vorsichtig in ein Sieb über einem Topf oder einer Pfanne schütten, um die Flüssigkeit aufzufangen. Die Gemüse in eine große Schüssel geben. Die Flüssigkeit auf höchster Stufe 5-10 Minuten einkochen, bis sie ganz dick geworden ist. Über das Gemüse gießen und umrühren. Mit Salz und Pfeffer abschmecken und zugedeckt 24 Stunden in den Kühlschrank stellen. Das Ratatouille etwa 15 Minuten vor dem Servieren aus dem Kühlschrank nehmen. Eventuell noch nachwürzen, mit Zitronensaft beträufeln, mit gehackter Petersilie bestreuen und servieren.

Gratin de courgettes et tomates
Tomaten-Zucchini-Gratin

Das sind eigentlich zwei Gerichte in einem: eine Gemüsebeilage zu gebratener Lammkeule, Brathähnchen oder gegrilltem Fisch; und ein vegetarisches Hauptgericht, das vor dem Servieren mit frisch geriebenem Parmesan bestreut wird. Ich mag beide Varianten. Im Gegensatz zu Gratins mit Kartoffeln, die erst nach einer guten Stunde fertig sind, benötigt man für dieses nur etwa 20 Minuten. Reichen Sie dazu einen Bandol von der Mittelmeerküste.

Für 4 Personen:
1 Knoblauchzehe, halbiert
2 mittelgroße Zucchini (etwa 500 g), in dünne Scheiben geschnitten
8 kleine, feste Tomaten (etwa 1 kg) *entkernt und in dünne Scheiben geschnitten*
2 EL bestes kaltgepreßtes Olivenöl · 1 TL frischer Thymian
100 g frisch geriebener Parmesan

Den Ofen auf 230° C vorheizen. Den Boden einer großen ovalen Auflaufform aus Porzellan (etwa 40 cm lang) mit Knoblauch einreiben. Abwechselnd Zucchini und Tomatenscheiben nebeneinanderlegen, mit Öl beträufeln und mit Thymian bestreuen. Etwa 20 Minuten im Ofen garen, bis das Gemüse weich ist. Wird es als Beilage gereicht, das Gratin unter den Grill schieben und überbacken, bis es leicht gebräunt ist. Als Hauptgericht mit Parmesan bestreuen und so lange unter dem Grill lassen, bis der Käse goldbraun ist. Sofort servieren.

Crêpes aux courgettes La Mère Poulard

Zucchini-Crêpes »La Mère Poulard«

Zum ersten Mal aß ich diese köstlichen Crêpes im Restaurant »La Mère Poulard« beim Mont Saint-Michel in der Normandie, das für seine Omeletts berühmt ist. Dort serviert man sie als leichte Beilage zum **poulet au vinaigre** – Hühnchen in Essig. Crêpes sind immer eine willkommene und nicht ganz alltägliche Beilage – goldbraun, delikat und leicht bekömmlich –, die eigentlich zu allem paßt. Mit gemischtem grünem Salat sind sie ein selbständiges Gericht.

Ergibt 8-10 kleine Crêpes :
2 mittelgroße Zucchini (etwa 250 g) · 1 großes Ei
2 EL dicke Sahne (Crème double) · 1 EL Mehl
2 Knoblauchzehen, fein gehackt
etwa 2 EL Maiskeim- oder Erdnußöl
etwa 2 EL Butter

Zucchini waschen und die Enden abschneiden. Zucchini in der Küchenmaschine zerkleinern und schichtweise in ein Edelstahlsieb geben, jede Schicht salzen. Das Sieb in eine Schüssel hängen und die Zucchini des öfteren ausdrücken. 30 Minuten beiseite stellen, dann die restliche Flüssigkeit mit den Händen herausdrücken. Das Ei in einer mittelgroßen Schüssel mit der Gabel aufschlagen. Sahne, Mehl und gehackten Knoblauch untermischen. Die Zucchinispäne mit einer Gabel unter die Eimischung heben, bis sie damit überzogen sind. 1 EL Öl und 1 EL Butter in einer Crêpes-Pfanne auf mittlerer Stufe erhitzen. Sobald das Fett heiß ist, aber nicht raucht, einen gehäuften Eßlöffel der Mischung hineingeben. Mit dem Löffel andrücken und am Rand ausstreichen, so daß das Küchlein schön rund wird und einen Durchmesser von etwa 8 cm hat. Weitere 3 EL hineingeben und ebenso verfahren. Die Crêpes 3-4 Minuten goldbraun backen. Mit einem großen Spatel wenden, fest andrücken und die andere Seite noch

2-3 Minuten bräunen. Die Hitzezufuhr nach Bedarf regulieren. Mit dem restlichen Teig ebenso verfahren, Butter und Öl nach Bedarf zufügen. Sofort servieren.

Fenouil à la grecque
Fenchel auf griechische Art

Was ich an Bistros ganz besonders liebe, ist die scheinbar unbegrenzte Auswahl an Salaten. Die großen weißen Schüsseln, bis zum Rand gefüllt mit köstlichen, dicken Pilzen in Kräutern und Öl, frische Ratatouille, in Scheiben geschnittenen reifen Tomaten oder **fenouil à la grecque** vermitteln in ihrer Einfachheit etwas sehr Schönes, Großzügiges. Leider werden solche Bistros immer seltener, denn ein derart großes Angebot erfordert großen Arbeitsaufwand. Ich bereite von diesem Gericht immer etwas mehr zu. Es schmeckt sowohl warm als auch kalt ausgezeichnet.

Für 6 Personen:
6 kleine Fenchelknollen
1/4 l Hühnerbrühe, vorzugsweise hausgemacht (siehe Seite 274)
1/8 l bestes kaltgepreßtes Olivenöl
1/4 l trockener Weißwein, z.B. elsässischer Riesling

Den Fenchel waschen, dunkle Stellen wegschneiden und große Knollen halbieren. In einer großen Pfanne mit Hühnerbrühe, Öl und Wein bei Mittelhitze zum Kochen bringen und etwa 45 Minuten zugedeckt leise köcheln lassen, bis der Fenchel weich ist; gelegentlich wenden. Warm oder kalt servieren.

Chou rouge braisé
Geschmorter Rotkohl

Ich esse Kohl in jeder Form sehr gern, vor allem fein gehobelten Rotkohl, der einige Stunden mit Apfelscheiben, Zwiebeln, Nelken, etwas Rotweinessig und kräftigem Rotwein geschmort wurde. Diese Gemüsebeilage paßt besonders gut zu gebratener Ente, gebratener **pintade** (Perlhuhn) und zu Schweinefleisch. Als kalter Salat schmeckt er am nächsten Tag ebensogut.

Für 8-10 Personen:
2 EL Butter oder Schweineschmalz
2 mittelgroße Zwiebeln, in dünne Scheiben geschnitten
etwa 1 kg Rotkohl, in feine Streifen geschnitten
1/2 TL Salz · 1/2 TL Zucker
4 Äpfel, geschält, entkernt und in sehr dünne Scheiben geschnitten
4 Nelken · 1 mittelgroße Zwiebel, geviertelt
1/8 l guter Rotweinessig · 1 Flasche (3/4 l) trockener Rotwein

Die Butter bei Mittelhitze schmelzen. Sobald sie heiß ist, die Zwiebelscheiben darin dünsten, bis sie glasig sind. Kohl, Salz, Zucker und Äpfel zufügen und gründlich umrühren. Die Zwiebelviertel mit je 1 Nelke spicken und mit Essig und Wein zufügen. Das Ganze zugedeckt etwa 2 Stunden bei schwacher Hitze schmoren, bis der Kohl sehr weich ist, die Aromen sich vermischt haben und die Flüssigkeit eingekocht ist. Gelegentlich umrühren. Zum Schluß abschmecken. Warm zu gebratenem Geflügel oder Schweinefleisch servieren.

Tip: *Rotkohl niemals blanchieren oder kochen, sonst bleibt die schöne rote Farbe im Kochwasser. Wenn Sie ihn nicht schmoren, wie bei diesem Rezept, verwenden Sie ihn – gehobelt oder in Streifen geschnitten – für Salate.*

Les pommes de terre
Kartoffelgerichte

Es gibt wohl kein einziges Bistro in Frankreich, das nicht mindestens ein Kartoffelgericht auf der Speisekarte hat. Gratins in einem Dutzend Variationen; sautierte, gedünstete oder gekochte Kartoffeln, mit Knoblauch und Walnußöl angemacht; oder geriebene, zu goldbraunen Kartoffelpuffern verarbeitet – ich könnte nicht sagen, wie ich sie am liebsten esse. Jedenfalls habe ich dabei immer das angenehme Bild vor Augen, wie ich in der provenzalischen Sonne sitze, eine riesige ockerfarbene Schüssel mit Wasser neben mir, und einen Berg Kartoffeln fürs nächste Familienfest schäle! Kartoffeln sind eines der besten, vielseitigsten und billigsten Grundnahrungsmittel. Mit Kartoffelgerichten kann man eigentlich nichts falsch machen, wie ich aus langjähriger eigener Erfahrung weiß, denn Kartoffeln mag jeder. Also bringe ich sie fast immer in irgendeiner Form auf den Tisch, wenn ich Gäste habe. Die nun folgenden Rezepte gehören inzwischen zu meinen Standardgerichten.

Gratin dauphinois Madame Cartet

Kartoffelgratin »Madame Cartet«

Für einige Gerichte gibt es mehrere Rezepte, und dazu gehört auch das Kartoffelgratin. Dies hier ist eines der einfachsten, das ich kenne. Es schmeckt ganz ausgezeichnet, obwohl es nur aus Kartoffeln, frischer Sahne, Knoblauch und frisch geriebenem Gruyère zubereitet wird. Außerdem ist es in einer knappen Stunde fertig. Thérèse Nouaille bereitet es in dem kleinen Pariser Bistro »Cartet« zweimal am Tag für ihre Stammgäste zu. Probieren Sie dieses Gratin aus, und Sie werden verstehen, warum die Gäste immer wiederkommen!

Für 4-6 Personen:
1 kg mehlige Kartoffeln, geschält und in sehr dünne Scheiben geschnitten
1 Knoblauchzehe · 80 g frisch geriebener Gruyère
1/4 l Crème fraîche (siehe Seite 272) oder dicke Sahne · Salz

Den Ofen auf 175° C vorheizen. Eine tiefe, 1 1/2 l fassende Auflaufform mit Knoblauch einreiben und die Hälfte der Kartoffeln hineinschichten. Mit der halben Menge Käse bestreuen und die Hälfte der Crème fraîche darübergießen. Salzen. Mit den restlichen Zutaten ebenso verfahren. Das Gratin 50-60 Minuten im Ofen backen, bis die Oberfläche goldbraun und knusprig ist. Sofort servieren.

Gratin dauphinois Madame Laracine

Kartoffelgratin »Madame Laracine«

Wo auch immer in Frankreich ich mich aufhalte, frage ich die Köche nach Kartoffelgratins. In Savoyen wurde ich auf das doppelte Garen hingewiesen. Das heißt, zuerst werden die Kartoffeln in einer Mischung aus Milch und Wasser oder nur in Vollmilch gekocht, die Garflüssigkeit wird weggeschüttet, und anschließend werden die Kartoffeln mit einer Mischung aus Sahne und Gruyère überbacken. Das Ergebnis ist ein gehaltvolles, sättigendes Gratin. Es ist immer heikel, etwas als »das Beste« zu bezeichnen, aber soweit ich mich erinnern kann, machte Madame Laracine – Besitzerin und Küchenchefin einer kleinen **ferme-auberge** im Dorf Ordonnaz – das mit Abstand beste aller Gratins. Sie verwendete hierfür Kartoffeln vom eigenen Acker, Milch und Sahne der eigenen Kühe und Käse aus einer nahegelegenen Molkerei.

Für 6-8 Personen:

---

1 1/2 kg mehlige Kartoffeln, geschält und
in sehr dünne Scheiben geschnitten

1/2 l Vollmilch · 3 Knoblauchzehen, gehackt

1/4 TL Salz · 3 Lorbeerblätter · frisch geriebene Muskatnuß

---

frisch gemahlener schwarzer Pfeffer

---

240 ml Crème fraîche (siehe Seite 272) oder dicke Sahne

---

etwa 150 g frisch geriebener Gruyère

Den Ofen auf 190° C vorheizen. Die Kartoffeln in einem großen Topf mit Milch und 1/2 l Wasser, Knoblauch, Salz und Lorbeerblättern bei Mittelhitze zum Kochen bringen und gelegentlich umrühren, damit sie nicht am Topfboden ansetzen. Hitze zurückschalten und die Kartoffeln noch etwa 10 Minuten garen, bis sie weich sind, aber nicht zerfallen. Gelegentlich umrühren. Die Hälfte der Kartoffeln mit einem Schaumlöffel in eine große, etwa 35 cm lange Auflaufform heben. Mit Muskatnuß und Pfeffer bestreuen sowie die halbe Menge Crème fraîche und Käse darüber verteilen. Die restlichen Kartoffeln einschichten, mit Muskatnuß und Pfeffer bestreuen und den Rest Crème fraîche und Käse darübergeben. Das Gratin etwa 1 Stunde backen, bis die Oberfläche goldbraun und knusprig ist. Sofort servieren.

Pommes de terre comtoises
Kartoffelgratin mit geräuchertem Schinken

Kartoffeln, Schinken und Käse spielen in der Küche des bergigen Jura eine große Rolle. Von dort kommen einige der besten Käse und Schinken ganz Frankreichs. Sie können dieses Gratin gut als Hauptgericht servieren. Dazu paßt ein gekühlter Rotwein, etwa ein Arbois aus dem Jura, oder ein guter Beaujolais.

Für 6 Personen:
5 nicht zu dünne Scheiben geräucherter Schinken (etwa 125 g)
4 EL Butter
1 kg mehlige Kartoffeln, geschält, in sehr dünnen Scheiben
etwa 250 g frisch geriebener Gruyère
frisch geriebene Muskatnuß · Salz
frisch gemahlener schwarzer Pfeffer

Den Ofen auf 190° C vorheizen. Den Schinken von allem Fett befreien und in etwa 2 cm breite Streifen schneiden. Eine ovale Auflaufform (etwa 35 cm lang) mit 1 EL Butter einfetten und die Hälfte der Kartoffeln hineingeben. Die Hälfte der Schinkenstreifen gleichmäßig auf den Kartoffeln verteilen und mit der halben Menge Käse bestreuen. Mit Muskatnuß, Salz und Pfeffer würzen. Das Ganze wiederholen, bis die Zutaten verarbeitet sind. Die restlichen 3 EL Butter in kleinen Würfeln auf dem Gratin verteilen. Etwa 50 Minuten im Ofen backen, bis die Oberfläche goldbraun ist. Nicht zu lange im Ofen lassen, sonst wird das Gratin trocken und der Schinken zäh. Sofort servieren.

Gratins du Jabron
Kleine Kartoffelgratins

Ich nenne sie »schnelle Gratins«, denn die Kartoffeln kann man schon einige Stunden vor dem Essen vorbereiten, so daß nicht mehr viel zu tun bleibt. Das Rezept ist nach dem Fluß Jabron im Département Drôme benannt und stammt nicht aus einem Bistro, sondern aus einem sehr schönen Restaurant in der Provence, dem »La Bonne étape«, das von der sympathischen Familie Gleize geführt wird. Das Restaurant gehört zwar zu den eleganteren, dennoch werden hier ab und zu typische Bistro-Gerichte angeboten. Das Schöne an diesen kleinen Gratins ist, daß jeder gleich viel vom besten Teil bekommt, nämlich der Kruste!

Für 4 Personen:
500 g mehlige Kartoffeln, geschält
Salz · 5 EL Butter · 3 große Knoblauchzehen, fein gehackt
frisch gemahlener schwarzer Pfeffer
40 g frisch geriebener Gruyère
4 EL Crème fraîche (siehe Seite 272) oder dicke Sahne

Die Kartoffeln in einem Topf Wasser bedeckt und gesalzen zum Kochen bringen. Etwa 15 Minuten köcheln lassen, bis sie fast gar, aber nicht zu weich sind. Wasser abgießen, Kartoffeln abkühlen lassen und in dünne Scheiben schneiden. (Diesen Teil der Arbeit können Sie einige Stunden im voraus erledigen.) Den Grill vorheizen. Die Butter in einer großen Pfanne bei Mittelhitze zerlassen. Wenn sie heiß ist, Kartoffeln und Knoblauch etwa 10 Minuten darin braten, bis sie schön braun sind. Die Pfanne gelegentlich rütteln. Die Kartoffeln auf 4 runde Portions-Gratinförmchen (15 cm Durchmesser) verteilen; die Scheiben sollten nebeneinanderliegen. Mit Salz und Pfeffer würzen, mit Käse bestreuen und die Crème fraîche löffelweise daraufsetzen. Etwa 2 Minuten unter dem Grill überbacken, bis die Oberfläche goldbraun ist und der Käse Blasen wirft.

Gratin de pommes de terre et de céleri-rave
Gratin von Kartoffeln und Knollensellerie

Selbst in Frankreich, wo ziemlich viel Knollensellerie oder **céleri-rave** gegessen wird, zeigen sich die Köche bei der Zubereitung dieses Wurzelgemüses nicht sonderlich kreativ. Er wird meist als **céleri rémoulade** angeboten, als knackiger Salat aus geraspeltem Sellerie mit sahniger Sauce. Bei diesem Rezept wird er mit Kartoffeln zu einem köstlichen vegetarischen Gratin kombiniert.

Für 6 Personen:

4 mehlige Kartoffeln, geschält · Salz

1 Knollensellerie

2 EL frisch gepreßter Zitronensaft · 2 EL Erdnußöl

4 große Tomaten (etwa 500 g), geschält, entkernt und gehackt

1 Knoblauchzehe, gehackt · frisch gemahlener schwarzer Pfeffer

185 ml Crème fraîche (siehe Seite 272) oder dicke Sahne

etwa 150 g frisch geriebener Gruyère

Den Ofen auf 200° C vorheizen. Die Kartoffeln mit Wasser bedeckt, gesalzen zum Kochen bringen. Etwa 15 Minuten nicht zu weich garen. Wasser abgießen, Kartoffeln abkühlen lassen und in dünne Scheiben schneiden. Beiseite stellen. Inzwischen den Sellerie schälen und in dünne Scheiben schneiden. In einem großen Topf Wasser zum Kochen bringen. Zitronensaft und Sellerie hineingeben und ihn etwa 10 Minuten garen, bis er weich ist. 4 EL der Garflüssigkeit für das Gratin zurückbehalten, das restliche Wasser abgießen. Das Öl in einer großen Pfanne auf mittlerer Stufe erhitzen, bis es heiß ist, aber nicht raucht. Tomaten und Knoblauch hineingeben, mit Salz und Pfeffer würzen. 5 Minuten köcheln lassen. Crème fraîche und die zurückbehaltene Garflüssigkeit zufügen und umrühren. Die Pfanne vom Herd nehmen. Eine große Gratinform einbuttern. Die Kartoffelscheiben hineinlegen und mit der halben Menge Käse bestreuen.

Die Selleriescheiben darauflegen, mit Salz und Pfeffer würzen. Die Tomatensauce darüber verteilen und das Ganze mit dem restlichen Käse bestreuen. Etwa 40 Minuten im Ofen backen, bis die Oberfläche goldbraun ist. Sofort servieren.

Gratin grand-mère
Großmutters Gratin aus Kartoffeln, rotem Paprika und Zucchini

Das Rezept für dieses einfache Gemüsegratin stammt aus der »Auberge de la Madone«, einem kleinen, familiären Lokal in den Bergen bei Nizza. Ich saß dort an einem Sommerabend auf der Terrasse unter einem üppig tragenden alten Olivenbaum. Man servierte dieses Gratin als Beilage zu einem köstlichen, saftigen sautierten Kaninchen.

Für 4 Personen:
1 kg mehlige Kartoffeln, geschält und in sehr dünne Scheiben geschnitten
1 Knoblauchzehe, geschält und halbiert
4 EL bestes kaltgepreßtes Olivenöl · 2 TL frischer Thymian
2 TL Salz · 4 kleine Zucchini (etwa 500 g)
2 rote Paprikaschoten, entkernt und in dünne Ringe geschnitten

Den Ofen auf 175° C vorheizen. Den Boden einer tiefen, 1,2 l fassenden Gratinform mit Knoblauch einreiben und mit 1 EL Olivenöl leicht einfetten. Die Hälfte der Kartoffeln hineinschichten. Mit etwas Thymian und Salz würzen und mit 1 EL Olivenöl beträufeln. Die Hälfte der Paprikaringe und der Zucchini nacheinander hineinschichten. Wieder mit Thymian und Salz würzen und 1 EL Öl darüberträufeln. Mit den restlichen Zutaten ebenso verfahren. Die Form mit Alufolie abdecken. Das Gemüse etwa 1 Stunde garen, bis es ganz weich ist. Sofort servieren.

Gratin auvergnat
Kartoffelgratin mit Blauschimmelkäse

Die zerklüftete, dünn besiedelte Auvergne in Zentralfrankreich ist berühmt für ihre Auswahl an Blauschimmelkäse. Dazu zählen der Bleu d'Auvergne (er wird auch der »Roquefort aus Kuhmilch« genannt), der feste und aromatische Fourme d'Ambert (ebenfalls aus Kuhmilch hergestellt) sowie der leichtere Bleu de Causses. Wenn ich Gäste habe, reiche ich immer eine Platte mit verschiedenen Sorten von Blauschimmelkäse, darunter natürlich auch den berühmten Roquefort aus Schafsmilch, der im Languedoc hergestellt wird. Was davon übrigbleibt, verwende ich für dieses einfache Kartoffelgratin. Es eignet sich gut als Hauptgericht, wenn Sie dazu einen Salat aus Frisée mit Schinkenwürfeln reichen. Sollten Sie keine ausreichend große Gratinform haben, in die die Kartoffeln in zwei dünnen Schichten hineinpassen, verteilen Sie die Zutaten auf zwei kleinere Formen. Der ideale Wein dazu wäre der fruchtige Rotwein Chanturgue aus der Region, den man außerhalb der Auvergne fast niergendwo findet. Ein fruchtiger Beaujolais oder Côtes du Rhône paßt aber auch sehr gut dazu.

Für 6-8 Personen:
1 l Vollmilch
110 g zerkrümelter Blauschimmelkäse, zimmerwarm
1/8 l Crème fraîche (siehe Seite 272) oder dicke Sahne · 4 EL Butter
1 1/2 kg mehlige Kartoffeln, geschält und in sehr dünne Scheiben geschnitten
frisch geriebene Muskatnuß · Salz
frisch gemahlener schwarzer Pfeffer

Den Ofen auf 190° C vorheizen. Die Milch in einem Topf aufkochen und beiseite stellen. Käse und Crème fraîche im Mixer verrühren. Eine große ovale Gratinform (35 cm lang) ausbuttern. Die Hälfte der Kartoffeln hineinschichten. Mit reichlich Muskatnuß, Salz und Pfeffer würzen. Die halbe Menge Käsecreme, dann die restlichen Kartoffeln darauf verteilen und mit Muskatnuß, Salz und Pfeffer würzen. Restliche Käsesahne und Butter darübergeben und die Milch über das Gericht gießen. Etwa 1 1/2 Stunden backen, bis die Oberfläche des Gratins knusprig und goldbraun ist. Sofort servieren.

Pommes de terre coiffées au Munster fondu
Gratin von neuen Kartoffeln mit Munster-Käse

Dieses herzhafte Gericht ist ideal für Herbst und Winter, wenn man in der warmen Stube sitzt. Dazu gehört unbedingt ein gut gekühlter Weißwein. Es ist eine traditionelle Elsässer Spezialität, die auf Gutshöfen, in Bistros und sogar im Weinberg gereicht wird, wo zu einem typischen Imbiß gekochte, warme Pellkartoffeln mit dem fetten Munster-Käse aus der Region gehören. Ich reiche zu diesem Gratin gerne einen pikant angemachten Salat aus frischem Sauerampfer.

Für 4-6 Personen:
750 g kleine neue Kartoffeln mit Schale · 1 EL Butter
180 g Munster-Käse (ersatzweise Maroilles oder Véritable Chaumes)
2 TL Kümmel

Die Kartoffeln in reichlich Salzwasser etwa 20 Minuten kochen, bis sie weich sind. Inzwischen eine etwa 35 cm lange Gratinform aus Porzellan buttern. Wasser abgießen, die Kartoffeln etwas abkühlen lassen, in dünne Scheiben schneiden und in 1 oder 2 Lagen in die gebutterte Gratinform verteilen. Den Grill vorheizen. Den Käse in Streifen schneiden (bei Véritable Chaumes die Rinde entfernen) und über die Kartoffeln verteilen. Mit Kümmel bestreuen und 2-3 Minuten grillen, bis der Käse geschmolzen und knusprig braun ist. Sofort servieren.

Pommes à l'huile

Warmer Kartoffelsalat mit Kräutervinaigrette

Bei diesem Salat denke ich immer an meine erste Frankreichreise und mein erstes Bistro-Menü in Lyon. Von meiner Mutter her kannte ich die verschiedensten Kartoffelsalate – sie war berühmt für ihre Salate, die sie für unsere Picknicks im Garten zubereitete. Aber erst in Frankreich kam ich hinter das Geheimnis eines wirklich perfekten Kartoffelsalats: Man muß ihn anmachen, solange die Kartoffeln noch warm sind, so nehmen sie die Salatsauce besser auf. Und wenn Sie ganz zum Schluß gehackte Schalotten, Petersilie und Schnittlauch darüberstreuen, bekommt er mehr »Biß«.

Für 4 Personen:
750 g kleine, neue rotschalige Kartoffeln, nur abgebürstet, nicht geschält
1/8 l plus 2 EL bestes kaltgepreßtes Olivenöl
3 EL guter Weißweinessig · 2 EL trockener Weißwein
Salz · frisch gemahlener schwarzer Pfeffer
2 Schalotten, fein gehackt · gehackte Petersilie · gehackter Schnittlauch

Die Kartoffeln in einem Dämpftopf (kein Schnellkochtopf!) etwa 20 Minuten garen, bis sie gerade weich sind. Inzwischen 1/8 l Öl, 2 EL Essig, den Wein und 1 TL Salz in einer kleinen Schüssel verrühren. Die Kartoffeln aus dem Dämpftopf nehmen und schälen. In gut 1 cm dicke Scheiben schneiden, in eine Schüssel geben, die Öl-Essig-Mischung zugießen und vorsichtig vermengen. Die Kartoffeln etwa 20-30 Minuten beiseite stellen und durchziehen lassen. Für die Vinaigrette 2 EL Olivenöl, 1 EL Essig, Petersilie, Schalotten und Schnittlauch in einer kleinen Schüssel gründlich verrühren, mit Salz und Pfeffer abschmecken. Kurz vor dem Servieren die Vinaigrette vorsichtig unter die Kartoffeln ziehen. Abschmecken und servieren.

Pommes de terre solognotes
Kartoffelgratin aus der Sologne

Wenn Sie einmal den feinen Geschmack einer mit Kräutern aroma-
tisierten Milch gekostet haben, werden Sie sie für die verschiedensten
Gerichte verwenden wollen – als Suppengrundlage, für Saucen und
für dieses köstliche Kartoffelgratin aus der Sologne, der Region im
Loire-Bogen. Je frischer die Kräuter, desto besser wird es. Servieren
Sie dieses leichte Gratin als Beilage zu einem Braten oder als Hauptgericht zusammen mit einem gemischten Salat dazu.

Für 6-8 Personen:
1/2 l Milch
eine Handvoll gehackte frische Kräuter wie Estragon, Thymian, Petersilie und Schnittlauch
2 Lorbeerblätter
5 ganze schwarze Pfefferkörner
1 kg mehlige Kartoffeln, geschält und in dünne Scheiben geschnitten
Salz · frisch gemahlener schwarzer Pfeffer
1 Knoblauchzehe, halbiert
1/8 l Crème fraîche (siehe Seite 272) oder dicke Sahne
1 TL frischer oder 1/2 TL getrockneter Thymian
80 g frisch geriebener Gruyère

Den Ofen auf 190° C vorheizen. Die Milch mit den gemischten frischen Kräutern, Lorbeerblättern und Pfefferkörnern bei Mittelhitze
aufkochen. Vom Herd nehmen und zugedeckt 10 Minuten ziehen
lassen. Die Milch durch ein Sieb in einen großen Topf gießen, Kräuter und Pfefferkörner wegwerfen. Kartoffeln in die Milch geben und
zugedeckt etwa 15 Minuten kochen, bis sie gar sind. Mit Salz und
Pfeffer würzen und beiseite stellen. Eine ovale, etwa 35 cm lange Gra-

tinform aus Porzellan mit Knoblauch einreiben. Die Kartoffelmischung hineingeben, Crème fraîche löffelweise daraufsetzen und den Thymian darüberstreuen. Das Gratin etwa 45 Minuten backen, bis die Oberfläche goldbraun ist. Aus dem Ofen nehmen und mit dem geriebenen Käse bestreuen. Das Gratin nochmals in den Ofen schieben und weitere 15 Minuten überbacken, bis die Oberfläche ganz knusprig ist. Sofort servieren.

Gâteau de pommes de terre L'Ami Louis
Kartoffelkuchen »L'Ami Louis«

Dies ist der berühmte Kartoffelkuchen des verstorbenen Antoine Magnin: goldgelbe Kartoffeln, die aufgetürmt und dampfend aus der Küche kommen und als Beilage zu saftigen Steaks, knusprigen Brathähnchen oder eingelegtem Gänsefleisch gegessen werden. In dem bekannten Pariser Bistro »L'Ami Louis« werden die Kartoffeln zuerst in einer riesigen schwarzen Eisenpfanne mit Gänseschmalz gebraten und dann in einer kleinen, kupfernen, innen mit Zinn beschichteten Sauteuse gebacken. Wenn Sie zu Hause eine ganz normale beschichtete Pfanne dazu verwenden, bekommen die Kartoffeln eine schöne Kruste und lassen sich leicht herausnehmen. Backen Sie die Kartoffeln keinesfalls in einer Keramik- oder Porzellanform, sonst werden sie breiig. Verdoppeln Sie die Zutaten nicht einfach, wenn Sie viele Gäste haben, sondern backen Sie zwei getrennte Kartoffelkuchen.

Für 4-6 Personen:
3 EL Geflügelfett oder Butter
1 kg mehlige Kartoffeln, geschält, in sehr dünne Scheiben geschnitten
Salz · 1 EL Butter
3 Knoblauchzehen, grob gehackt
3 EL Petersilie, grob gehackt

Den Ofen auf 200° C vorheizen. Das Geflügelfett in einem großen Topf bei Mittelhitze zerlassen. Die Kartoffeln hineingeben und salzen. Bei halb geöffnetem Deckel etwa 25 Minuten sautieren, bis sie auf beiden Seiten braun sind; gelegentlich wenden. Eventuell die Temperatur zurückschalten, damit die Kartoffeln nicht anbrennen. Kartoffelscheiben mit einem großen Schaumlöffel herausnehmen und in eine beschichtete feuerfeste Pfanne von 22 cm Durchmesser geben. Gleichmäßig verteilen und fest andrücken. Die Kartoffeln ohne Deckel etwa 20 Minuten backen, bis sie knusprig braun sind. Die Pfanne auf den Herd stellen, auf Mittelhitze schalten und die Butter am Rand hineingeben, so daß sie beim Schmelzen in die Pfanne läuft. Einen großen Teller auf die Pfanne legen und den Kartoffelkuchen stürzen. (Ob der Kartoffelkuchen fester oder lockerer wird, hängt von der Festigkeit und Frische der verwendeten Kartoffeln ab.) Den Kartoffelkuchen mit Knoblauch und Petersilie bestreuen und sofort servieren.

Pommes boulangère
Kartoffeln auf Bäckerin-Art

Als ich dieses köstliche Gratin aus Kartoffeln, Zwiebeln und Lauch zum ersten Mal ausprobierte, habe ich es in unserem Holzofen zubereitet, der eigentlich zum Brotbacken gedacht ist. Statt wie üblich mit Sahne und/oder Käse wird es mit Wein und Hühnerbrühe gemacht. Das Aroma verbreitete sich über den Hof bis ins Wohnzimmer, wo wir gemütlich vor dem offenen Kamin saßen. Wenn Sie dazu noch eine Lammkeule oder ein Perlhuhn braten, um so besser!

Für 8-10 Personen:
2 EL Butter · 2 kleine Zwiebeln, fein gehackt
3-4 mittelgroße Stangen Lauch(etwa 250 g), davon nur der weiße Teil, gut gewaschen, abgetropft und fein gehackt
1 kg mehlige Kartoffeln, geschält, in sehr dünne Scheiben geschnitten
1/4 l Hühnerbrühe, vorzugsweise hausgemacht (siehe Seite 274)
1/4 l trockener Weißwein
2 TL frischer oder 1 TL getrockneter Tymian
Salz · frisch gemahlener schwarzer Pfeffer

Den Ofen auf 190° C vorheizen. Die Butter in einer großen Pfanne zergehen lassen. Zwiebeln und Lauch hineingeben und zugedeckt etwa 10 Minuten auf niedriger Stufe garen, bis sie weich sind. Die Kartoffeln zufügen und alles gründlich mischen. Brühe und Wein angießen und mit Thymian, Salz und Pfeffer würzen. Das Ganze weitere 15 Minuten zugedeckt bei Mittelhitze garen. In eine tiefe, 2 l fassende Gratinform geben und 50-60 Minuten backen, bis die Kartoffeln weich und goldbraun sind und einen Großteil der Flüssigkeit aufgenommen haben.

Pommes de terre à l'ail et à l'huile de noix
Sautierte Kartoffeln mit Knoblauch

Was für Kartoffeln! Das ganze Haus duftet nach Walnußöl, Knoblauch und Muskatnuß. Es ist eine vortreffliche Kombination aus der Küche der Charentes an der Atlantikküste. Wenn Sie kein frisches Walnußöl bekommen, nehmen Sie das beste kaltgepreßte Olivenöl, das Sie finden können. Sollten Sie frische, rotschalige Kartoffeln mit ganz dünner Schale gekauft haben, brauchen Sie sie nicht zu schälen. Das Gericht sieht dann hübscher aus und schmeckt zudem noch besser.

Für 4 Personen:

---

1 kg kleine, feste Kartoffeln mit dünner Schale

---

4 EL gutes Walnußöl · frisch geriebene Muskatnuß

Salz · frisch gemahlener schwarzer Pfeffer

---

4 Knoblauchzehen, fein gehackt · 1 kleines Bund Petersilie, gehackt

---

1 kleines Bund Schnittlauch, gehackt

Die Kartoffeln schälen, waschen und in dünne Scheiben schneiden. In ein dickes Handtuch wickeln, damit sie möglichst trocken werden. Das Öl in einer großen Pfanne (vorzugsweise einer gußeisernen oder beschichteten) auf mittlerer Stufe erhitzen, bis es heiß ist, aber nicht raucht. Die Kartoffeln darin etwa 20 Minuten braten, bis sie gar und auf beiden Seiten gebräunt sind. Die Pfanne gelegentlich rütteln und die Kartoffeln dabei mit Muskatnuß, Salz und Pfeffer würzen. Vor dem Servieren mit Knoblauch, Petersilie und Schnittlauch bestreuen und alles gründlich miteinander vermischen.

Galette lyonnaise
Kartoffelkuchen auf Lyoner Art

Die Bistros von Lyon sind ein Paradies für Kartoffelliebhaber. Dieser typische, einfache »Kuchen« aus Kartoffeln und Zwiebeln wird üblicherweise zu gebratenem Fleisch oder Steaks serviert, und er ist schnell und leicht zubereitet. Mich erinnert er immer an Kartoffelbrei, und im Grunde ist es auch nichts anderes!

Für 6-8 Personen:

---

1 kg mehlige Kartoffeln · 2 mittelgroße Zwiebeln

---

6 EL Butter · frisch geriebene Muskatnuß

Salz · frisch gemahlener schwarzer Pfeffer

Die Kartoffeln schälen und kochen oder dämpfen, bis sie weich sind und sich leicht zerdrücken lassen. Wasser abgießen und Kartoffeln für einige Minuten beiseite stellen. Mit einer Gabel grob zerdrücken, so daß noch ein paar kleinere Stückchen bleiben. Den Grill vorheizen. Die Zwiebeln der Länge nach halbieren und in halbmondförmige Streifen schneiden. 2 EL Butter in einer großen Pfanne auf mittlerer Stufe zerlassen. Die Zwiebeln darin etwa 10 Minuten anschwitzen, bis sie goldbraun und weich sind. Weitere 2 EL Butter hineingeben und schmelzen. Die Kartoffeln zufügen, mit reichlich Muskatnuß, Salz und Pfeffer würzen und etwa 2-3 Minuten unter Rühren braten. Die Mischung in eine Gratinform geben. Mit einem großen Löffel glattstreichen und Flocken aus den restlichen 2 EL Butter daraufsetzen. Unter dem Grill leicht bräunen und sofort servieren.

Quartiers de pommes de terre sautés dans leur peau
Kartoffelviertel in der Schale gebraten

Weniger ist oft mehr, und das gilt auch für dieses herrlich einfache, rustikale Kartoffelgericht. Sie können die Kartoffeln schon vorab garen und sie kurz vor dem Servieren sautieren. Nehmen Sie für dieses Gericht möglichst Kartoffeln mit makelloser Schale, denn sie sollen nicht nur gut schmecken, sondern auch schön aussehen. Sie sind eine ideale Beilage zu knusprigem Brathähnchen und grünem Salat.

Für 4-6 Personen:

---

500 g kleine, feste Kartoffeln mit glatter Schale · 2 EL Butter

---

Salz · frisch gemahlener schwarzer Pfeffer

---

2 EL Petersilie, fein gehackt

Die Kartoffeln gründlich abbürsten, aber nicht schälen. Etwa 20 Minuten dämpfen, bis sie weich sind, und abkühlen lassen. (Diesen Teil der Arbeit können Sie einige Stunden vor dem Essen erledigen.) Die Kartoffeln kurz vor dem Servieren vierteln (besonders kleine nur halbieren.) Die Butter in einer großen Schwenkpfanne bei Mittelhitze zerlassen, und die Kartoffeln darin etwa 5 Minuten braten, bis sie rundum goldbraun sind; dabei die Pfanne kräftig rütteln. In eine große Schüssel geben, mit reichlich Salz und Pfeffer würzen. Die Petersilie darüberstreuen, vorsichtig untermischen und servieren.

Pommes paillasson
Rösti aus Strohkartoffeln

Diese goldgelben Rösti sind leicht herzustellen und die passende Beilage zu einem Brathähnchen. Nehmen Sie eine große beschichtete Pfanne, dann haben Sie beim Wenden keine Probleme! **Paillasson** heißt übrigens »Strohmatte«, und so sehen die Rösti dann auch aus.

Für 4 Personen:

4 mittelgroße, mehlige Kartoffeln (etwa 500 g), geschält

6-8 EL Butter · Salz · frisch gemahlener schwarzer Pfeffer

Die Kartoffeln in der Küchenmaschine stifteln oder auf der Hand-
reibe zu groben Streifen zerkleinern. In einem Sieb unter fließendem
kaltem Wasser abspülen. Nacheinander jeweils eine Handvoll Kartoffeln kräftig ausdrücken, damit sie möglichst trocken werden.
Nochmals abspülen und ausdrücken. Auf einem großen Küchentuch
verteilen, das Tuch zusammenrollen und zusammendrehen, damit
alle Flüssigkeit herausgepreßt wird. Wenn die Kartoffeln nicht richtig trocken sind, werden die Rösti breiig. (Machen Sie dies unmittel-
bar vor dem Braten, sonst verfärben sich die Kartoffeln.) 2 EL Butter
bei Mittelhitze in einer großen beschichteten Pfanne mit einem gut
schließenden Deckel zerlassen. Wenn die Butter zu schäumen beginnt, die trockenen Kartoffeln hineingeben und mit einem Löffel
oder Spachtel fest andrücken, damit eine gleichmäßige Fläche entsteht. Mit Salz und Pfeffer würzen. 2 EL Butter in kleine Stückchen
schneiden und am Rand entlang in die Pfanne geben, damit die Rösti nicht kleben bleiben. Zugedeckt auf niedriger bis mittlerer Stufe
15-20 Minuten garen, bis der Boden goldbraun und knusprig ist. Sobald der Rand braun wird, die Pfanne rütteln oder die Kartoffeln mit
einem Spachtel vom Pfannenboden lösen. Das Rösti entweder auf einen großen, flachen Teller stürzen oder den Deckel innen trocken-
reiben und den Fladen auf den Deckel stürzen. Die Pfanne wieder
auf den Herd stellen und auf Mittelhitze schalten. 2-4 EL Butter hineingeben. Sobald die Butter schäumt, die Rösti vorsichtig in die
Pfanne gleiten lassen, mit der gebräunten Seite nach oben. Ohne
Deckel ca. 10 Minuten garen, bis alles schön braun ist. Auf einer vorgewärmten Platte servieren. Vorher noch mit etwas Salz und Pfeffer
würzen.

Les oeufs, les fromages, les terrines, et les tartes

Eier, Käse, Terrinen und pikante Kuchen

Zu den Köstlichkeiten, die die Bistro-Küche zu bieten hat, zählen auch die verschiedensten herzhaften Terrinen und Pasteten, die oft an einem Büffet gleich am Eingang angeboten werden. Vor allem Terrinen sind preiswerte Gerichte, die man vorab zubereiten und zu jeder Gelegenheit servieren kann. Ich persönlich esse am liebsten die Terrine mit Kaninchenfleisch und Haselnüssen, die eine schmackhafte, bodenständige Küche mit unverfälschten Aromen repräsentiert. Man serviert in modernen Bistros dünne Scheiben davon zusammen mit einem gemischten Salat. Gut passen auch saure Gurken oder die wunderbaren, süß-sauer eingelegten getrockneten Feigen dazu. Der pikante Mangoldkuchen wird in Nizza nicht nur in Bistros, sondern auch in Fleischerläden angeboten. Er ist eines meiner liebsten Sommergerichte. Sie können ihn entweder als Vorspeise oder, mit gemischtem Salat, als Hauptgericht zu Mittag servieren.

Oeufs en meurette
Pochierte Eier in Rotweinsauce

Dies ist eines der Gerichte, die ich sehr gern am Sonntagabend zubereite. Ein ideales Essen, wenn der Kühlschrank schon ziemlich geleert ist und nur noch Eier, Wein, Brot und etwas Gemüse enthält. Sie können diese Eier – je nach Appetit – als Vorspeise oder Hauptgericht servieren. Die Weinsauce wird zwar üblicherweise mit einer kräftigen braunen Sauce verrührt, aber ich mag die einfache Variante mit ihrer tiefroten Farbe lieber. Ich gebe auch gern frische Kräuter dazu, wenn der Wein eindickt; die Sauce bekommt dadurch mehr Charakter. Dazu paßt ein guter, kräftiger Rotwein.

Für 4 Personen:

---

1 Möhre, geputzt und gewürfelt

---

2 Schalotten, gehackt · 2 Lorbeerblätter · 2 Knoblauchzehen, gehackt

---

1 Zweig frischer Rosmarin oder Estragon

1/2 l gehaltvoller Rotwein wie Côtes du Rhône, Cahors oder Madiran

---

8 Scheiben Baguette oder ein gutes hausgemachtes Brot ohne Rinde, in gut 1 cm dicke Scheiben geschnitten, daraus Kreise von 7 cm Durchmesser ausgestochen

---

2 Knoblauchzehen, geschält und halbiert · 1 EL weiche Butter

---

1 EL Mehl · 2 EL Essig · 8 sehr große Eier, zimmerwarm

Salz · frisch gemahlener schwarzer Pfeffer

Möhre, Schalotten, Lorbeerblätter, gehackten Knoblauch, Rosmarin und Wein in einen mittelgroßen Topf geben und auf höchster Stufe etwa 10 Minuten einkochen, bis die Flüssigkeit um die Hälfte reduziert ist. Den Wein durch ein Sieb gießen, Gemüse und Kräuter wegwerfen. (Das läßt sich gut im voraus erledigen; der Wein kann im Kühlschrank aufbewahrt werden.) Den Ofen vorheizen. Das Brot auf beiden Seiten toasten, bis es goldbraun ist. Aus dem Ofen nehmen und sofort auf beiden Seiten mit den Knoblauchhälften einreiben. Zur Fertigstellung der Rotweinsauce Butter und Mehl auf einem Teller zu einer glatten Masse (**beurre manié**) verrühren. Den eingedickten Wein in einem kleinen Topf zum Köcheln bringen. Nach und nach vorsichtig die Butter-Mehl-Mischung unterrühren, bis die Sauce etwas eingedickt ist und glänzt. Vom Herd ziehen und warm stellen. In 2 etwa 25 cm großen Töpfen Wasser (es soll gut 7 cm hoch stehen) und je 1 EL Essig zum Kochen bringen. Hitze zurückschalten, die Eier am Topfrand aufschlagen, direkt über dem Wasser vorsichtig öffnen und im Ganzen ins Wasser gleiten lassen (jeweils 4 Eier pro Topf). Sofort Deckel daraufgeben, damit keine Hitze entweicht. Die Töpfe nicht bewegen. Die Eier 3 Minuten garen und erst dann den Deckel abnehmen. Sie sind fertig, wenn das Eiweiß fest und das Eigelb mit einer dünnen, durchsichtigen Schicht Eiweiß bedeckt ist. Während die Eier garen, je 2 Scheiben geröstetes Brot auf 4 vorgewärmte Teller verteilen. Die Eier mit einem Schaumlöffel vorsichtig aus dem Wasser heben und auf das Brot legen. Mit der Weinsauce umgießen, mit Salz und Pfeffer würzen. Sofort servieren und eventuell noch mehr Röstbrot dazu reichen.

Le Cachat
Brotaufstrich aus Ziegenkäse und Kräutern

Cachat ist ein köstlicher, kräftiger Brotaufstrich, den man in der Provence überall bekommt. Er wird beim Käsehändler verkauft und ist auch in vielen ländlichen Bistros an der Käsetheke zu finden. Er wird meist selbst zubereitet, denn man verwendet für **cachat** Käsereste, zu denen man noch **fromage blanc** (Quark), etwas Roquefort, Kräuter und einen guten Schuß Schnaps geben kann. Das folgende ist eigentlich kein Rezept, sondern nur ein Vorschlag. Der Aufstrich sollte zimmerwarm in einem kleinen Steinguttopf serviert werden. Am besten schmeckt er auf geröstetem hausgemachtem Brot. Und wenn Sie erneut **cachat** bereiten wollen, verwenden Sie dazu etwas von dem vorherigen, das macht ihn noch würziger.

Ergibt etwa 1/2 l:
6 kleine, feste Ziegenkäse (Picodon, Pélardon, Crottin), insgesamt etwa 500 g
330 g Quark oder Hüttenkäse
1 EL bestes kaltgepreßtes Olivenöl
einige Zweige Thymian und Bohnenkraut
Schnaps oder Branntwein

Ziegenkäse und Quark, Öl und Kräuter im Mixer gründlich verrühren. Die Mischung in einen kleinen Steinguttopf geben und flachdrücken. Mit einem dünnen Film Schnaps bedecken. An einem
kühlen Ort aufbewahren und alle paar Tage umrühren. Die Mischung hält sich fast unbegrenzt. Man kann jedes übriggebliebene
Stück Ziegenkäse und auch anderes hineingeben, um einen kräftigen,
streichfähigen Käseaufstrich zu erhalten.

Terrine aux herbes de Provence Madame Cartet

Provenzalische Kräuterterrine »Madame Cartet«

Die gut gewürzten, sehr aromatischen Fleischterrinen sind in Madame Cartets kleinem Pariser Bistro in der Nähe der Place de la République schon immer sehr beliebt gewesen. Als ich Küchenchef
Raymond Nouaille in der Küche des Restaurants bei der Zubereitung
dieser Terrine zusah, war ich zuerst überrascht, wieviele Kräuter und
Gewürze er hineingab. Wenn man sie einmal ausprobiert hat, versteht man ihn. Die aromatischen Kräuter der Provence – Thymian,
Majoran, Oregano und Bohnenkraut geben dem Gericht Intensität
und Tiefe, und aus einer ganz gewöhnlichen Fleischterrine wird das,
was die Franzosen **régal** nennen – ein Leckerbissen. Die Liste der
Zutaten ist zwar lang, aber die Terrine ist dennoch schnell zubereitet.
Ich rate Ihnen, die Kräuter gut zu zerstoßen; diese Mehrarbeit zahlt
sich am Ende aus. Sollten Sie keinen Fleischwolf besitzen, lassen Sie

den Metzger das Fleisch durchdrehen. Reichen Sie zu dieser Terrine einen frischen Weißwein aus dem Loiretal oder einen jungen, fruchtigen Rotwein wie Beaujolais.

Für 12-16 Portionen:

1,2 kg Schweinenacken oder -schulter, grob zerkleinert

750 g frische Schweineleber, grob zerkleinert

12 Schalotten · 6 Knoblauchzehen

160 ml trockener Weißwein, z.B. Riesling · 3 EL Portwein

3 EL Cognac · 2 EL plus 2 TL Meersalz

1 gehäufter EL frisch gemahlener schwarzer Pfeffer

2 gehäufte EL getrockneter Thymian

1 gehäufter EL getrockneter Oregano

1 gehäufter EL getrocknetes Bohnenkraut

2 gehäufte EL getrockneter Majoran

1/4 TL frisch gemahlener Zimt · 1/4 TL frisch gemahlener Piment

1/4 TL frisch gemahlene Nelken

1/4 TL frisch geriebene Muskatnuß

5 dünne Scheiben Bauchspeck, fein geschnitten

4-5 sehr dünne Streifen milder Frühstücksspeck

Den Ofen auf 190° C vorheizen. Schweinefleisch und Leber durch den Fleischwolf drehen oder es vom Metzger erledigen lassen und in eine große Schüssel geben. Geschälte Schalotten und Knoblauch ebenfalls durch den Wolf drehen oder in der Küchenmaschine zerkleinern. Beides zur Fleischmischung geben und das Ganze mit den Händen durchkneten. Weißwein, Portwein, Cognac, Salz, Pfeffer, Kräuter und Gewürze zufügen. Nochmals gründlich durchkneten. Den Boden, nicht jedoch die Seiten einer eckigen, 2 1/2 l fassenden Form oder Terrine mit dem Bauchspeck auslegen. Die Fleischmischung hineingeben und mit den Fingern flachdrücken. Mit dem Frühstücksspeck belegen, die Enden einschlagen. Die Terrine in eine tiefe Bratreine stellen und soviel heißes, aber nicht kochendes Wasser in die Reine gießen, daß die Terrine zu zwei Dritteln im Wasser steht. 2-2 1/2 Stunden garen und eventuell etwas Wasser zugießen, damit das Niveau konstant bleibt. (Wenn die Terrinenoberfläche oben braun wird, locker mit Alufolie abdecken.) Zum Gartest mit einem Metallspießchen in die Mitte der Terrine stechen und es etwa 30 Sekunden steckenlassen. Ist es heiß, ist die Terrine fertig. Die Terrine aus dem Wasserbad nehmen, einen Teller darauflegen und mit einem Gewicht beschweren. Dabei wird etwas Flüssigkeit überschwappen, die jedoch nicht entfernt werden soll, denn sie gibt der Terrine zusätzliches Aroma und hält sie feucht. Durch das Gewicht bleibt sie beim Abkühlen fest und läßt sich später leichter schneiden. Die Terrine kalt stellen und das Gewicht entfernen, sobald sie völlig ausgekühlt ist. Mindestens 1 Tag und bis zu 3 Tagen vor dem Servieren ruhen lassen. Die Terrine hält sich bis zu 1 Woche. Etwa 30 Minuten vor dem Servieren aus dem Kühlschrank nehmen, damit sich das Aroma entwickeln kann. In dicke Scheiben schneiden und mit Cornichons, Baguette und Butter servieren

Terrine de lapin aux noisettes
Terrine mit Kaninchenfleisch und Haselnüssen

Mein Mikrowellengerät ist mir inzwischen unentbehrlich geworden, und ich benütze es fast jeden Tag. Vor allem bei der Zubereitung von Terrinen à la Bistro erspare ich mir damit viel Zeit und Mühe. Die nun folgende rustikale Terrine habe ich an einem Herbsttag in unserem Haus in der Provence kreiert; es ist eine Komposition aus all jenen guten Dingen, die die Wälder und Felder der Provence hergeben: Kaninchen, Wacholder, Haselnüsse, Feigen. Das einzig scheinbar Komplizierte bei diesem Gericht ist das Entbeinen des Kaninchens. Es ist jedoch leichter, als man denkt (mit einem guten, scharfen Messer schaffe ich es inzwischen in ungefähr 10 Minuten), und wenn Sie diese Arbeit dem Metzger überlassen, ist der Rest ein

Kinderspiel. Was Sie vom Kaninchen nicht für die Terrine verwenden, können Sie zerkleinern und daraus in der Mikrowelle eine aromatische Brühe zubereiten (genauso wie Hühnerbrühe). Die Terrine kann zwar am Tag der Zubereitung gegessen werden, schmeckt aber ein oder zwei Tage später besser. Zugedeckt im Kühlschrank aufbewahren und etwa 30 Minuten vor dem Servieren herausnehmen.

Für 8 Personen:
1 frisches Kaninchen (etwa 1 kg schwer), entbeint (das macht auch der Metzger), Fett, Leber und Nieren zurückbehalten
1 TL Wacholderbeeren, grob zerstoßen · 3 Schalotten, fein gehackt
1 EL Kräuter der Provence (siehe Seite 268)
500 g Schweinswurst am Stück
1 Ei · 2 EL Gin · 2 EL Olivenöl
Salz · 70 g ganze Haselnüsse · 4 Lorbeerblätter
3 Scheiben Frühstücksspeck
süß-sauer eingelegte Feigen (Rezept folgt)

Das Kaninchenfleisch würfeln. Wacholder und Schalotten in der Küchenmaschine zerkleinern. Das Fleisch und das zurückbehaltene Fett, Leber und Nieren sowie die Kräuter der Provence zufügen und alles grob zerkleinern. Die Mischung in einer großen Schüssel mit Wurst, Ei, Gin und Olivenöl vermischen, mit Salz abschmecken. Das Ganze mit den Händen gründlich vermengen. Die Hälfte davon in eine ovale oder eckige, 1 l fassende Porzellanterrine geben und mit den Händen flachdrücken. Die Hälfte der Haselnüsse darüberstreuen. Die Terrine mit der restlichen Fleischmischung auffüllen. Mit den übrigen Haselnüssen bestreuen und diese leicht in das Fleisch drücken. Die Lorbeerblätter darauflegen, das Ganze mit Frühstücksspeck abdecken und die Enden einschlagen. Die Terrine mit passendem Deckel oder Frischhaltefolie abdecken und auf den Drehteller der Mikrowelle stellen. (Sollte Ihr Gerät keinen Drehteller haben, rücken Sie die Terrine während der Garzeit viermal um jeweils eine Vierteldrehung weiter.) Die Terrine bei mittlerer Leistung 35 Minuten garen. Aus der Mikrowelle nehmen, zum Gartest ein Metallspießchen in die Mitte stechen und etwa 30 Sekunden dort belassen. Fühlt es sich heiß an, ist die Terrine fertig. Frühstücksspeck und Lorbeerblätter entfernen. Ein Stück Karton auf die Größe der Terrine zurechtschneiden und in Plastikfolie einwickeln. Auf die Terrine legen und mit Gewichten (z.B. Konservendosen) beschweren. Bei Zimmertemperatur abkühlen lassen. Die Terrine mit Frischhaltefolie oder mit dem Deckel abdecken und 2 Tage kalt stellen. Die Terrine vor dem Servieren 30 Minuten bei Zimmertemperatur ruhen lassen. Stürzen, in dünne Scheiben schneiden und auf kleinen Tellern mit süß-sauer eingelegten Feigen servieren.

Terrine oder Pâté?

Die Franzosen machen einen, wenn auch kleinen Unterschied zwischen Terrine und Pâté, obwohl beides eine Mischung aus zerkleinertem Fleisch, Geflügel, Fisch, Meeresfrüchten oder Gemüsen ist und zugedeckt im Ofen im Wasserbad gegart wird. Beides kann man warm wie kalt essen. Das Wort »Terrine« steht aber auch für das Geschirr, in dem eine Terrine gegart wird, meist eine ziemlich tiefe Form aus Steingut oder Porzellan mit geraden Seiten. Eine Pâté besteht aus einem Teigmantel mit einer Füllung aus Fleisch, Fisch oder Gemüse. Sie wird im Ofen gebacken und warm oder kalt gegessen.

Figues sèches au vinaigre
Süß-sauer eingelegte Feigen

Als ich einmal in Isle-sur-la-Sorgue, einem Dorf in der Provence, meine Einkäufe für den Sonntag erledigte, nahm ich beim Metzger auch ein Glas eingelegte Feigen mit, die neben der Kasse angeboten wurden. Sie schmeckten so köstlich, daß ich bald meine eigenes Rezept entwickelte. Es ist eine einfache Beilage, die man das ganze Jahr hindurch zubereiten kann. Auf diese Weise eingelegte getrocknete Aprikosen, Birnen und Pflaumen schmecken genauso gut, und sie passen ausgezeichnet zu Fleischterrinen oder Würsten. Man verwendet sie genauso wie süß-saure Gurken. Die eingelegten Feigen sind im Handumdrehen zubereitet und unbegrenzt haltbar, wenn sie gut mit Essig bedeckt sind.

Ergibt 1/2 l eingelegte Feigen:
500 g getrocknete Feigen (oder getrocknete Aprikosen, Birnen oder Pflaumen)
300 ml guter Rotweinessig
3 EL Zucker · 8 Nelken · 1/2 TL frisch gemahlener Zimt

Das Trockenobst in ein sterilisiertes Glas geben. Mit genügend Essig bedecken, Zucker und Gewürze zufügen. Das gut verschlossene Glas kräftig schütteln, um die Zutaten zu mischen, und in den Kühlschrank stellen. Das eingelegte Obst kann schon nach einem Tag gegessen werden, schmeckt aber noch besser, wenn man es mindestens eine Woche durchziehen läßt.

Tip: *Fleischterrinen bleiben bis zu einem Monat frisch, wenn Sie die Garflüssigkeit ganz abgießen und durch zerlassenes Schweineschmalz ersetzen. Die Terrine gut abdecken und kalt stellen.*

La terrine de queue de boeuf
Ochsenschwanz-Terrine

Als Kind mochte ich von allen Suppen die kräftige Ochsenschwanzsuppe am liebsten, die meine Mutter jeden Winter ein- oder zweimal zubereitete. Ich habe immer noch eine Vorliebe für dieses »Fleisch der armen Leute«. Seine Zubereitung verlangt zwar etwas Zeit und Mühe, dafür wird man aber mit einem kräftigen Aroma belohnt. Servieren Sie die Terrine in Scheiben geschnitten mit Cornichons, eingelegten Silberzwiebeln und Meerrettich, und reichen Sie dazu einen leichten Rotwein, wie einen Chiroubles oder Beaujolais cru.

Für 12-16 Personen:

1,5 kg Ochsenschwanz, in 10 cm lange Stücke geschnitten
1 EL grobes Salz · 8 Möhren, in 2 cm dicke Scheiben geschnitten
2 Stangen Lauch (nur der weiße Teil), geputzt und grob gehackt
2 Stangen Sellerie, grob gehackt · 1 Zwiebel, grob gehackt
2 Knoblauchzehen, gehackt
1 Bouquet garni, bestehend aus: 12 Petersiliestengeln 8 Pfefferkörnern · 1/4 TL Thymian · 1/4 TL Fenchelsamen 1 Lorbeerblatt, in ein doppellagiges Mulltuch gebunden
2 EL abgetropfte Kapern · Salz
frisch gemahlener schwarzer Pfeffer · 1 Bund Schnittlauch, gehackt

Zwei Tage vor dem Verzehr die Ochsenschwanzstücke auf Küchengarn fädeln und zusammenbinden. In eine große emaillierte Kasserolle oder einen Bratentopf geben und mit kaltem Wasser bedecken. Zum Kochen bringen und etwa 20 Minuten leise köcheln lassen. Schaum ständig abschöpfen. Dazu den Topf etwas zur Seite ziehen, dann schäumt es nur auf einer Seite auf und läßt sich so leichter abschöpfen. Weitere 20 Minuten köcheln lassen. Etwa 1 EL grobes Salz hineingeben. Gemüse, Knoblauch und Bouquet garni zufügen. Das Ganze wieder kurz aufkochen, erneut abschäumen und 3-4 Stunden köcheln lassen, bis das Fleisch so weich ist, daß es vom Knochen fällt. Den Topf über Nacht in den Kühlschrank stellen, damit das Fett fest wird.

Am nächsten Tag das Fett vorsichtig von der Oberfläche entfernen und wegwerfen. Die Ochsenschwanzstücke aus dem Topf nehmen, das Fleisch mit einer Gabel vom Knochen lösen, Fett entfernen. Das Bouquet garni herausnehmen und wegwerfen. Das Fleisch wieder in den Topf geben, die Kapern zufügen und kurz aufkochen, damit die Gallerte flüssig wird. Großzügig mit Salz und Pfeffer abschmecken, kräftiger als sonst, weil die Terrine kalt gegessen wird. Fleisch und Gemüse in eine 2 l fassende Terrine geben und festdrücken, bis zum Rand mit der Bouillon aufgießen. Abdecken und 24 Stunden kalt stellen. Die Terrine etwa 5 Minuten vor dem Servieren aus dem Kühlschrank nehmen. In dünne Scheiben schneiden, mit Schnittlauch bestreuen und mit Cornichons, eingelegten Silberzwiebeln und Meerrettich servieren.

Pissaladière
Provenzalischer Zwiebelkuchen

In fast jeder Bäckerei und Konditorei in der Provence – ebenso in vielen Bistros und Pizzerias – wird **pissaladière** verkauft, der gehaltvolle, pikante Kuchen aus Brotteig, der mit Zwiebeln, Sardellen und schwarzen Oliven belegt ist. Man ißt ihn aus der Hand oder wärmt ihn zu Hause im Ofen auf. Mit gemischtem grünem Salat und einem Glas roten Côtes de Provence ergibt er ein wunderbares Mittagessen.

Für 6-8 Personen:
2 EL bestes kaltgepreßtes Olivenöl
5 mittelgroße Zwiebeln (etwa 500 g), in dünne Scheiben geschnitten
2 große Knoblauchzehen, in dünne Scheiben geschnitten
1 großer Zweig frischer Thymian
2 große Tomaten, geschält, entkernt und gehackt
250 g Brotteig (siehe Seite 266)
8 flache Sardellenfilets, abgespült und abgetropft
12 in Öl eingelegte Oliven, *vorzugsweise aus Nyons, entsteint und halbiert*

Das Öl in einer großen Pfanne auf mittlerer Stufe erhitzen. Zwiebeln, Knoblauch und Thymian hineingeben und zugedeckt unter gelegentlichem Rühren etwa 20 Minuten garen, bis die Zwiebeln goldgelb sind. Die Tomaten unterrühren und die Mischung auf höchster Stufe etwa 5 Minuten einkochen lassen, bis die Flüssigkeit verdampft ist. Den Thymianzweig herausnehmen. Den Teig auf einer leicht be-

mehlten Fläche zu einem Rechteck von etwa 30 x 40 cm Größe ausrollen, auf ein Backblech legen und abgedeckt 15 Minuten ruhen
lassen. Den Ofen auf 230° C vorheizen. Die Zwiebel-Tomaten-Mi-
schung gleichmäßig bis zum Rand auf dem Brotteig verstreichen. Die
Sardellenfilets gitterförmig darauf anordnen und das Ganze mit Oliven bestreuen. 15 Minuten ruhen lassen. Die **pissaladière** 15-20 Minuten backen, bis die Oberfläche knusprig ist. Aufschneiden und
heiß oder zimmerwarm servieren.

Flamiche aux poireaux
Lauchkuchen

In Nordfrankreich, in den Dörfern rings um die Städte Amiens und
Lille wird diese **flamiche**, ein dicker, schmackhafter Gemüsekuchen
mit Lauch, Käse, Eiern und Schinken in jeder Bäckerei und jedem Bistro angeboten. Sie ist fast so alltäglich wie die Quiche lorraine, aber
versuchen Sie diesen Lauchkuchen einmal, und Sie werden davon begeistert sein. Er eignet sich hervorragend zum Brunch oder zum
sonntäglichen Abendessen. Dazu sollten Sie einen exzellenten Riesling trinken.

Für 6-8 Personen:
1 Pâte brisée (Mürbeteig; siehe Seite 272), nur der erste Arbeitsgang
12 kleine Stangen Lauch (etwa 1,5 kg) · 4 EL Butter · 1 TL Salz
frisch gemahlener schwarzer Pfeffer · 2 große Eier
4 EL Crème fraîche (siehe Seite 272) oder dicke Sahne
ca. 100 g roher Schinken, *z.B. Parmaschinken, grob gehackt*
80 g frisch geriebener Gruyère

Den Teig soweit ausrollen, daß er in eine Kuchenform mit 27 cm Durchmesser paßt und diese damit auslegen. 30 Minuten kalt stellen oder so lange, bis er fest ist. Den Ofen auf 220°C vorheizen. Für die Füllung den Lauch putzen, d.h. die Wurzeln und den faserigen dunkelgrünen Teil wegschneiden. Die Stangen der Länge nach aufschneiden, gründlich unter fließendem kaltem Wasser abspülen und grob hacken. Die Butter in einem mittelgroßen Topf auf niedriger Stufe zerlassen. Den Lauch darin etwa 20 Minuten zugedeckt garen, bis er sehr weich, aber nicht gebräunt ist. Mit Salz und Pfeffer würzen. Wenn er sehr viel Flüssigkeit abgibt, den Lauch mit einem Schaumlöffel aus dem Topf nehmen. Eier und Crème fraîche in einer mittelgroßen Schüssel verquirlen. Den Lauch darunterrühren. Die Hälfte des Schinkens und Käses unter die Lauchmischung ziehen, den Rest beiseite stellen. Die Mixtur auf den vorbereiteten Teig geben. Mit dem restlichen Schinken und Käse bestreuen. Mit reichlich frisch gemahlenem schwarzem Pfeffer würzen. Den Lauchkuchen 40-45 Minuten backen, bis er schön braun ist. Heiß oder zimmerwarm servieren.

Tourte aux blettes
Pikanter Mangoldkuchen

In der Provence gibt es eine ganze Reihe hervorragender pikanter Kuchen, von der rustikalen **pissaladière** bis hin zur weniger bekannten **tourte aux blettes,** einem herzhaften Gemüsekuchen mit Mangold (die Franzosen nennen ihn **bette** oder **blette**), Eiern, Parmesan und manchmal auch Pinienkernen, Rosinen oder schwarzen Oliven. Das Rezept für das süße Gegenstück dazu finden Sie im Kapitel über Nachspeisen. Der lockere Boden, der nicht wie üblich mit Butter oder Eiern hergestellt wird, sondern mit Olivenöl aus der Region, schmeckt mir besonders gut. Dazu paßt jeder frische, junge Weißwein.

Für 8 Personen:
Teig: *140 g Mehl · 1/4 TL Salz*
4 EL bestes kaltgepreßtes Olivenöl
Füllung: *500 g Mangoldblätter (ersatzweise Spinat)*
Salz · frisch gemahlener schwarzer Pfeffer
3 große Eier · 100 g frisch geriebener Parmesan

Den Ofen auf 200°C vorheizen. Für den Teig Mehl und Salz in einer mittelgroßen Schüssel vermischen. 4 EL Wasser, anschließend das Öl unterrühren und den Teig kurz kneten. Er wird ziemlich flüssig, fast wie ein Plätzchenteig. Den Teig in eine Springform von 27 cm Durchmesser gießen.

Für die Füllung die Mangoldblätter waschen, trockentupfen und die weiße Mittelrippe entfernen. Die Blätter zerpflücken und in der Küchenmaschine grob hacken. Den Mangold in einer großen, tiefe Pfanne mit Salz und Pfeffer würzen und auf niedriger Stufe zusammenfallen lassen. Eier und Käse in einer mittelgroßen Schüssel verrühren. Den Mangold zufügen und gründlich untermischen. Die Gemüsemischung auf den vorbereiteten Boden geben. Etwa 40 Minuten backen, bis die Gemüsemischung fest und die Oberfläche goldbraun ist. Warm servieren.

Perfekte Eier

Ob Sie wachsweiche Eier oder hartgekochte wollen, bei denen Eigelb und Eiweiß ganz fest sind – die folgenden Tips sind in jedem Fall nützlich: Im Kühlschrank aufbewahrte Eier zuerst zimmerwarm werden lassen. Nebeneinander in einen Topf legen, mit reichlich kaltem Wasser bedecken und auf mittlerer Stufe aufkochen, bis es sprudelt. Auf niedrigste Stufe zurückschalten und ab hier die Garzeit berechnen.

4-Minuten-Ei: wachsweich, mit flüssigem Eigelb und nur zum Teil festem Eiweiß. Schmeckt ausgezeichnet, wenn es warm und im ganzen auf grünem Salat angerichtet wird.

6-Minuten-Ei: weich, mit festem Eiweiß und in der Mitte noch weichem Eigelb. Läßt sich gut schälen, wird warm, im ganzen oder halbiert serviert.

8-Minuten-Ei: *hartgekocht, mit festem Eigelb und Eiweiß. Das Eigelb ist außen sehr fest, zur Mitte hin etwas weicher, und deshalb auch vom Farbton her unterschiedlich. Wird halbiert oder geviertelt, in Scheiben geschnitten oder gehackt.*
10 Minuten-Ei: *hartgekocht, mit ganz festem und einheitlich hellgelbem Eigelb und festem Eiweiß. Wird kalt serviert, halbiert oder geviertelt, in Scheiben geschnitten.*

Les poissons et les fruits de mer
Fische und Meeresfrüchte

Die große Zahl und Vielfalt der hier vorgestelllten Rezepte für Fisch und Meeresfrüchte spiegeln zweifellos einen positiven Trend der modernen Bistro-Küche wider: mehr Fisch, mehr Meeresfrüchte, einfach zubereitet.

Sie finden in diesem Kapitel sowohl klassische wie auch moderne Bistro-Gerichte. Zu den Klassikern zählen Muscheln auf Seemannsart »Braderie de Lille«, Klippfisch-Püree »Madame Cartet« sowie Austern und Frikadellen »L'Huître Joyeuse«. Eher moderner Interpretationen sind die Goldbrasse mit Paprikasauce »Willis Weinstube« und gebratener Lachs »Chardenoux«. Zwei Dinge sind, was Fisch und Meeresfrüchte anbelangt, besonders wichtig: Suchen Sie sich einen guten Fischhändler, und sehen Sie sich vor dem Einkauf verschiedene Rezepte an, damit Sie aus dem Angebot stets den frischesten Fisch wählen können.

Gratin de morue
Klippfisch-Gratin

Dieses Gratin gehört zu den Fischgerichten, die ich am liebsten mag. Auf den Fischmärkten der Provence wird immer viel **morue** – gesalzener, getrockneter Kabeljau – angeboten, den man für Salate, Pürees (wie die berühmte **brandade**) und Gratins verwendet. Das nun folgende Rezepte schmeckt garantiert immer und ergibt mit knackigem grünem Salat, frischem Brot und einem gut gekühlten Tavel rosé, zum Beispiel einem Domaine de la Genestière, ein köstliches Hauptgericht.

Für 6-8 Personen:

---

500 g Klippfisch (Stockfisch) ohne Haut und Gräten

1/2 l Milch · 2 TL frischer Thymian, gehackt

---

3 Lorbeerblätter

---

500 g mehlige Kartoffeln, geschält und in dünne Scheiben geschnitten

---

2 große Eigelb · 1/8 l Crème fraîche (siehe Seite 272) oder dicke Sahne

---

Salz · frisch gemahlener schwarzer Pfeffer

---

1 Knoblauchzehe, halbiert · 3 EL Butter

Den Klippfisch 1 bis 2 Tage vor der Zubereitung (je nachdem, wie stark er gesalzen ist) in reichlich kaltes Wasser legen und zugedeckt in den Kühlschrank stellen. Das Wasser in dieser Zeit drei- bis viermal wechseln, um das überschüssige Salz zu entfernen. Den Fisch abwaschen und abtropfen lassen, in einem großen Topf mit kaltem Wasser bedeckt zum Kochen bringen. Den Topf sofort vom Herd ziehen, zudecken und für 15 Minuten beiseite stellen. Den Fisch aus dem Wasser nehmen und gut abtropfen lassen. Alles Fett abschaben und Gräten entfernen. Den Fisch in mundgerechte Stücke zerpflücken. Milch, Thymian und Lorbeerblätter in einen großem Topf zum Kochen bringen. Vom Herd nehmen, zudecken und für 15 Minuten beiseite stellen. Den Ofen auf 175° C vorheizen. Kartoffel-scheiben in die Milch mit den Kräutern geben und zugedeckt bei Mittelhitze etwa 20 Minuten köcheln lassen, bis die Kartoffeln gar sind. Eigelb und Crème fraîche in einer kleinen Schüssel verrühren. Die Kartoffeln vom Herd nehmen und diese Mischung einrühren. Mit Salz und Pfeffer würzen. Eine mittelgroße Gratin- oder Back-form mit Knoblauch einreiben und mit 1 EL Butter einfetten. Die Hälfte der Kartoffelmischung hineingeben. Die Fischstücke darauf verteilen und das Ganze mit dem Rest der Kartoffelmischung be-decken. Flocken aus den restlichen 2 EL Butter daraufsetzen. Das Gratin etwa 45 Minuten backen, bis die Oberfläche goldbraun ist. Heiß servieren.

Aïoli monstre
Großes Aïoli mit Klippfisch und Gemüse

Ich vermute, dieses Gericht dient manchen als eine Ausrede dafür, ausgiebig in Knoblauch zu schwelgen. Aïoli heißt hier nicht nur die würzige Knoblauchmayonnaise, sondern auch dieses Gericht aus der Provence, das ein wahrhaft fürstliches Mahl ergibt. Am liebsten esse ich Aïoli am Freitagmittag im »Bistro de Paradou« nicht weit von Les Baux de Provence. Dort wird der Steinmörser mit dem köstlichen Aïoli mitten auf den Tisch gestellt, dazu serviert man eine Platte mit harten Eiern, gekochten Kartoffeln, Klippfisch und **petit gris**, einer hiesigen Landschneckenart. Wieviel gekochtes oder rohes Gemüse Sie zu diesem Aïoli reichen – in der Provence nennt man es oft **Aïoli monstre**, riesiges Aïoli –, bleibt Ihnen überlassen. Da es wegen der vielen Zutaten einen gewissen Zeitaufwand erfordert, wird man es eher für eine größere Tafelrunde zubereiten. Reichen Sie dazu einen Côtes de Provence, entweder weiß oder rosé.

1 kg Klippfisch (Stockfisch) · 500 g mittelgroße rote Bete
1 kg kleine Kartoffeln, abgebürstet · 500 g mittelgroße Möhren, geputzt
1 Blumenkohl, in Röschen zerteilt · 500 g grüne Bohnen
8 hartgekochte Eier in der Schale
Aïoli (siehe Seite 34), dreifache Menge

Den Klippfisch 1 bis 2 Tage vor der Zubereitung (je nachdem, wie stark er gesalzen ist) in reichlich kaltes Wasser legen und zugedeckt in den Kühlschrank stellen. Das Wasser drei- bis viermal wechseln, um das überschüssige Salz zu entfernen. Den Fisch nochmals spülen und abtropfen lassen. Den Fisch in einem großen Topf mit kaltem Wasser bedeckt zum Kochen bringen. Den Topf sofort vom Herd nehmen und zugedeckt 15 Minuten beiseite stellen. Den Fisch aus dem Wasser ziehen und abtropfen lassen. Fett abschaben und Gräten entfernen. In mundgerechte Stücke zerpflücken. Jedes Gemüse separat dämpfen oder kochen: die roten Bete etwa 40 Minuten, Kartoffeln und Möhren je 20 Minuten, Blumenkohl 7 Minuten und die Bohnen 4-6 Minuten. Abkühlen lassen. Rote Bete schälen und halbieren; die Möhren der Länge nach halbieren. Gemüse, Fisch und ungeschälte Eier auf einer großen, vorgewärmten Platte anrichten. Die Aïoli separat dazu reichen.

Morue à la provençale Le Caméléon
Klippfisch mit Tomatensauce »Le Caméléon«

Dieses Gericht habe ich nicht in der Provence zum ersten Mal gegessen, sondern in dem kleinen, familiären Pariser Bistro »Le Caméléon«, das von dem reizenden Ehepaar Raymond und Jacqueline Faucher geführt wird. Einer meiner Freund ging monatelang einmal in der Woche in dieses Bistro, und er hat dort nie etwas anderes als Klippfisch mit Tomatensauce bestellt! Und ich kann ihn verstehen. Es gehört zu den ganz einfachen Gerichten, die am Ende nach mehr schmecken als

die Summe der Zutaten. Im »Le Caméléon« serviert man dazu gekochte Kartoffeln und eine große Schüssel wundervolle Aïoli mit viel
Knoblauch.

Für 4-6 Personen:

---

500 g Klippfisch

---

2 EL bestes kaltgepreßtes Olivenöl

---

4 mittelgroße Zwiebeln (etwa 500 g), grob gehackt

---

5 Knoblauchzehen, gehackt

---

*1 1/2 kg reife Tomaten, geviertelt
oder 2 große Dosen geschälte Tomaten (à 400 g)*

---

*4 Lorbeerblätter · eine Handvoll frische Kräuter,
am besten eine Mischung aus Basilikum, Kerbel, Estragon, Thymian
und glattblättriger Petersilie, fein gehackt*

1/2 TL Chili, zerkleinert (nach Belieben)

Salz · 2 TL frischer oder 1 TL getrockneter Thymian,

---

2 EL Schnittlauch, fein gehackt

1/4 l Aïoli (nach Belieben; siehe Seite 34)

---

500 g gedämpfte Kartoffeln (nach Belieben)

Den Klippfisch 1 Tag vor Zubereitung in reichlich kaltes Wasser legen und es drei- bis viermal wechseln, um das überschüssige Salz zu
entfernen. Das Öl in einer großen Pfanne auf mittlerer Stufe erhitzen. Zwiebeln und die Hälfte des Knoblauchs hineingeben und unter häufigem Rühren andünsten, bis sie weich, aber nicht gebräunt
sind. Temperatur hochschalten und die Tomaten, 1 Lorbeerblatt, die
gehackten Kräuter und Salz zufügen. Das Ganze 30-45 Minuten unter häufigem Rühren bei Mittelhitze einkochen lassen. Eventuell
nachwürzen. Soll die Sauce feiner werden, streicht man sie anschließend durch ein feinmaschiges Sieb. (Die Tomatensauce kann
vorab zubereitet und einige Tage im Kühlschrank aufbewahrt werden, tiefgefroren sogar einige Wochen.)

Den Fisch aus dem Wasser nehmen, in einer kleinen Pfanne mit frischem Wasser bedecken. Thymian, die restlichen 3 Lorbeerblätter und Knoblauch zufügen und zum Kochen bringen. Die Pfanne vom Herd ziehen und zugedeckt 15 Minuten beiseite stellen. Den Fisch aus der Pfanne nehmen, Fett abschaben und Gräten entfernen. In mundgerechte Stücke schneiden oder zerpflücken. Inzwischen die Tomatensauce in einer großen Pfanne zum Köcheln bringen. Den Fisch hineingeben und gründlich umrühren. Fisch und Sauce auf 4 vorgewärmte Teller verteilen. Mit gehacktem Schnittlauch bestreuen und mit kleinen, gedämpften oder gekochten Kartoffeln und Aïoli servieren.

Tip: *Bereits geschälter Knoblauch läßt sich gut aufbewahren, wenn Sie ihn in Olivenöl einlegen und bis zum Gebrauch gut verschlossen in den Kühlschrank stellen. Außerdem bekommt das Öl dadurch ein schönes Aroma.*

La brandade de morue de Madame Cartet

Klippfisch-Püree »Madame Cartet«

In einem meiner Ordner gibt es immer noch ein Blatt blauliniertes Papier, auf dem Madame Cartet, langjährige Inhaberin des beliebten Pariser Bistros gleichen Namens, in schöner Schrift ihr Rezept für **brandade de morue** aufgeschrieben hat, das köstliche Gratin mit Klippfisch, Knoblauch, Crème fraîche und Olivenöl. Ich habe es bei meinem allerersten Besuch in diesem Bistro gegessen, irgendwann im Frühjahr 1980. Die **brandade** ist in Frankreich vor allem freitags auf der Speisekarte zu finden, denn an diesem Tag wird traditionell Fisch gegessen. Die Kartoffeln sind **facultatif**, wie die Franzosen sagen, das heißt, sie können nach Belieben gereicht werden, je nachdem, wie sättigend die **brandade** sein soll. Bei diesem Rezept hält allerdings bereits eine kleine Portion lange vor! Sie können die **brandade** als Vorspeise – als Hauptgang sollte etwas Leichtes folgen – oder als Hauptgericht servieren. Dazu empfehle ich einen gut gekühlten Côtes de Provence rosé.

Für 6-8 Personen:
500 g Klippfisch ohne Haut und Gräten
2-3 festkochende Kartoffeln, geschält (nach Belieben)
Salz · 185 ml Crème fraîche (siehe Seite 272) oder dicke Sahne
1/8 l bestes kaltgepreßtes Olivenöl
5-6 große Knoblauchzehen, fein gehackt
frisch gemahlener schwarzer Pfeffer
6 Scheiben geröstetes Weißbrot, mit Knoblauch eingerieben und in Dreiecke geschnitten

Den Klippfisch 1 bis 2 Tage vor Zubereitung (je nachdem, wie stark er gesalzen ist) in reichlich kaltes Wasser legen und zugedeckt in den Kühlschrank stellen. Das Wasser in dieser Zeit drei- bis viermal wechseln, um das überschüssige Salz zu entfernen. Den Fisch spülen und abtropfen lassen. Den Fisch in einem großen Topf mit kaltem Wasser bedecken und bei Mittelhitze zum Kochen bringen. Den Topf vom Herd ziehen und zugedeckt 15 Minuten beiseite stellen. Den Fisch aus dem Wasser nehmen und abtropfen lassen. Sobald er abgekühlt ist, Fett abschaben und Gräten entfernen. In mundgerechte Stücke zerpflücken.

Die Kartoffeln, sofern Sie sie für die **brandade** verwenden wollen, in einen Topf geben, mit Wasser bedecken, salzen und 20-25 Minuten kochen, bis sie gar sind. Wasser abgießen, Kartoffeln abkühlen lassen und mit einer Gabel leicht zerdrücken. Die Crème fraîche bei Mittelhitze kurz aufkochen. Gleichzeitig in einem kleinen Topf das Olivenöl auf mittlerer Stufe erhitzen, bis es heiß ist, aber nicht raucht. Fisch und Knoblauch im Mixer kurz mischen. (Jetzt auch die Kartoffeln zufügen, sofern welche verwendet werden.)

Das heiße Öl langsam zugießen und den Mixer immer nur kurz anschalten, damit der Fisch nicht zu breiig wird. Wenn das Öl ganz untergerührt und die Mischung ziemlich glatt ist, langsam die Crème fraîche einarbeiten, bis eine lockere, glatte Mischung entsteht. Die **brandade** mit frisch gemahlenem schwarzem Pfeffer würzen. In einer Schüssel mit Dreiecken von geröstetem Knoblauchbrot servieren.

Haddock au chou frisé Chez La Vieille
Geräucherter Schellfisch mit Wirsing »Chez La Vieille«

Dieses köstliche Gericht aus fein geräuchertem Schellfisch und zartem Wirsing mit schöner Zitronensauce wärmt so richtig den Magen. Das Rezept stammt von Adrienne Biasin vom »Chez La Vieille« in Paris. Sie empfiehlt, den Wirsing zweimal zu kochen, damit er ein zarteres Aroma bekommt, und legt den Schellfisch in Milch ein, damit er weicher wird. Trinken Sie dazu einen Rosé, entweder einen Bandol oder einen Côtes de Provence.

Für 6 Personen:
1 kg geräucherte Schellfischfilets · 1 l Milch
1 Wirsing · Salz · 12 EL Butter
3 EL frisch gepreßter Zitronensaft
frisch gemahlener schwarzer Pfeffer
3 EL Petersilie, fein gehackt

Einige Stunden vor dem Servieren die Fischfilets in eine tiefe Pfanne legen und mit knapp 1/2 l Wasser und 1/2 l Milch bedecken. Etwa 1 Stunde ruhen lassen. In einem großen Topf Salzwasser zum Kochen bringen. Den Wirsing putzen, vierteln und die dicke Mittelrippe entfernen. Jedes Viertel nochmals halbieren. Den Wirsing ins sprudelnde Wasser geben und etwa 10 Minuten kochen. Inzwischen einen zweiten Topf mit Salzwasser zum Kochen bringen, den Wirsing aus dem ersten Topf herausnehmen, in den zweiten Topf geben und weitere 10 Minuten garen. Wasser abgießen, Wirsing gut abtropfen lassen und warm stellen. Den Schellfisch aus der Pfanne nehmen, das Wasser-Milch-Gemisch wegschütten. Den Fisch wieder in die Pfanne geben und mit dem restlichen 1/2 l Milch bedecken. Sollte er nicht ganz bedeckt sein, etwas Wasser zufügen. Auf mittlerer Stufe zum Kochen bringen und 10 Minuten leise sieden, aber nicht kochen lassen.

6 EL Butter in einem großen Topf bei Mittelhitze zerlassen. Den Wirsing darin leicht andünsten. Kurz umrühren, damit er rundum mit Butter überzogen ist. Auf eine vorgewärmte Platte häufen. Die Fischfilets vorsichtig abseihen und enthäuten. Auf den Wirsing legen und warm stellen. Die restlichen 6 EL (90 g) Butter in einem kleinen Topf bei Mittelhitze zerlassen und leicht anbräunen. Vom Herd nehmen, den Zitronensaft unterrühren und mit Salz und Pfeffer würzen. Die Sauce über den Fisch ziehen, Petersilie darüberstreuen und sofort servieren .

Thon grillé sauce vierge
Gegrillter Thunfisch mit pikanter Tomatensauce

In ganz Frankreich findet man auf den Fischmärkten fangfrischen, riesigen roten Thunfisch, oder **thon rouge**, aus dem sich dicke Steaks zum Grillen oder Schmoren schneiden lassen. Diese Sauce mit den Aromen des Südens ist die ideale Beilage dazu. Das Gericht ist übrigens eine Variante aus dem folgenden Rezept. Reichen Sie einen guten roten Côtes du Rhône, zum Beispiel einen Chateau de Fonsalette, zum Thunfisch.

Sauce für 4 Personen:
3 Tomaten, geschält, entkernt und gehackt
1/8 l bestes kaltgepreßtes Olivenö · 3 EL frisch gepreßter Zitronensaft
3 Knoblauchzehen, gehackt · Salz
eine Handvoll frische Kräuter, am besten eine Mischung aus Kerbel, Schnittlauch, Estragon und Petersilie
Fisch: *500 g frisches Thunfischsteak, gut 7 cm dick*
1 EL bestes kaltgepreßtes Olivenöl

Für die Sauce Tomaten, Olivenöl, Zitronensaft und Knoblauch in einer Schüssel verrühren. Salzen und 1-2 Stunden beiseite stellen, damit sich das Aroma entfalten kann. Kurz bevor der Thunfisch gegrillt wird, die Kräuter unterrühren. Den Ofen vorheizen, den Grill vorbereiten oder eine trockene gußeiserne Pfanne auf höchster Stufe erhitzen. Die Thunfischsteaks mit dem Olivenöl einpinseln und auf jeder Seite 1 Minute grillen bzw. anbraten, so daß sie außen knusprig braun und innen rosa und saftig sind. Den Thunfisch auf eine große, vorgewärmte Platte legen und die Hälfte der Sauce darübergießen. Den Fisch in dicke Streifen schneiden und mit der restlichen Sauce servieren. So schmeckt er auch am nächsten Tag ausgezeichnet kalt oder gemischt mit warmen Nudeln.

Thon à l'ail Arrantzaleak, sauce pipérade

Gegrillter Thunfisch mit Sauce pipérade »Arrantzaleak«

Ich mag Thunfisch in jeder Form, vor allem aber gegrillten Thunfisch. Er ist relativ fett und trotzdem meine ich, daß man noch etwas Fettes dazu essen sollte. Mir schmeckt er ganz ausgezeichnet mit Knoblauch und Öl. Ich habe dieses Gericht zum ersten Mal im »Arrantzaleak« gegessen, einem von Fischern gut besuchten Bistro in Saint-Jean-de-Luz im Baskenland. Trinken Sie dazu einen gut gekühlten Rosé, entweder aus Spanien oder aus Frankreich.

Für 4 Personen:
500 g Thunfischsteak, gut 2 cm dick, abgespült und trockengetupft
3 EL Erdnußöl · frisch gemahlener schwarzer Pfeffer
20 große Knoblauchzehen, in dünne Scheiben geschnitten
1 EL guter Rotweinessig · Salz
Sauce pipérade basquaise (Rezept folgt)

Den Grill vorbereiten bzw. den Ofen vorheizen. Die Fischsteaks auf beiden Seiten mit etwas Öl einpinseln und mit reichlich Pfeffer würzen. Etwa 5 Minuten pro Seite grillen, bis das Fleisch fest wird. Der Fisch sollte innen noch rosa sein. Inzwischen in einer großen, tiefen Pfanne 2 EL Öl auf mittlerer Stufe erhitzen. Wenn es heiß ist, aber nicht raucht, den Knoblauch hineingeben, umrühren und 3-4 Minuten sautieren, bis er goldgelb ist. Mit Essig ablöschen und den Bodensatz lösen. Den Thunfisch mit Salz bestreuen, auf eine vorgewärmte Platte legen und die Knoblauchsauce darübergießen. Sofort servieren und die **pipérade** in einer vorgewärmten Schüssel dazu reichen.

Pipérade basquaise Arrantzaleak

Baskische Pipérade »Arrantzaleak«

Pipérade gehört zu den Gerichten, die einem schon als Name förmlich auf der Zunge zergehen – genauso wie **ratatouille**, **raïto** und **estouffade**. Eine der besten Varianten, die ich bis jetzt kennengelernt habe, aß ich bei meinem ersten Besuch im »Arrantzaleak«, einem gediegenen Fischrestaurant im Baskenland. Hier kommt der Fisch direkt aus dem Wasser auf den Grill, und das Angebot wechselt täglich, je nachdem, was gefangen wurde. Damals stand frischer roter Thunfisch auf der Tageskarte. Wir aßen ihn gegrillt, mit dieser wundervollen Sauce als Beilage. Wenn Sie, wie ich, eine Vorliebe für Tomaten, Paprika und Zwiebeln haben, können Sie das Rezept auch verdoppeln, um immer einen Vorrat davon zu haben. Die **pipérade** paßt zu gegrilltem Fisch und Fleisch, und mit ein paar Eiern haben Sie schnell ein saftiges Omelette daraus zubereitet.

Für 4 Personen:
2 kleine, milde grüne Chillies (nach Belieben)
6 EL bestes kaltgepreßtes Olivenöl

1 kg Tomaten, geschält, entkernt und gehackt

2 mittelgroße Zwiebeln, grob gehackt

3 große grüne Paprikaschoten, halbiert, entkernt und der Länge nach in dünne Streifen geschnitten

3 Knoblauchzehen, gehackt · Salz · frisch gemahlener schwarzer Pfeffer

Bei Verwendung von Chilischoten Gummihandschuhe zum Schutz der Hände anziehen. Den Stielansatz von den Chillies entfernen, die Schoten der Länge nach halbieren und entkernen. In sehr dünne Streifen schneiden und beiseite stellen. In einer großen Pfanne 2 EL Öl auf mittlerer Stufe erhitzen. Wenn es heiß ist, aber nicht raucht, die Tomaten hineingeben und ohne Deckel etwa 10 Minuten köcheln lassen. In einer mittelgroßen Pfanne 2 EL Öl auf mittlerer Stufe erhitzen. Wenn es heiß ist, die Zwiebeln etwa 10 Minuten darin dünsten, bis sie goldgelb sind. In einer anderen Pfanne die restlichen 2 EL Öl erhitzen, Chillies und Paprika darin etwa 10 Minuten anschwitzen, bis sie weich sind. Zwiebeln und Paprika zu den Tomaten geben. Den Knoblauch unterrühren und das Ganze mit Salz und Pfeffer würzen. Ohne Deckel bei schwacher Hitze unter gelegentlichem Rühren 1 Stunde köcheln lassen. Die Pipérade kann warm oder kalt als Beilage zu gegrilltem Fisch oder Fleisch serviert werden.

Escalope de saumon frais rôti à l'huile d'olive
Gebratene Lachsfilets auf Tomatensauce

Dieses delikate und doch einfache Lachsgericht stammt von Guy Jullien, einem von mir sehr geschätzten Küchenchef in der Provence. Sein kleines, ländliches Restaurant »La Beaugravière« ist auf Weine, Trüffeln und eine angenehme Atmosphäre spezialisiert (was braucht man mehr!). Monsieur Jullien tut gern Dinge, die nicht unbedingt der Norm entsprechen, und so servierte er eines Tages einen roten Châteauneuf-du-Pape zu diesem leichten Lachsgericht mit Tomaten-Basilikum-Sauce und Crème fraîche. Er war einfach seinem »geistigen

Gaumen« gefolgt! Rotwein zu Fisch? Warum nicht! Dieser kräftige, vollmundige Wein paßt wunderbar zum aromatischen Lachs.

Für 4 Personen:
knapp 2 EL bestes kaltgepreßtes Olivenöl
2 Schalotten, fein gehackt
4 mittelgroße Tomaten, geschält, entkernt und gehackt
1/8 l Crème fraîche (siehe Seite 272) oder dicke Sahne
4 Lachsfilets mit Haut à 125 g · Salz · 1 großes Bund Basilikum

1 EL Öl in einer kleinen Pfanne auf höchster Stufe erhitzen. Wenn es heiß ist, aber nicht raucht, die Schalotten darin 2-3 Minuten sautieren, bis sie weich, aber nicht gebräunt sind. Die Tomaten zufügen und das Ganze etwa 10 Minuten einkochen lassen, bis die Flüssigkeit zum größten Teil verdampft ist. Auf niedrigste Stufe zurückschalten und die Crème fraîche unterrühren, warm werden lassen und die Sauce beiseite stellen. Den Ofen auf 165° C vorheizen. Lachsfilets mit dem restlichen Olivenöl einpinseln. Eine Teflon-Pfanne von 30 cm Durchmesser auf mittlerer Stufe erhitzen und den Lachs darin mit der Hautseite nach unten ohne Fettzugabe 2 Minuten braten. Salzen, die Filets umdrehen und weitere 2 Minuten garen. Erneut salzen. Den Lachs in einen Bräter legen und in dem auf 165° C vorgeheizten Backofen noch ungefähr 5 Minuten garen, bis er durch ist. Das Basilikum hacken und unter die Sauce rühren. Jeweils einige Eßlöffel Sauce in die Mitte eines vorgewärmten Tellers geben und ein Lachsfilet darauf anrichten. Sofort servieren.

Tip: *Chef de cuisine Gérard Allemandou vom »La Cagouille« in Paris empfiehlt für ganzen Fisch wie auch Fischfilets die Doppel-Garmethode: Der Fisch wird zuerst in einer beschichteten Pfanne mit etwas Sonnenblumenöl auf jeder Seite etwa 2 Minuten angebraten und dann im auf 165° C vorgeheizten Ofen in 3-4 Minuten fertiggegart.*

Saumon à l'unilatéral Chardenoux

Einseitig gebratener Lachs »Chardenoux«

Saumon à l'unilatéral ist eigentlich nichts Besonderes mehr, aber er schmeckt dennoch köstlich. Das Rezept stammt aus dem »Chardenoux«, einem hübschen Pariser Bistro aus der Zeit um die Jahrhundertwende im II. Arrondissement, das neuerdings wieder in Mode gekommen ist. Ich gebe lediglich noch einen Spritzer Zitronensaft auf den Lachs und serviere ihn mit frischen Butternudeln. Dazu reiche ich einen guten Weißwein, zum Beispiel einen trockenen Vouvray. Da der Lachs nicht ganz durchgebraten wird, muß er unbedingt frisch sein!

Für 4 Personen:

4 Lachsfilets mit Haut à 150 g

1 TL bestes kaltgepreßtes Olivenöl · 3 EL Butter · grobes Meersalz

Die Haut des Lachses mit Öl bepinseln, damit sie nicht am Pfannboden kleben bleibt. Die Butter in einer großen Pfanne auf mittlerer Stufe erhitzen, die Lachsfilets mit der Haut nach unten hineinlegen und etwa 6 Minuten ohne zu wenden braten, bis die Haut braun und knusprig ist und das Fleisch dunkler zu werden beginnt. (Wenn er ganz durchgebraten sein soll, die Pfanne zudecken und den Lachs noch 2-3 Minuten länger garen.) Mit Salz bestreuen und sofort servieren.

Kartoffeln mit Räucherschinken

Chef de cuisine José Lampreia vom »Maison Blanche« in Paris empfiehlt, Kartoffeln in der Schale – sie werden lediglich gewaschen – in einer zugedeckten Kasserolle mit einer dicken Scheibe geräuchertem Bauernschinken zu backen. Sie werden 1 Stunde bei etwa 200° C gegart. Danach den Schinken in feine Würfel schneiden und mit den Kartoffeln zu gegrilltem oder gebratenem Lachs servieren.

Daurade grillé, sauce aux poivrons, câpres et cumin Willi's Wine Bar

Goldbrasse mit Paprikasauce »Willis Weinstube«

Mein Mann und ich machten uns an einem Samstag vormittag im Winter auf den Weg zum B.H.V., einem großen Pariser Kaufhaus, das auf Eisen- und Haushaltswaren spezialisiert ist. Natürlich ist der Samstag der schlechteste Tag für solche Unternehmungen, weil jeder Pariser meint – ob er nun praktisch veranlagt ist oder nicht –, einen Nagel, eine Glühbirne, eine Leiter oder ein Verlängerungskabel zu brauchen. Ich ging nur ungern hin: Das Gedränge war furchtbar und das Personal unfreundlich. Da schlug ich vor, in »Willis Weinstube« noch ein spätes Mittagessen einzunehmen. An diesem Tag habe ich zum ersten Mal diese hervorragende gegrillte Goldbrasse gegessen. Sie schmeckte so frisch, als ob sie direkt aus dem Meer auf den Teller gekommen wäre, und war ganz köstlich zubereitet – leichter und aromatischer hätte sie nicht sein können. Die Sauce war nicht nur hübsch anzusehen, sie schmeckte auch ausgezeichnet. Sie paßt zu allen kleinen Fischen, die ich übrigens lieber in der Pfanne brate als grille. Sie können ersatzweise jede Art von Meerbrasse oder auch Regenbogenforelle nehmen. Gut paßt dazu ein kräftiger Weißwein wie Châteauneuf-du-Pape aus Beaucastel.

Für 4 Personen:
5-6 EL bestes kaltgepreßtes Olivenöl
2 große rote Paprikaschoten, entkernt und gewürfelt
2 EL abgetropfte Kapern
2 TL Kreuzkümmel (Cumin)
4 ganze Goldbrassen à 300 g mit Kopf, gesäubert (oder eine andere Meerbrasse oder Regenbogenforelle)
Salz · frisch gemahlener schwarzer Pfeffer

1 EL Öl in einer beschichteten Pfanne auf mittlerer Stufe erhitzen. Wenn das Öl heiß ist, aber nicht raucht, den Paprika darin 4-5 Minuten sautieren, bis er weich ist. Die Pfanne vom Herd nehmen, Kapern und Kreuzkümmel unterrühren. Die Sauce kann vorab zubereitet und kurz vor dem Servieren erhitzt werden. Den Fisch waschen und trockentupfen. Innen mit reichlich Salz und Pfeffer würzen und außen mit Öl einpinseln. In einer großen beschichteten Pfanne 2 EL Öl auf mittlerer Stufe erhitzen. Wenn es heiß ist, 2 Fische hineingeben und 4-5 Minuten auf jeder Seite braten, bis er gar, aber nicht trocken ist. Mit den beiden anderen Fischen ebenso verfahren, ggf. etwas Öl zufügen. Die gebratenen Fische warm stellen. Inzwischen die Sauce erhitzen; 4 Teller anwärmen und mit Olivenöl einpinseln. Die gebratenen Fische mit Salz und Pfeffer würzen und auf die geölten Teller legen. Die Sauce darübergießen und sofort servieren.

Effeuillée d'aile de raie au chou L'Ambroisie
Rochenflügel mit Wirsing »L'Ambroisie«

Das »L'Ambroisie«, eines der besten Pariser Restaurants, hat mit einem Bistro nichts mehr gemein. Anfänglich war es ein kleines Restaurant, in dem einfache Gerichte serviert wurden. Und dieses Gericht, bei dem Rochenflügel und Wirsing verwendet werden – eine typische Bistro-Kombination – steht seit jeher auf der Speisekarte. Der Rochen wird in einer Brühe mit Thymian und Knoblauch gegart, wodurch das zarte Fleisch ein wunderbares Aroma bekommt. Bei dieser Garmethode läßt sich die Haut leicht abziehen. Garen Sie den Fisch nicht zu lange, und lassen Sie ihn gut abtropfen, sonst wird er breiig.

4 Rochenflügel à 500 g · 2 große Zwiebeln, halbiert

1 großes Bund frischer Thymian oder 2 EL getrockneter

1 ganze Knolle Knoblauch, zerdrückt, aber nicht geschält

Salz · frisch gemahlener schwarzer Pfeffer

1/2 kleiner Wirsing, der Länge nach in 8 Stücke geschnitten

1/8 l guter Sherry-Essig

8 EL Butter, gekühlt und in kleine Würfel geschnitten

*2-3 kleine weiße Gemüsezwiebeln, in Julienne-Streifen geschnitten
oder 2-3 Frühlingszwiebeln, in dünne Ringe geschnitten*

Den Fisch waschen und trockentupfen. Halbierte Zwiebeln, Thymian, Knoblauch, Salz und Pfeffer nach Belieben in eine große, tiefe Pfanne geben. Die Rochenflügel darauflegen und mit kaltem Wasser bedecken. Zudecken und auf höchster Stufe zum Kochen bringen. Sobald das Wasser kocht, die Pfanne vom Herd nehmen. 1/4 l Garflüssigkeit in einen kleinen Topf gießen und beiseite stellen. Die Pfanne zugedeckt etwa 10 Minuten beiseite stellen, bis der Fisch gargezogen ist. Inzwischen den Wirsing etwa 10 Minuten dämpfen, bis er weich ist. Die zurückbehaltene Garflüssigkeit auf höchster Stufe zum Kochen bringen und etwa 5 Minuten kochen, bis sie um die Hälfte reduziert ist. Den Essig zufügen und das Ganze 1 Minute kochen. Die Butter nach und nach hineinschlagen – die Sauce darf nicht mehr kochen – und auf niedrigster Stufe warm halten. Die Rochenflügel auf einem Küchentuch abtropfen lassen, die Haut abziehen. Auf 4 vorgewärmte Teller je 2 Stücke Wirsing geben und den Fisch darauf anrichten. Mit Sauce begießen, mit den Gemüse- oder Frühlingszwiebeln bestreuen und sofort servieren.

Le turbot au vinaigre cidre

Steinbutt in Apfelessigsauce

Odile Engel ist eine der bekanntesten Köchinnen in der Normandie, und sie bietet eine **cuisine de ferme**, die sehr einfach, bodenständig und unkompliziert ist. Sie schätzt Fisch und behandelt Steinbutt, Glattbutt, Petersfisch und Scholle mit großer Umsicht. Sie vermeidet auch komplizierte Saucen, weil diese die Fische geschmacklich »erdrücken« würden. In diesem Rezept – es stammt aus ihrem kleinen Restaurant in Le Pavé d'Auge in Beuveron-en-Auge – sind die guten Dinge der Normandie vereint: zarter Steinbutt, köstliche Butter und der in dieser Region so beliebte Apfelessig.

Für 4 Personen:
500 g Plattfischfilets (Steinbutt, Glattbutt, Scholle oder Flunder)
4 EL guter Apfelessig
12 EL Butter, gekühlt und klein gewürfelt
Salz
frisch gemahlener schwarzer Pfeffer

1/2 l Wasser im Dämpftopf auf höchster Stufe zum Kochen bringen. Die Fischfilets in den Dämpfeinsatz legen, auf mittlere Stufe zurückschalten und den Fisch zugedeckt 4-5 Minuten garen, bis er gerade fest ist. Inzwischen in einem kleinen Topf den Apfelessig auf mittlerer Stufe zum Kochen bringen. Nach und nach unter ständigem Rühren die Butterstückchen zufügen, dabei den Topf vom Herd nehmen. Das Ganze rühren, bis die Sauce glatt und cremig ist. Mit Salz und Pfeffer würzen. Die Fischfilets auf vorgewärmte Teller legen und mit der Sauce begießen.

Moules marinières Braderie de Lille

Muscheln auf Seemannsart »Braderie de Lille«

Die Stadt Lille in Nordfrankreich veranstaltet jeden Herbst eine **braderie**, eine Mischung aus Straßenfest und Flohmarkt, zu der bis tief in die Nacht Tausende von Menschen in die Altstadt strömen. Das typische Essen zu dieser Veranstaltung sind Muscheln und Pommes frites: Jedes Café und Restaurant serviert sie, und als Zeichen des guten Appetits häufen sich leere Muschelschalen auf der Straße. Bei einer dieser **braderies** aß ich im »A l'Huîtrière«, einem der hübschesten Restaurants in Lille, die folgende Variante dieses Gerichts, die durch die Beigabe von Thymian und Pfeffer noch mehr Pfiff hat als die ebenfalls ganz ausgezeichneten Muscheln, die auf die übliche Weise zubereitet werden. Es eignet sich sehr gut für ein zwangloses Mittagessen, vor allem, wenn man dazu frisches Baguette mit Butter und gut gekühlten weißen Muscadet reicht.

Für 4-6 Personen:
2 kg frische Miesmuscheln
1/2 l trockener Weißwein, z.B. Riesling
2 große Zwiebeln, fein gehackt
1 Stange Sellerie, fein gehackt
2 große Zweige frischer oder 2 gehäufte TL getrockneter Thymian
frisch gemahlener schwarzer Pfeffer
1 Bund Petersilie, fein gehackt

Die Muscheln gründlich abbürsten und mehrmals in frischem Wasser waschen. Entbarten. (Die Muscheln nicht vorab entbarten, sonst sterben sie und sind nicht mehr genießbar.) Muscheln, Wein, Zwiebeln, Sellerie und Thymian in einen 6 l fassenden Topf geben und den Wein auf höchster Stufe zum Kochen bringen. Die Muscheln etwa 5 Minuten zugedeckt garen, bis sie sich öffnen (nicht länger). Geschlossene Muscheln wegwerfen. Muscheln in der Schale und die Sauce in eine große Schüssel geben. Reichlich schwarzen Pfeffer darübermahlen, mit Petersilie bestreuen und sofort servieren. Frisches Baguette mit Butter und gekühlter Weißwein gehören dazu.

Moules sauce poulette Chez Toutoune
Muscheln mit Sahnesauce »Chez Toutoune«

Dieses wundervolle klassische Bistro-Gericht aß ich zum ersten Mal an einem warmen Sommerabend in dem lebhaften Pariser Bistro »Chez Toutoune«. Ich liebe den Meeresgeschmack der Muscheln und esse sie am liebsten aus der Schale. Wir bereiten sie gern am Samstagabend auf dem Land zu, denn sie sind schnell fertig. Reichen Sie dazu viel geröstetes Bauernbrot zum Auftunken der köstlichen, sahnigen **sauce poulette**, die nur mit einer Spur Thymian gewürzt wird. Dieses Gericht servieren Sie am besten in tiefen Tellern. Trinken Sie dazu den Wein, den Sie zum Kochen der Muscheln verwenden, entweder einen gut gekühlten weißen Muscadet oder einen trockenen weißen Graves.

Für 4 Personen:
2 große Eigelb
1/8 l Crème fraîche (siehe Seite 272) oder dicke Sahne
1 kg frische Miesmuscheln · 3 EL Butter
2 Schalotten, fein gehackt
1/4 l trockener Weißwein, z.B. Muscadet oder Graves
2 TL frische Thymianblätter · frisch gemahlener schwarzer Pfeffer
2 EL Petersilie, gehackt

Den Ofen auf 100° C vorheizen. 4 Suppenteller und eine große Suppenterrine zum Anwärmen in den Ofen stellen. Eigelbe und Crème fraîche in einer kleinen Schüssel gründlich verrühren und beiseite stellen. Die Muscheln gut abbürsten und mehrmals in frischem Wasser waschen. Entbarten. (Die Muscheln nicht vorab entbarten, sonst sterben sie ab und sind ungenießbar.) Die Butter in einer großen Pfanne bei Mittelhitze zerlassen. Die Schalotten darin etwa 2 Minuten dünsten, bis sie weich und glasig sind. Muscheln, Wein und Thymian zufügen und auf höchster Stufe unter gelegentlichem Rühren 3-4 Minuten zugedeckt garen, bis sich die Muscheln öffnen. Nicht länger, sonst wird das Muschelfleisch zäh. Die Pfanne vom Herd nehmen. Die Muscheln mit einem Schaumlöffel herausheben und in die vorgewärmte Terrine geben. Geschlossene Muscheln wegwerfen. Die Terrine abdecken und in den warmen Ofen stellen. Die Garflüssigkeit der Muscheln durch ein mehrlagiges, feuchtes Mulltuch abseihen. Den Sud wieder in die Pfanne geben (diese vorher ausspülen, um den Sand von den Muscheln zu entfernen) und die Mischung aus Crème fraîche und Eigelb unterrühren. Die Sauce langsam wieder erhitzen, aber nicht kochen lassen, und über die Muscheln gießen. Reichlich Pfeffer darübermahlen, mit Petersilie bestreuen und servieren.

Moules »brûle doigts« La Cagouille
»Verbrenn-dir-die-Finger«-Muscheln »La Cagouille«

Manche Rezepte sind derart einfach, daß sich Anweisungen fast erübrigen. Diese Art der Zubereitung ist eine der schnellsten, leichtesten und besten für ganz frische Muscheln, die ich kenne. Bei Gérard Allemandou, dem exzentrischen, talentierten Küchenchef und Inhaber des Pariser Fisch-Bistros »La Cagouille«, steht dieses Gericht fast immer auf der Speisekarte. Seine Vorliebe für diese Zubereitungsart liegt, wie so oft, in seiner Kindheit begründet: Allemandou ist in der Charente aufgewachsen, die für ihren Fisch und Cognac berühmt ist, und damals öffneten die Hausfrauen die Muscheln direkt über dem Feuer, auf gußeisernen Öfen, die mit Holz geheizt wurden. Kein Wein, keine Schalotten, keine aufwendige Zubereitung, nur Muscheln pur, auf die zum Schluß etwas frisch gemahlener schwarzer Pfeffer kam. Man aß die Muscheln traditionell gleich vom Herd weg, sobald sie sich geöffnet hatten, daher der Name **brûle doigts** oder »Verbrenn-dir-die-Finger«.

Als Vorspeise für 4 Personen,
als Hauptgericht für 2 Personen:

---

750 g frische Miesmuscheln

---

frisch gemahlener schwarzer Pfeffer

Die Muscheln gründlich abbürsten und mehrmals in frischem Wasser waschen. Entbarten. (Die Muscheln nicht vorab entbarten, sonst sterben sie ab und sind nicht mehr genießbar.) Eine große gußeiserne Pfanne auf höchster Stufe ohne Fett erhitzen. Wenn ein Tropfen Wasser sofort zischend verdampft, ist die Pfanne heiß genug. Alle Muscheln hineingeben und die Pfanne rütteln. Sie sollten sich sofort zu öffnen beginnen. Die Pfanne weiter rütteln, bis sich alle Muscheln geöffnet haben. Wird sie zu trocken, die Pfanne mit etwas Wasser befeuchten. Wenn sich alle Muscheln geöffnet haben, reichlich schwarzen Pfeffer darübermahlen und sie sofort servieren, entweder direkt in der Pfanne oder auf Tellern.

Moules à la provençale
Muscheln auf provenzalische Art

Müßte ich eine Liste mit Kochzutaten machen, die mir von allen am liebsten sind, dann würden sicher Muscheln, Tomaten, Knoblauch, Olivenöl und Weißwein dazugehören. Hier sind sie alle in einem Gericht vereint. Ich serviere sie meist in ockerfarbenen Suppentassen. Die Farben erinnern an die Sonne, und man bekommt Lust zu laufen, zu tanzen, zu schwimmen und zu essen! Reichen Sie dazu frisch geröstetes Brot und einen schönen, gut gekühlten Weißwein oder Rosé.

Als Vorspeise für 4 Personen,
als Hauptgericht für 2 Personen:

750 g frische Miesmuscheln

1/4 l trockener Weißwein

4 Knoblauchzehen, grob gehackt

2 Lorbeerblätter · 4 Schalotten, grob gehackt

750 g Eiertomaten, geschält, entkernt und gehackt
ersatzweise 1 große Dose (800 g) Tomaten, abgetropft

1/4 TL roter Chili, zerkleinert · 1 EL bestes kaltgepreßtes Olivenöl

3 EL glattblättrige Petersilie, gehackt

Die Muscheln gründlich abbürsten und mehrmals in frischem Wasser waschen. Entbarten. (Die Muscheln nicht vorab entbarten, sonst
sterben sie ab und sind nicht mehr genießbar.) Zusammen mit Wein,
Knoblauch, Lorbeerblättern und Schalotten in eine große Pfanne geben und zugedeckt 3-4 Minuten garen, bis sie sich gerade zu öffnen
beginnen, nicht länger. Die Pfanne vom Herd nehmen. Die Muscheln mit einem Schaumlöffel herausheben, geschlossene Exemplare wegwerfen. Die Garflüssigkeit durch ein mehrlagiges, feuchtes
Mulltuch abseihen und beiseite stellen. Wenn die Muscheln etwas
abgekühlt sind, jeweils die Hälfte der Schale entfernen und die Muscheln in der Schale auf 4 Suppentassen verteilen. Die Pfanne ausspülen, damit kein Sand zurückbleibt. Die abgeseihte Garflüssigkeit
wieder hineingeben, Tomaten und Chili zufügen. Auf höchster Stufe
zum Kochen bringen und 2-3 Minuten köcheln lasssen. Das Olivenöl
unterrühren. Die Sauce über die Muscheln gießen, das Ganze mit Petersilie bestreuen und servieren.

Les praires farcies Lou Bacchus
Venusmuscheln mit Knoblauch »Lou Bacchus«

Das »Lou Bacchus« ist ein kleines Pariser Café, das zu einem Fisch-Bistro wurde. Das gemütliche Lokal wurde eine Zeitlang von einer jungen Frau geführt – sie war gleichzeitig Chef de cuisine–, die in dem hervorragenden Pariser Restaurant »La Cagouille« gelernt hatte. Eines Abends servierte sie mir dieses klassische Gericht, das mich entzückte. Sie sollten darauf achten, die Muscheln nicht zu lange zu garen, sonst werden sie zäh. Hier beim Knoblauch ausnahmsweise etwas zurückhaltend sein, damit er nicht das zarte Aroma der jodreichen Muscheln übertönt. Reichen Sie dazu einen frischen, gut gekühlten Muscadet.

Für 4 Personen:
36 Venusmuscheln, unter fließendem kaltem Wasser gründlich abgebürstet
Salz (nach Belieben) · 1/2 l trockener Weißwein, z.B. Aligoté
1 kleine Zwiebel, fein gehackt
3 Knoblauchzehen, fein gehackt
1 kleines Bund glattblättrige Petersilie, fein gehackt

Um zu prüfen, ob die Muscheln sandig sind, ein Exemplar davon garen, bis es sich öffnet. Findet sich kein Sand, mit dem Rezept fortfahren. Falls die Muscheln sandig sind, in einen großen Eimer mit kaltem Salzwasser schütten (70 g Salz auf 1 Liter Wasser) und 2 Stunden ruhen lassen. Die Schalen mit einer kräftigen Bürste gründlich unter fließendem Wasser abbürsten. Den Ofen auf 260°C vorheizen. Muscheln und Wein in einen großen Topf geben und bei Mittelhitze 3-4 Minuten unter gelegentlichem Rütteln garen, bis die Muscheln sich zu öffnen beginnen. Sobald sie alle aufgegangen sind, mit einem Schaumlöffel herausheben. Geschlossene Exemplare wegwerfen. Die Zwiebel in den Topf geben, auf höchste Stufe schalten und den Sud

etwa 10 Minuten einkochen, bis die Flüssigkeit um die Hälfte reduziert ist. Inzwischen die obere Hälfte der Muschelschalen entfernen.
Ein scharfes Messer unter das Muschelfleisch schieben und den Mus-
kel durchschneiden, um es von der Schale zu lösen. Die Muscheln
nebeneinander in eine ofenfeste Form legen (nötigenfalls 2 Formen
nehmen). Den eingekochten Sud durch ein mehrlagiges, feuchtes
Mulltuch direkt über die Muscheln seihen. Knoblauch und Petersilie
darüberstreuen und die Muscheln im Ofen 2-3 Minuten erhitzen.

Huîtres et saucisses L'Huître Joyeuse
Austern und Frikadellen »L'Huître Joyeuse«

Ich hatte schon vor langer Zeit von diesem traditionellen Imbiß der
Fischer gehört, Austern und gut gewürzte Frikadellen, die mit
Weißwein hinuntergespült werden, aber ich mußte erst nach Bordeaux fahren, um tatsächlich in diesen Genuß zu kommen. Küchenchef Francis Garcia – inzwischen im »Le Chapon Fin« – hat diesen
Imbiß einmal an einem kalten Wintertag zubereitet und mir gezeigt,
wie man ihn richtig ißt: Zuerst kommt eine kalte Auster, dann ein
Bissen Frikadelle und danach ein Schluck gut gekühlter Weißwein.
Die Frikadelle mildert den Salzgeschmack der Austern, und es bleibt
eine angenehmer Geschmack auf der Zunge zurück. Dieses Gericht
gehört zu den Kombinationen von Speisen und Wein, die ich am
meisten schätze, denn die kräftigen Aromen machen so richtig mun-
ter und halten stundenlang fit! Von diesem Imbiß gibt es verschiedene Varianten: Ich habe ihn schon mit pikant gewürzten Frikadellen und mit kleinen Würsten gesehen, die heiß oder kalt serviert
werden. Das Gericht hat zwar viele Namen (am bekanntesten ist
huîtres à la charentaise), aber ich wollte es nach dem Austernfest
nennen, das ich einmal im August in Gujan-Mestras besucht habe, einem Dorf an der Atlantikküste, wo Austern gezüchtet werden. Das
Festlokal trug den treffenden Namen »L'Huître Joyeuse« – Die glück-
liche Auster! Trinken Sie dazu einen jungen, gut gekühlten weißen
Graves.

Für 4 Personen:
1 Dutzend Austern, die Schalen gut unter fließendem kaltem Wasser abgebürstet, geöffnet · gestoßenes Eis
250 g Wurstbrät aus Schweinefleisch
1 EL frischer oder 1 TL getrockneter Thymian
1 TL roter Chili, zerstoßen
1/4 TL Meersalz

Die Austern so auf einer Platte mit gestoßenem Eis anrichten, daß keine Flüssigkeit verlorengeht. Locker mit Alufolie abdecken und in den Kühlschrank stellen. 10 Minuten vor dem Servieren aus dem Kühlschrank holen. Wurstbrät, Thymian, Chili und Salz in einer mittelgroßen Schüssel mit den Händen gründlich vermengen. Aus der Mischung 4 gleich große, etwa 1,5 cm dicke Frikadellen formen. Die Frikadellen bei Mittelhitze in einer Pfanne auf jeder Seite etwa 5 Minuten braten, bis sie außen goldbraun und innen gar sind. Auf Küchenkrepp abtropfen lassen. Frikadellen und Austern sofort servieren. Dazu knuspriges, mit Butter bestrichenes Brot und gut gekühlten Weißwein reichen.

Cromesquis de huître, sauce tartare
Austernkroketten mit Sauce tartare

In schwimmendem Fett ausgebackener Fisch mit Sauce tartare ist eigentlich nichts Besonderes. Diese Variante aber stammt aus gutem Hause. Das Rezept kommt aus dem »L'Ambroisie«, einem der besten Restaurants in Paris. Es mag zwar nicht so ganz in die bodenständige Bistro-Küche passen, bietet aber für zu Hause eine hübsche und leichte Vorspeise. Bereiten Sie die Zutaten soweit möglich schon vor und bitten Sie die Gäste frühzeitig zu Tisch, damit sie die Austern ganz heiß serviert bekommen! Ich finde die außen knusprigen, goldbraunen Kroketten mit den saftigen, frischen Austern innen ausgesprochen köstlich. Die milde Schärfe des fritierten Lauchs und die leichte Version der Sauce tartare, die mit steifgeschlagener Sahne statt mit Mayonnaise zubereitet wird, vervollständigen das Ganze.

Als Vorspeise für 6 Personen,
als Hauptgericht für 2 Personen:

---

1 l Erdnußöl zum Fritieren

---

1 Stange Lauch (nur der weiße Teil), geputzt und gut gewaschen

---

12 große, frische Austern, die Schalen gut abgebürstet

---

70 g Mehl · 2 Eier · 2 Eigelb · 140 g frische Semmelbrösel

Sauce tartare: *2 EL sehr fein gehackte Cornichons oder Dillgurke*

---

2 EL abgetropfte Kapern, sehr fein gehackt · 1 TL Dijon-Senf

1/2 TL Paprika · 1 Handvoll glattblättrige Petersilie, fein gehackt

---

1/8 l Crème fraîche oder dicke Sahne, gut gekühlt

Das Öl in einem schweren, 2 l fassenden Edelstahltopf zum Fritieren der Lauchstreifen auf 140° C erhitzen. Den Lauch in sehr, sehr dünne, etwa 7 cm lange Juliennestreifen schneiden, nach und nach jeweils 4-5 Minuten fritieren, bis er goldbraun ist. Das Öl darf nicht zu heiß sein, sonst wird er schwarz. Auf Küchenkrepp abtropfen lassen und beiseite stellen. Dieser Arbeitsgang kann bis zu 2 Stunden im voraus erledigt werden. Das Öl für die Austern zurückbehalten. Die Austern öffnen, die Flüssigkeit auffangen und Sand oder Schalensplitter entfernen. In einen kleinen Topf gießen und auf höchster Stufe zum Kochen bringen. Die Austern hineingeben und 30 Sekunden pochieren. Austern aus dem Topf nehmen, Flüssigkeit beiseite stellen und abkühlen lassen. Die Austern wieder in die Flüssigkeit geben, damit sie prall und saftig bleiben. Auch dieser Arbeitsgang kann bis zu 2 Stunden im voraus erledigt werden. 3 tiefe Teller zum Panieren der Austern bereitstellen: in den einen kommt das Mehl, in dem anderen werden die beiden Eier und die zwei Eigelbe leicht aufgeschlagen und in den dritten kommen die Semmelbrösel. Für die Sauce tartare Cornichons, Kapern, Senf, Paprika und Petersilie in eine kleine Schüssel geben. In einer mittelgroßen Schüssel die Crème fraîche oder dicke Sahne steifschlagen. Die Mischung aus der kleinen Schüssel gründlich unterziehen. Eventuell nachwürzen. Die Tatarensauce beiseite stellen. Das Öl zum Fritieren der Austern auf 190° C erhitzen. Die Austern abtropfen lassen und nacheinander in Mehl wenden. In die Eimischung tauchen und anschließend in den Semmelbröseln wälzen. 3 oder 4 Austern auf einmal etwa 1 Minute fritieren, bis sie goldbraun sind. Die Austern auf großen Tellern anrichten, ein »Nest« fritierter Lauchstreifen darauf setzen und einen Löffel Sauce tartare daneben plazieren.

Huîtres froides nappées d'une crème d'huître Léon de Lyon
Kalte Austern im Spinatmantel mit Austerncreme »Léon de Lyon«

Als ich das letzte Mal im »Léon de Lyon« – es gehört zu den Restaurants in Frankreich, die ich bevorzuge – zu Mittag aß, bestand Küchenchef Jean-Paul Lacombe darauf, daß ich diese köstliche Vorspeise probierte. Die Zusammenstellung von Austern, Spinat und Sahne, eine Verbindung delikater, ausgeprägter Aromen, ist wirklich gelungen. Das Gericht ist in der Zubereitung zeitaufwendig, aber es läßt sich gut vorbereiten. Die Austern werden in der Schale serviert, was ihnen ein besonders hübsches Aussehen verleiht.

Für 4 Personen:
18 frische Austern in der Schale · etwa 1/2 l dicke Sahne
2 TL guter Sherry-Essig · Salz · frisch gemahlener schwarzer Pfeffer
ca. 12 große Spinatblätter
frischer Seetang zum Anrichten (nach Belieben)
eine Prise Paprika, edelsüß

Die Austern vorsichtig öffnen und die Flüssigkeit auffangen. (Das kann auch der Fischhändler machen, aber die Austern sollten nur wenige Stunden vor Zubereitung des Gerichts geöffnet werden. Am besten beläßt man die Austern mit der Flüssigkeit in der Schale, damit sie möglichst lange frisch bleiben.) Die Flüssigkeit durch ein mehrlagiges, feuchtes Mulltuch abseihen. Die Austern kalt stellen.

Die Flüssigkeit abmessen. Bei mehr als 1/8 l die Flüssigkeit bei Mittelhitze auf etwa 1/8 l einkochen (bei 1/8 l oder weniger Flüssigkeit, ist dies nicht notwendig). Die Sahne in einem kleinen Topf bei Mittelhitze auf etwa 1/8 l reduzieren. Sahne und Austernflüssigkeit miteinander verrühren und kalt stellen. 6 Austern durch ein feinmaschiges Sieb passieren. Die durchpassierten Austern und den Essig unter die Sahnemischung rühren, sobald sie kalt ist. Mit Salz und Pfeffer abschmecken und wieder kalt stellen. Die Spinatblätter putzen und die Stengel entfernen. Die Blätter in sprudelndem Salzwasser etwa 30 Sekunden blanchieren.Gut abtropfen lassen. Die Blätter flach auf ein Brettchen legen und die harte Mittelrippe herausschneiden. Auf jedes Blatt 1 frische Auster geben, die Schale vorerst beiseite legen. Das Ende und die Seiten über der Auster einschlagen und das Blatt vom Stielansatz heraufrollen, so daß ein kleines Päckchen entsteht. (Die Spinatblätter sollen nur so groß sein, daß sich die Austern gut einwickeln lassen. Der Spinatgeschmack soll nicht überwiegen.) Die eingewickelte Auster wieder in die Schale geben. Mit den restlichen 11 Austern ebenso verfahren. Etwas frischen Seetang auf einen großen Teller geben. (Wenn Sie keinen frischen Seetang bekommen, können Sie die Austern auch auf speziellen Tellern oder auf einem Bett aus grobem Meersalz servieren.) Die Austern auf dem Teller anrichten, die Sahnesauce darübergießen und mit Paprika bestreuen. Sofort servieren. Die Austern sollen gut gekühlt gegessen werden.

Coquilles Saint-Jacques à la provençale
L'Ami Louis

Jakobsmuscheln auf provenzalische Art »L'Ami Louis«

Ich mag normalerweise auch keine Rezepte, in denen auf andere verwiesen wird, aber haben Sie dieses eine Mal Nachsicht mit mir, es ist wirklich der Mühe wert. Solange ich mich erinnern kann, habe ich jedesmal im Winter in Paris, im »L'Ami Louis« eine riesige, noch brutzelnde Portion **coquilles Saint-Jacques** gegessen. Allerdings habe ich das Originalrezept abgeändert; ich nehme zusätzlich Thymian und Basilikum und gare den Knoblauch etwas länger, denn ich empfinde ihn dann als viel bekömmlicher. Ich reiche dazu einen frischen Weißwein aus der Provence.

Für 4 Personen:
Tomaten auf provenzalische Art (siehe Seite 101)
eingelegter Knoblauch (Rezept folgt)
1 EL Geflügelfett · 12 große Jakobsmuscheln
Salz · frisch gemahlener schwarzer Pfeffer · eine Prise Thymian
24 Basilikumblätter, gewaschen und trockengetupft

Etwa 1 Stunde vor dem Essen die Tomaten auf provenzalische Art zubereiten, ebenso den eingelegten Knoblauch. Ist er bereits vorbereitet, den Knoblauch in einem kleinen Topf erwärmen und warm halten. Das Geflügelfett in einer großen beschichteten Pfanne auf mittlerer Stufe erhitzen, die Muscheln hineingeben und auf jeder Seite etwa 3 Minuten garen, bis sie fast gar sind. Mit reichlich Salz, Pfeffer und Thymian würzen. Werden die Muscheln in mehreren Gängen gebraten, die fertig gegarten neben dem Ofen warm halten, aber nicht in den Ofen stellen, sonst werden sie zäh. Je 3 Muscheln auf 4 vorgewärmte Teller legen. Die Basilikumblätter mit der Schere zerkleinern und darüberstreuen. Einige Knoblauchzehen, ein bißchen Öl und 2 Tomaten daneben anrichten und sofort servieren.

L'ail confit
Eingelegter Knoblauch

Ergibt 1/4 l:

4 Knollen Knoblauch, 1/4 l bestes kaltgepreßtes Olivenöl

Die Knoblauchzehen schälen, in einen kleinen Topf geben und mit Öl bedecken. Auf mittlerer Stufe zum Köcheln bringen und den Knoblauch etwa 20 Minuten garen, bis er weich ist. Er kann sofort verwendet oder unbegrenzt lange aufbewahrt werden. Dazu die Mischung abkühlen lassen und sie in ein gut verschließbares Glas füllen. Der Knoblauch muß mit Öl bedeckt sein. Das Glas im Kühlschrank aufbewahren. Den Knoblauch zum Servieren aus dem Öl nehmen und bei schwacher Hitze erwärmen. Das Öl kann für eine aromatische Vinaigrette genommen werden.

Pétoncles au four La Tupiña
Jakobsmuscheln aus dem Ofen »La Tupiña«

An einem sehr kalten Winterabend in Bordeaux, als es zu schneien begann (wir wußten damals noch nicht, daß uns eine ganze Woche Schneesturm bevorstand), suchten wir uns im »La Tupiña« einen Tisch in der Nähe des Kamins und schlemmten, als ob wir die nächsten Wochen nichts Anständiges mehr zu essen bekommen würden. Man servierte uns eine Platte noch dampfender **pétoncles**, den etwas kleineren Jakobsmuscheln aus dem Atlantik mit rosafarbener Schale. Sie waren ganz frisch und saftig. Dazu wurde eine Mischung aus Schalotten, Sherry-Essig und fruchtig schmeckendem Olivenöl gereicht, eine wunderbare Kombination aus unterschiedlichen Aromen, Farben und Geschmacksrichtungen. Dies hier ist eine leicht abgewandelte Variante. Das Gericht schmeckt ebensogut mit Venusmuscheln. Die Hauptsache ist, Sie nehmen ganz frische Muscheln. Mit knusprigem Baguette und gut gekühltem weißem Graves fühlt man sich wie im siebten Himmel.

Für 4 Personen:
1 kg Jakobs- oder Venusmuscheln in der Schale, unter fließendem kaltem Wasser gründlich abgebürstet
4 EL bestes kaltgepreßtes Olivenöl
2 Schalotten, fein gehackt
2 EL guter Sherry-Essig
frisch gemahlener schwarzer Pfeffer nach Belieben

Den Ofen auf 230 °C vorheizen. Die Muscheln in eine große, ofenfeste Form geben und im Ofen 8-10 Minuten garen, bis sie sich öffnen. Inzwischen die restlichen Zutaten in einer kleinen Schüssel verrühren. Die Sauce auf 2 kleine Auflaufformen verteilen. Die Muscheln in der Schale in einer großen Schüssel servieren. Das Fleisch mit einer kleinen Gabel oder den Fingern aus der Schale lösen und in die Sauce tunken.

Gambas grillées au sel de Guérande Chez Géraud

Auf Meersalz gegrillte Riesengarnelen »Chez Géraud«

Ein Freund rief mich an einem Freitag morgen an und erzählte mir von einem neuen Pariser Bistro, das er besucht hatte. Es war das »Chez Géraud«, das von Géraud Rongier, dem geselligen Inhaber des beliebten Pariser Weinlokals »Le Val d'Or« geführt wird. Wir gingen sofort hin, und mein Mann aß an diesem Abend diese ausgezeichneten gegrillten Garnelen als Vorspeise. Nach einigen Experimenten habe ich festgestellt, daß man mit Gambas, ob frisch oder gefroren, am besten fährt, wenn man sie in der Schale gart und sie vorher einige Stunden mariniert, damit sie beim Garen nicht zu trocken werden. Voilà! Ein wunderbares Gericht, das bei uns so oft auf den Tisch kommt, wie es die Brieftasche erlaubt. Ein trockener Weißwein ist ein idealer Begleiter, zum Beispiel ein Vouvray aus dem Loiretal.

Als Vorspeise für 4 Personen,
als Hauptgericht für 2 Personen:

16 große Riesengarnelen,
vorzugsweise mit intakter Schale, ohne Kopf

2 EL bestes kaltgepreßtes Olivenöl

1 TL frischer oder 1/2 TL getrockneter Thymian

2 EL grobes Meersalz, vorzugsweise aus der Bretagne

Die Garnelen waschen und trockentupfen. Mit Öl und Thymian in eine tiefe Schüssel geben, gut abdecken und mindestens 2 Stunden vor der Zubereitung kalt stellen. 10 Minuten vor der Zubereitung aus dem Kühlschrank holen. Den Grill vorbereiten bzw. den Ofen vorheizen. Das Meersalz auf ein Backblech streuen und die Gambas nebeneinander darauflegen. In etwa 12 cm Abstand von der Wärmequelle 1-2 Minuten grillen, bis das Fleisch gar, aber noch weich ist. (Man riecht es, wenn sie fertig sind. Sie verströmen dann einen angenehmen Meergeruch.) Die Garnelen wenden und auf der anderen Seite ebenfalls 1-2 Minuten grillen. Die Garnelen auf 4 vorgewärmte Teller verteilen. Sie sind bei dieser Zubereitung so köstlich, daß man auf Sauce oder Zitronensaft verzichten kann. Die Gäste schälen die Garnelen selbst. Stellen Sie deshalb Schälchen mit Wasser und einer Zitronenscheibe bereit für die Finger und einen Teller für die Garnelen-Schalen.

Salade de calmars marinés
Marinierter Tintenfischsalat

Mein Fischmarkt am Ort bietet eine große Auswahl an frisch zubereiteten Gerichten, vom Fisch-**choucroute** bis zu köstlichen Fischterrinen, die scheibenweise verkauft werden. Ich nehme oft etwas fürs Mittagessen mit, wenn ich dort einkaufen gehe. Zu den Gerichten, die ich bevorzuge, zählt der marinierte Tintenfischsalat, der immer schmeckt. Ich habe meine eigene Variante entwickelt und füge

Tomaten hinzu, dafür verwende ich etwas weniger Öl. Der Salat ist im Sommer mit frischem Bauernbrot und einem Glas gut gekühlten Rosé aus dem exzellenten Angebot der Domaine Tempier in Bandol, ein ausgezeichnetes Mittagessen. Man kann den Tintenfisch auch auf gemischtem grünen Salat servieren; das ergibt einen etwas gehaltvolleren **salade composée**. Selbst in den Wintermonaten erinnert er an Sonnenschein und Sommer. Und vergessen Sie nicht: Tintenfisch ist in Sekundenschnelle gar. Wenn Sie ihn zu lange kochen, wird er zäh wie Gummi. Also, gut aufgepaßt!

Für 4 Personen:

---

1 TL guter Rotweinessig

---

2 EL plus 1 TL frisch gepreßter Zitronensaft

Salz · 4 EL bestes kaltgepreßtes Olivenöl

---

2 Tomaten, entkernt und gehackt

---

3 EL glattblättrige Petersilie, fein gehackt

---

eine Prise Chili, zerrieben · eine Prise Thymian

---

1 Frühlingszwiebel, in Ringe geschnitten

---

500 g Tintenfisch, gesäubert (siehe Seite 85), in dünne Ringe geschnitten, die Tentakel zurückbehalten

---

Essig und 1 TL Zitronensaft in einer mittelgroßen Schüssel mit Salz verrühren. 3 EL Öl, Tomaten, Petersilie, Chili, Thymian und Frühlingszwiebel zufügen, alles gut vermischen und beiseite stellen. 3 l Wasser zum Kochen bringen. Nach dem Aufkochen 2 EL Salz zufügen. Tintenfischringe und Tentakel hineingeben und nicht länger als 1 Minute kochen, d.h. so lange, bis der Fisch nicht mehr glasig ist. (Ich probiere ihn bereits, wenn er erst kurz im Wasser ist; sobald er gar ist, gieße ich ihn durch ein großes Sieb ab.) Den Tintenfisch gut abtropfen lassen. Den abgetropften Tintenfisch in die Marinade geben und gründlich umrühren. Das restliche Olivenöl und 2 EL Zitronensaft zufügen. Eventuell noch nachsalzen. Den Salat mindestens 3 Stunden vor dem Servieren im Kühlschrank ziehen lasssen. Den Tintenfisch auf kleinen Salattellern oder auf einem Bett aus angemachtem grünen Salat servieren. (Der marinierte Tintenfisch sieht auf einem Bett aus Feldsalat, gemischt mit etwas rotem Radicchio, sehr hübsch aus.) Mit frischem Bauernbrot und einem Glas gut gekühltem Rosé servieren.

Les volailles et le lapin

Geflügel und Kaninchen

Ich glaube, ich habe Geflügel erst zu dem Zeitpunkt den gebühren-
den Respekt erwiesen, als ich anfing, für dieses Buch Rezepte zu sam-
meln. Wie in den meisten Familien gab es auch bei uns immer die
gleichen drei oder vier Gerichte mit Huhn, meistens mit gebratenen
Hühnerteilen. Und das war es auch schon. Wenn Sie mich heute nach
meinen zehn Lieblingsgerichten fragen, gehört bestimmt ein flei-
schiges, goldbraunes Huhn oder ein Perlhuhn aus Freilandhaltung
dazu, einfach im Ofen oder am Spieß gebraten. Ich fühle mich hier
mehreren Köchen zu besonderem Dank verpflichtet, vor allem dem
verstorbenen Antoine Magnin vom »L'Ami Louis« in Paris und Marie-Louise Auteli vom »Chez Tante Paulette« in Lyon, die mir gezeigt haben, was man aus einem einfachen Huhn alles machen kann.
Sie finden in diesem Kapitel auch »gesunde« Rezepte für Geflügel
und Bistro-Klassiker, wie das nach wie vor beliebte Kaninchen in
Senfsauce, die berühmte Ente mit Oliven aus dem »Chez Allard« in
Paris und zwei Rezepte für Huhn in Essigsauce – eine ausgesprochen
köstliche Kombination.

Poulet rôti L'Ami Louis

Brathähnchen »L'Ami Louis«

Von den Dutzenden von Bistro-Gerichten, die ich im Laufe der Jahre immer wieder probiert habe, rangiert das Brathähnchen vom »L'Ami Louis« ganz oben auf der Liste. Angenehm daran ist, daß es sich einfach zubereiten läßt. Das Geheimnis ist, das Huhn vor dem Braten mit Gänseschmalz oder einem anderen Geflügelfett einzureiben. Es wird im heißen Ofen gegart, dann werden zerlassene Butter und Wasser mit der Garflüssigkeit verrührt. Die frische, feste Kresse mit ihrem etwas scharfen Geschmack rundet das Ganze wunderbar ab.

Für 4-6 Personen

---

1 ganzes Brathuhn (1,5-2 kg), gründlich gewaschen, trockengetupft

---

1 EL Geflügelfett, ersatzweise Butter

Salz · 4 EL Butter · 1 Schälchen Kresse

Den Ofen auf 220 °C vorheizen. Leber, Magen, Herz und Hals in die Bauchhöhle des Huhns stecken, das Huhn mit Küchengarn zusammenbinden, in einen Bräter legen, von allen Seiten mit Geflügelfett einreiben und salzen. Den Bräter auf die mittlere Schiene des Ofens stellen. Das Huhn alle 10 Minuten mit Bratensaft begießen, damit es gleichmäßig bräunt und nicht austrocknet. So lange braten, bis klarer Saft austritt, wenn man den Hühnerschenkel mit einer Gabel ansticht. Das ist bei einem 2 kg schweren Huhn nach etwa 1 1/2 Stunden der Fall. Das Huhn aus dem Ofen nehmen und 10 Minuten ruhen lassen. Den Fleischsaft in den Bräter gießen, Butter und 3 EL Wasser zugeben und den Bratensatz auf höchster Stufe ablöschen. Dabei alle Hautstückchen vom Boden lösen, und das Ganze 2-3 Minuten einkochen, bis es sämig ist. Das Huhn zerlegen, die Stücke auf einer vorgewärmten Platte anrichten und mit Sauce begießen. Rundum mit Kresse garnieren und sofort servieren.

Hühnersalat – einmal anders

Küchenchef und Lehrkoch Jacques Pépin serviert zu seinem Brathähnchen einen einfachen, gemischten grünen Salat, dessen Aroma er intensiviert, indem er zum angemachten Salat 1 Eßlöffel Bratensaft vom Huhn gibt und ihn noch einmal durchmischt. Für das Huhn empfiehlt er: »Bei hoher Temperatur braten, damit es knusprig wird; begießen, gut darauf achtgeben und dann sogleich servieren. Ein Huhn, das länger als eine halbe Stunde auf das Servieren wartet, beginnt schon, wie aufgewärmt zu schmecken.«

Poulet rôti aux herbes Pile ou Face
Brathähnchen mit Kräuterkruste »Pile ou Face«

Das schöne »Pile ou Face« (etwa »Kopf oder Zahl«) ist eines jener Pariser Lokale, in denen es die besten Brathähnchen gibt. Es wird von drei Herren geleitet, deren Spezialität **produits de la ferme** sind, frische Produkte vom eigenen Bauernhof in der Normandie. Küchenchef Claude Udron und seine Partner halten dort nicht nur Hühner und Kaninchen; sie haben auch einen großen Kräutergarten mit Sauerampfer, Estragon, Kerbel, Petersilie und Dill, welche man für die köstliche, aromatische Kräuterkruste benötigt. Die wichtigsten Zutaten für dieses Rezept sind frischer Sauerampfer und ein großes frisches Brathähnchen. Es wird mit Eigelb eingepinselt, damit die Kräuter besser haften bleiben. Wenn sie sich beim Braten zum Teil lösen, ist es nicht weiter schlimm, denn dann verfeinern sie eben die aromatische Sauce!

Für 4-6 Personen:

---

ca. 100 g frische Sauerampferblätter jeweils etwa 20 g frischer Estragon, frischer Kerbel, frische, glattblättrige Petersilie, frischer Dill, krausblättrige Petersilie

---

1 Brathähnchen (1,5-2 kg) · 2 Eigelb, aufgeschlagen

Salz · frisch gemahlener schwarzer Pfeffer · 3 EL Butter

Den Ofen auf 220°C vorheizen. Sauerampfer und Kräuter waschen und trockentupfen. Grobe Stengel des Sauerampfers wegschneiden. Die Blätter zusammen mit den Kräutern in der Küchenmaschine sehr fein hacken. Leber, Magen, Herz und Hals in die Bauchhöhle des Huhns stecken, es mit Küchengarn zusammenbinden und in einen Bräter legen. Von allen Seiten mit Eigelb bestreichen und mit reichlich Salz und Pfeffer würzen. Mit der Kräutermischung bestreuen und diese andrücken; das Huhn soll gleichmäßig in Kräuter gehüllt sein. Butterflocken daraufsetzen. Den Bräter auf die mittlere Schiene des Ofens stellen. Das Huhn braten und etwa alle 10 Minuten begießen, damit es gleichmäßig bräunt und nicht trocken wird. Es ist gar, wenn beim Einstechen mit einer Gabel klarer Fleischsaft austritt. Ein 2 kg schweres Huhn braucht etwa 1 1/2 Stunden. Das Huhn aus dem Ofen nehmen, Innereien und Hals auf eine Servierplatte legen. Den austretenden Fleischsaft in den Bräter gießen. Das Huhn 10 Minuten ruhen lassen und dann zerteilen. Inzwischen 3 EL Wasser in den Bräter geben und bei höchster Stufe auf den Herd stellen. Bodensatz ablöschen und alle Hautstückchen vom Boden lösen. Den Bratensaft auf höchster Stufe einkochen, bis er sämig ist. Die Hühnerstücke auf eine vorgewärmte Platte legen. Die Sauce darübergießen. Innereien und Hals daneben anrichten und sofort servieren.

Poulet au vinaigre Le Petit Truc
Huhn in Estragon-Essigsauce »Le Petit Truc«

Die Bistros in der Provinz haben zwar mit denen in Paris vieles gemein – die Inneneinrichtung scheint häufig aufs Geratewohl zusammengestellt, die Atmosphäre ist meist familiär und die Speisekarte ändert sich so selten, daß man sie in Stein meißeln könnte –, aber dennoch hat jedes Bistro seinen eigenen Charakter, spiegelt Küche und Lebensrhythmus der einzelnen Provinzen wider. Oft ist es auch durch die Persönlichkeit des Inhabers geprägt, so zum Beispiel bei dem inzwischen nicht mehr existierenden Bistro »Le Petit Truc«. Die jugendliche blonde Edith Remoissenet-Cordier führte ihr kleines Restaurant mit eiserner Hand. Wer keinen Tisch reserviert hatte, kam nicht hinein! Hielt man sich aber an die Spielregeln, gab es keine Probleme. Madame servierte viel Bodenständiges, darunter auch dieses Huhn in Estragon-Essigsauce.

Für 4-6 Personen:
3 EL bestes kaltgepreßtes Olivenöl · 3 EL Butter
1 Huhn (1,5-2 kg), gewaschen, trockengetupft, in 8 Stücke zerteilt
Salz · frisch gemahlener schwarzer Pfeffer
1/8 l trockener Weißwein, z.B. Mâcon-Villages
4 Schalotten, gehackt
2 mittelgroße Tomaten, geschält, entkernt und gehackt
1/8 l Weißweinessig mit Estragon · 1 Bund Estragon, gehackt

Das Öl mit 1 EL Butter in einer tiefen Pfanne von 30 cm Durchmesser auf höchster Stufe erhitzen. Das Huhn mit reichlich Salz und Pfeffer würzen. Wenn das Fett heiß ist, aber nicht raucht, die Hühnerteile darin auf jeder Seite etwa 12 Minuten braten, bis die Haut goldbraun ist und das Fleisch die gewünschte Garstufe erreicht hat. Die Wärmezufuhr so regulieren, daß die Haut nicht verbrennt. (Wenn die Pfanne nicht groß genug ist, daß alle Stücke nebeneinander hineinpassen, die Teile nacheinander braten.) Das Huhn auf eine Servierplatte legen, locker mit Alufolie abdecken und warm stellen. Das Fett abgießen. Die Pfanne bei Mittelhitze wieder auf den Herd stellen und den Wein hineingeben. Ablöschen und den Bratensatz vom Boden lösen. Schalotten und Tomaten zufügen und das Ganze einige Minuten köcheln lassen. Auf höchste Stufe schalten und langsam den Essig zugießen. Die Mischung weitere 2-3 Minuten kochen. Die restlichen 2 EL Butter unterrühren, nicht mehr kochen lassen. Die Hühnerteile wieder in die Pfanne geben und gut in der Sauce wenden. Zugedeckt bei Mittelhitze 2-3 Minuten garen, bis das Fleisch die Sauce etwas aufgenommen hat. Mit Estragon bestreuen und die Hühnerstücke nochmals wenden. Sofort servieren und sautierte Kartoffeln dazu reichen.

Poulet basquaise
Huhn mit Chili, Schinken, Tomaten und Zwiebeln

Das **poulet basquaise** ist – neben **Couscous, blanquette de veau** und **gigot aux flageolets** – ein Standard-Tagesgericht in Pariser Café-Bistros. Es ist nach dem Baskenland in Südwestfrankreich benannt, wo viel Chili gegessen wird. Leider bekommt man oftmals nur ein zu weiches Stück Huhn mit irgendeiner seltsamen, fetten Tomatensauce. Ein richtiges Baskisches Huhn aber ist ein Gedicht: frisch vom Bauernhof, knusprig braun gebraten, mit einer Mischung aus Chili, gutem Bauernschinken, gartenfrischen Tomaten und Zwiebeln ergibt es mit gekochtem Reis ein ausgezeichnetes Essen. Wie bei allen scharfen Gewürzen sollten Sie sich auch beim Chili nur nach Ihrem Gaumen richten! Übrigens schmeckt dieses Gericht am nächsten Tag noch besser.

Für 4-6 Personen:

---

4 kleine, milde, grüne Chillies oder 2 scharfe grüne Chillies (ersatzweise 1/2 TL roter Chili, zerkleinert)

---

1 Huhn (1,5- 2 kg), gewaschen, trockengetupft, in 8 Stücke zerteilt

---

Salz · frisch gemahlener schwarzer Pfeffer · 5 EL Pflanzenöl

---

12 große Knoblauchzehen, in dünne Scheiben geschnitten

---

1 kg rote Paprikaschoten, entkernt und in dicke Streifen geschnitten

---

4 dicke Scheiben (etwa 250 g) gekochter Schinken, gewürfelt

---

2 große Zwiebeln, grob gehackt

---

1 kg Tomaten, geschält, entkernt und gehackt (ersatzweise 1800-g-Dose Tomaten, abgetropft)

Beim Verarbeiten von Chillies zum Schutz der Hände Gummihandschuhe anziehen. Die Schoten entkernen, in etwa 3 mm breite Streifen schneiden und beiseite stellen. Das Huhn mit reichlich Salz und Pfeffer würzen. 3 EL Öl in einer tiefen Pfanne von 30 cm Durchmesser auf höchster Stufe erhitzen und die Hühnerstücke etwa 5 Minuten anbraten, bis sie von allen Seiten gebräunt sind. Nicht anbrennen lassen! Bei einer kleineren Pfanne das Huhn in mehreren Gängen braten. Knoblauch, Paprika, Chili und Schinken zum Huhn geben und das Ganze verrühren. Zugedeckt etwa 45 Minuten bis 1 Stunde bei Mittelhitze köcheln lassen, bis die Hühnerteile durch sind und der Paprika ganz weich ist. Ab und zu umrühren, damit nichts anbrennt. Inzwischen in einer anderen großen Pfanne die restlichen 2 EL Öl auf höchster Stufe erhitzen, bis es heiß ist, aber nicht raucht. Die Zwiebeln darin auf mittlerer Stufe etwa 5 Minuten dünsten, bis sie ganz weich sind. Die Tomaten zufügen und weitere 30 Minuten köcheln lassen bis alles weich ist. Salzen. (Bis hierher kann das Gericht gut vorab zubereitet werden. Die Mischungen dann separat erhitzen!) Die Tomaten-Zwiebel-Mischung auf eine vorgewärmte Platte geben. Das Huhn mit der Sauce darauf anrichten und mit gekochtem Reis sofort servieren.

Poulet sauté aux échalotes
Sautiertes Hähnchen mit Schalotten

Dieses wunderbar einfache, bodenständige Gericht ist ein »Vetter« des beliebten Huhns mit 40 Knoblauchzehen. Statt Knoblauch verwendet man bei diesem Rezept reichlich Schalotten, die bei dieser Art der Zubereitung so mild schmecken. Servieren Sie dazu gebackenen oder gedämpften Reis, damit kein Tropfen der köstlichen Sauce verlorengeht.

Für 4 Personen:
3 EL bestes kaltgepreßtes Olivenöl · 1 EL Butter
1 Huhn (etwa 1,5-2 kg), gewaschen, trockengetupft, in 8 Stücke zerteilt
Salz · frisch gemahlener schwarzer Pfeffer
etwa 60 Schalotten (ca. 400 g), geschält
3 Knoblauchzehen · 2 EL Cognac
4 Tomaten, geschält, entkernt und gehackt
gekochter Reis · eine Handvoll gehackte Petersilie

Öl und Butter in einer tiefen Pfanne von 30 cm Durchmesser auf höchster Stufe erhitzen. Das Huhn mit reichlich Salz und Pfeffer würzen. Die Hühnerteile in das heiße Fett geben und etwa 5 Minuten auf einer Seite goldbraun braten. Die Pfanne soll nicht zu voll sein; lieber das Huhn in mehreren Gängen braten. Die Wärmezufuhr so regulieren, daß das Huhn nicht verbrennt. Die Stücke wenden und auf der anderen Seite ebenfalls 5 Minuten braten. Hitze auf mittlere Stufe zurückschalten. Schalotten und Knoblauch in die Pfanne geben und umrühren. Das Gericht zugedeckt etwa 20 Minuten sautieren, bis die Schalotten weich und braun sind. Dabei die Pfanne häufig rütteln. Den Cognac in einem sehr kleinen Topf auf mittlerer Stufe 20-30 Sekunden erhitzen. Mit einem Streichholz anzünden und das Huhn damit flambieren. Die Pfanne rütteln, bis die Flammen erlöschen. Das Ganze weitere 2-3 Minuten durchziehen lassen und die Pfanne dabei rütteln. Die Tomaten unterrühren und alles noch etwa 5 Minuten köcheln lassen, bis die Sauce eingedickt ist. Zum Servieren ein Bett aus gekochtem heißen Reis auf einer großen Platte anrichten, mit Sauce übergießen und die Hühnerteile darauflegen. Mit Petersilie bestreuen und sofort servieren.

La volaille au vinaigre de vin Bistro d'à Côté

Huhn in Weinessig »Bistro d'à Côté«

Viele Bistro-Gerichte haben den Vorteil, daß sie sich zum Aufwärmen eignen. Ich würde Ihnen raten, dieses Gericht einen Tag vorher zuzubereiten und wieder aufzuwärmen, denn es schmeckt dann noch besser. Bereits bei meinem allerersten Besuch in Michel Rostangs »Bistro d'à Côté (das heißt »Bistro um die Ecke« und ist in meinem Fall wörtlich zu nehmen!) habe ich es gegessen. Der Name ist leicht zu merken, denn nebenan – à côté – ist sein »großes« Restaurant, das »Michel Rostang«. Man sieht ihn am Abend oft zwischen beiden hin- und herspringen und mit Stammgästen plaudern, die offenbar ebenfalls zwischen beiden Lokalen pendeln. Er serviert zum Huhn in Weinessig ein **gratin dauphinois**, ein köstliches Kartoffelgratin mit Käse. Trinken Sie dazu einen fruchtigen Rotwein, vielleicht einen Beaujolais oder einen Roten aus dem Loire- oder Rhônetal.

Für 4-6 Personen:
3 EL bestes kaltgepreßtes Olivenöl · 4 EL Butter
1 Huhn (1,5- 2 kg), gewaschen, trockengetupft, in 8 Stücke zerteilt
Salz · frisch gemahlener schwarzer Pfeffer
1/4 l guter Rotweinessig
2 mittelgroße Tomaten, geschält, entkernt und gehackt
180 ml Hühnerbrühe, vorzugsweise hausgemacht (siehe Seite 274)
etwa 3 EL gehackte Petersilie

Das Öl mit 1 EL Butter in einer tiefen Pfanne von 30 cm Durchmesser auf höchster Stufe erhitzen. Das Huhn mit reichlich Salz und Pfeffer würzen. Wenn das Fett heiß ist, aber nicht raucht, einige Hühnerteile hineingeben und auf einer Seite etwa 5 Minuten anbraten, bis die Haut goldbraun ist. Die Wärmezufuhr so regulieren, daß es nicht verbrennt. Die Stücke wenden und auf der anderen Seite ebenfalls 5 Minuten anbraten. Die Pfanne soll nicht zu voll sein. Mit den restlichen Stücken ebenso verfahren. Wenn alle Hühnerstücke angebraten sind, aus der Pfanne nehmen und das Fett abgießen. Die Hühnerstücke wieder hineingeben und ganz langsam den Essig zugießen. (Wenn die Pfanne zu heiß ist und er zu schnell hineingegossen wird, sind die Essigdämpfe unangenehm.) Den Essig bei Mittelhitze etwa 10 Minuten um die Hälfte reduzieren und die Hühnerstücke dabei gelegentlich wenden, damit sie von allen Seiten mit Essig überzogen sind. Tomaten und Hühnerbrühe zufügen. Das Ganze zugedeckt bei Mittelhitze etwa 20 Minuten köcheln lassen bis das Huhn gar und eine schöne Sauce entstanden ist. (Bis hierher kann und sollte das Gericht vorab zubereitet werden.) Die Hühnerstücke zum Servieren aus der Sauce nehmen und auf einer vorgewärmten Platte anrichten. Abdecken und warm stellen. (Wenn das Gericht aufgewärmt wird, das Huhn in der Sauce erhitzen, dann auf eine vorgewärmte Platte geben und abdecken.) Die heiße Sauce vom Herd nehmen und die restlichen 3 EL Butter unterrühren. Abschmecken. Die Sauce über das Huhn geben und mit Petersilie bestreuen. Mit **gratin dauphinois** (siehe Seite 110) servieren.

Poulet Mistral Le Prieuré
Hähnchen mit Knoblauch »Mistral«

Dieses typisch provenzalische Gericht – Huhn mit viel Knoblauch – ist nach dem berühmten Dichter Frédéric Mistral benannt, der aus der Provence stammt. Küchenchef Michel Gonod vom Restaurant »Le Prieuré« außerhalb Avignons gelegen, sagt, daß es eines der am häufigsten bestellten Gerichte ist. Dazu paßt am allerbesten ein gut gekühlter Rosé de Provence.

Für 4 Personen:
2 EL bestes kaltgepreßtes Olivenöl
1 EL Butter
1 Huhn (1,5-2 kg), gewaschen, trockengetupft, in 8 Stücke zerteilt
Salz · frisch gemahlener schwarzer Pfeffer
etwa 40 große Knoblauchzehen
1/8 l trockener Weißwein, z.B. Cassis
1/8 l Hühnerbrühe, vorzugsweise hausgemacht (siehe Seite 274)

Öl und Butter in einer tiefen Pfanne von 30 cm Durchmesser auf höchster Stufe erhitzen. Das Huhn mit reichlich Salz und Pfeffer würzen. Wenn das Fett heiß ist, aber nicht raucht, die Hühnerstücke darin auf einer Seite etwa 5 Minuten anbraten, bis sie gleichmäßig goldbraun sind. Die Wärmezufuhr so regulieren, daß sie nicht verbrennen. Die Stücke wenden und auf der anderen Seite ebenfalls 5 Minuten anbraten. Bei einer kleineren Pfanne das Huhn in mehreren Gängen braten. Hitze auf mittlere Stufe zurückschalten. Die Knoblauchzehen zum Huhn geben; sie sollten nebeneinander auf dem Pfannenboden liegen. Etwa 10 Minuten sautieren, bis der Knoblauch leicht gebräunt ist; dabei die Pfanne häufig rütteln. Langsam Wein und Brühe zugießen. Die Pfanne rütteln und den Bratensatz mit einem Kochlöffel ablösen. Das Ganze noch 10-12 Minuten zugedeckt garen, bis klarer Fleischsaft austritt, wenn man in einen Hühnerschenkel sticht. Das Huhn mit Knoblauch und Bratensaft aus der Pfanne servieren. Dazu sautierte Kartoffeln oder Reis reichen.

Bouillabaisse de poulet *Chez Tante Paulette*

Hähncheneintopf mit Fenchel und Safran »Chez Tante Paulette«

Das »Chez Tante Paulette« ist eines meiner liebsten Restaurants: ein echtes, altmodisches Bistro in einer kleinen Lyoner Seitenstraße. Marie-Louise Auteli, besser bekannt als Tante Paulette, führt es. Ihr berühmtestes Gericht ist Huhn mit Knoblauch, und gleich danach kommt diese außergewöhnliche **bouillabaisse de poulet**, wegen der die Gäste scharenweise in den kleinen Speiseraum im ersten Stock drängen. Wie die berühmtere Schwester – die mit den frischesten Fischen aus dem Mittelmeer zubereitet wird – wird auch diese Bouillabaisse mit Zwiebeln, Knoblauch, Tomaten, viel Fenchel und einer reichlichen Prise Safran gekocht. Madame Auteli serviert ihre Bouillabaisse mit **rouille**, der klassischen Paprikasauce, und Scheiben von geröstetem Brot. Ich dagegen serviere sie so, wie sie ist, und reiche dazu einen gut gekühlten Weißwein, zum Beispiel einen Cassis aus dem Fischerdorf nahe Marseille.

Für 4 Personen:
4 Tomaten, geschält, entkernt und gehackt
2 große Zwiebeln, geviertelt · 4 Knoblauchzehen, zerdrückt
4 große Fenchelknollen mit Grün, grob gehackt
3 EL bestes kaltgepreßtes Olivenöl
80 ml Anisschnaps wie Ricard oder Pernod
eine reichliche Prise Safran,
eine kleine Handvoll frischer oder einige TL getrockneter Thymian
4 Lorbeerblätter · Salz · frisch gemahlener schwarzer Pfeffer
4 Hähnchenschenkel, enthäutet
500 g festkochende Kartoffeln, geschält und geviertelt
1/2 l Hühnerbrühe, vorzugsweise hausgemacht (siehe Seite 274)

Einen Tag zuvor Tomaten, Zwiebeln, Knoblauch, Fenchel, Olivenöl, Anisschnaps, Safran, Kräuter und Gewürze in einer großen Kasserolle oder einem flachen Bratentopf mit Deckel gründlich vermischen. Die Hähnchenschenkel in der Mischung wenden. Zugedeckt mindestens 8 Stunden gekühlt marinieren, damit sich die Aromen entfalten können. Das Huhn wenigstens 1 Stunde vor Zubereitung aus dem Kühlschrank nehmen. Etwa 30 Minuten bei Mittelhitze zugedeckt in der Marinade garen; gelegentlich umrühren. Kartoffeln und Hühnerbrühe zufügen und das Ganze weitere 30-45 Minuten köcheln lassen, bis die Kartoffeln weich sind. Abschmecken. In vorgewärmten Suppentellern servieren.

Fricassée de poulet aux champignons Chez Rose

Hühnerfrikassee mit Champignons »Chez Rose«

Dieses Gericht habe ich bei meinem allerersten Besuch im »Chez Rose« gegessen, einem der traditionsreichsten Bistros in Lyon. Es hat mich sehr an die einfachen Hühnergerichte erinnert, die meine Mutter in meiner Kindheit zubereitete. Reichen Sie dazu einen guten, leicht gekühlten Beaujolais.

Für 4 Personen:
6 EL bestes kaltgepreßtes Olivenöl · 2 Knoblauchzehen, gehackt
1 Huhn (etwa 1,2 kg schwer), gewaschen, trockengetupft, in 8 Stücke zerteilt
40 g Mehl, 500 g frische Champignons, gewaschen, geputzt, Hüte und Stiele getrennt, große Hüte halbiert oder geviertelt
1 große Dose (800 g) Tomaten, gut abgetropft und halbiert
Salz · frisch gemahlener schwarzer Pfeffer
gehackte Petersilie zum Garnieren

3 EL Öl in einer großen, schweren Pfanne auf mittlerer Stufe erhitzen, bis es heiß ist, aber nicht raucht. Den Knoblauch zufügen und auf niedrigste Temperatur schalten. Unter häufigem Rühren etwa 2 Minuten sautieren, bis er weich, aber nicht gebräunt ist. Die Hühnerstücke leicht in Mehl wenden. Den Herd auf Mittelhitze schalten und die Stücke etwa 20 Minuten sautieren, bis sie auf beiden Seiten schön gebräunt sind. Gegebenenfalls in zwei Gängen anbraten. Die Temperatur so regulieren, daß das Huhn nicht verbrennt. Inzwischen die restlichen 3 EL Öl in einer anderen Pfanne auf mittlerer Stufe erhitzen. Wenn es heiß ist, die Pilze hineingeben und unter gelegentlichem Rühren 5-6 Minuten sautieren, bis sie leicht gebräunt sind. Sind die Hühnerstücke schön braun, Tomaten und Pilze unterrühren und mit Salz und Pfeffer würzen. Auf Mittelhitze schalten und das Huhn zugedeckt 20 Minuten köcheln lassen. Ohne Deckel noch weitere 10 Minuten garen, bis es weich ist. Die Hühnerstücke auf einer vorgewärmten Platte anrichten, Sauce und Gemüse darübergeben. Mit Petersilie bestreuen und sofort servieren.

Pintade de la Drôme aux olives de Nyons
Perlhuhn aus der Drôme mit schwarzen Oliven

Für dieses Rezept werden einige der besten Zutaten aus dem Département Drôme, einer dünn besiedelten Region im Norden der Provence verwendet. Dort liegt auch Nyons, eine hübsche Stadt, die von zahllosen Olivenhainen umgeben ist. In der Drôme gibt es auch viele Bauernhöfe, wo Lämmer und köstliche Perlhühner gehalten werden, die man hier **pintades** nennt. Mir gefällt die würzige Füllung aus aromatischem Thymian, leicht salzigem Frühstücksspeck, zarten Schalotten, feiner Geflügelleber und den großen, fleischigen Oliven aus Nyons. Wenn Sie kein Perlhuhn bekommen, können Sie ersatzweise auch ein zartes Hähnchen verwenden. Reichen Sie dazu einen guten roten Côtes du Rhone.

Für 4-6 Personen:

90 g magerer Frühstücksspeck ohne Schwarte, Fett entfernt, gehackt

4 Schalotten, gehackt

*1 Perlhuhn (etwa 1,5 kg schwer), möglichst bardiert (mit dünnen
Scheiben von fettem Speck umwickelt, das kann der Metzger machen),
Leber zurückbehalten*

1 EL frischer Thymian, gehackt

90 g schwarze Oliven, vorzugsweise aus Nyons, entsteint und gehackt

1 EL bestes kaltgepreßtes Olivenöl

Den Ofen auf 220 °C vorheizen oder den Grill vorbereiten. Frühstücksspeck und Schalotten in einer großen beschichteten Pfanne unter häufigem Rühren etwa 4 Minuten bei Mittelhitze anbraten, bis
der Speck knusprig ist und die Schalotten gebräunt sind. Beiseite stellen. Die Leber in derselben Pfanne 1-2 Minuten auf jeder Seite sautieren. Beiseite stellen. Die abgekühlte Leber sehr fein hacken, mit
Thymian und Oliven zur Speck-Schalotten-Mischung geben. Abschmecken. Diese Farce in die Bauchhöhle des Perlhuhns füllen und
die Öffnung mit Küchengarn zunähen. Das Huhn mit Olivenöl einpinseln. Wird es im Ofen gegart, auf einen Bratrost legen und etwa 1
Stunde braten, bis klarer Fleischsaft austrat, wenn man einen Hühnerschenkel mit einem Metallspießchen einsticht. Das Huhn ab und
zu einpinseln, vor allem, wenn es vorher nicht bardiert wurde. Zum
Grillen das Huhn nicht bardieren, aber alle 10 Minuten mit Fett bestreichen, etwa 40 Minuten grillen. Das Huhn aus dem Ofen nehmen
und 10 Minuten ruhen lassen. Die Füllung in eine vorgewärmte Servierschüssel geben und das Huhn zerlegen. Mit grünem Salat und
Kartoffelgratin oder Kartoffelpüree servieren.

Canard aux olives Chez Allard

Ente mit Oliven »Chez Allard«

Im »Chez Allard«, einem beliebten Pariser Bistro, steht dieses Gericht schon seit Jahrzehnten auf der Speisekarte. Das Rezept stammt von Marthe Allard, der ersten Köchin dieses Restaurants. Bei diesem Rezept vereinen sich feine Kräuter, Wein, Brühe, Tomaten und köstliche grüne Oliven zu einer perfekten Sauce, die jede gebratene Ente zu etwas Besonderem macht. Servieren Sie dazu einen fruchtigen Rotwein, etwa einen Beaujolais cru Fleurie.

Für 8 Personen:

---

2 EL ausgelassenes Hühnerfett
(ersatzweise 1 EL Öl und 1 EL Butter)

---

1 kg Hühnerflügel oder Rückenstücke, kleingeschnitten

---

1 Ente (etwa 2 kg schwer), gewaschen, trockengetupft
und zusammengebunden, Hals und Magen zurückbehalten

---

3 Zwiebeln, gehackt · 1 1/2 EL Mehl

1/2 l trockener Weißwein

---

2 l Hühnerbrühe, vorzugsweise hausgemacht (siehe Seite 274)

---

1 Bouquet garni bestehend aus: 12 Stengeln Petersilie,
8 Pfefferkörnern, 1/4 TL Thymian, 1/4 TL Fenchelsamen
1 Lorbeerblatt, in ein doppelt gelegtes Mulltuch gebunden

---

5 EL Tomatenmark

---

250 g in Salzlake eingelegte grüne Oliven, entsteint

---

2 EL weiche Butter

Das Hühnerfett in einem großen Topf oder einer Kasserolle bei Mittelhitze zerlassen. Hühnerstücke, Entenhals und -magen hineingeben und bei Mittelhitze unter gelegentlichem Rühren etwa 8 Minuten bräunen. Zwiebeln zufügen und etwa 5 Minuten dünsten, bis sie weich sind. Das Mehl darüberstäuben und das Ganze 1 Minute unter ständigem Rühren anschwitzen. Wein, Brühe und Tomatenmark unterrühren und Bouquet garni zufügen. Bei schwacher Hitze 2 Stunden leise köcheln lassen; gelegentlich umrühren. Die Sauce durch ein feinmaschiges Sieb in einen Topf abgießen.

1 l Wasser in einem mittelgroßen Topf zum Kochen bringen. Die Oliven hineingeben und auf höchster Stufe 2 Minuten kochen; in ein Sieb gießen, unter fließendem kaltem Wasser abspülen und gut abtropfen lassen. Eine Olive probieren. Ist sie noch sehr salzig, die Oliven nochmals abspülen und dann in die Sauce geben. Bei schwacher Hitze ohne Deckel 1-1 1/2 Stunden leise köcheln lassen, bis die Sauce eingedickt ist. Den Ofen auf 220 °C vorheizen. Die Haut der Ente rundum mit einem Messer einritzen und mit Butter einreiben. Die Ente mit der Brustseite nach unten auf das Gitter eines Bräters legen und 30 Minuten braten. Die Temperatur auf 175°C zurückschalten und die Ente umdrehen. Eine weitere Stunde braten, bis klarer Fleischsaft austritt, wenn man einen Schenkel mit einem Metallspießchen einsticht. Ist die Brust gebräunt, bevor die Ente gar ist, locker mit Alufolie abdecken. Die Ente zerteilen. Die Stücke auf einer großen Platte anrichten mit Oliven und Sauce verbrämen.

Canard rôti à l'ancienne Brasserie Flo

Gebratene Ente mit Tomaten, Oliven und Pilzen »Brasserie Flo«

Welch wunderbare Art der Zubereitung für eine Ente! Sie wird einfach nur gebraten, so daß man ganz in den Genuß der knusprigen Haut kommt. Dazu eine kräftige Sauce aus Tomaten, Pilzen und Oliven. Dieses Rezept aus der beliebten »Brasserie Flo« in Paris ist nicht kompliziert, verlangt aber einige Koordination. Ich bereite diese Ente am liebsten, wenn mir ein paar Freunde zur Hand gehen, da kann jeder eine Aufgabe übernehmen. Reichen Sie dazu einen jungen, gekühlten Rotwein, zum Beispiel einen Beaujolais cru Juliénas.

Für 4-6 Personen:

Ente: *3 EL bestes kaltgepreßtes Olivenöl*

1 Möhre, geputzt und gewürfelt · 1 Zwiebel, grob gehackt

1 Ente (etwa 2 kg schwer), bratfertig

Salz · frisch gemahlener schwarzer Pfeffer

Sauce: *500 g Zwiebeln, gehackt*

500 g Pilze, geputzt und blättrig geschnitten

2 kg Tomaten, geschält, entkernt und geviertelt

1 EL Kräuter der Provence (siehe Seite 268) · 2 Knoblauchzehen, gehackt

*1 Bouquet garni bestehend aus: einigen Zweigen frischem Thymian und
Petersilienstengeln, 8 ganzen Pfefferkörnern und
2 Lorbeerblättern, in ein doppellagiges Mulltuch gebunden*

*100 g kleinere grüne Oliven, entsteint · 100 g in Öl eingelegte schwarze
Oliven vorzugsweise aus Nyons, entsteint*

gehackte Petersilie

Den Ofen auf 200°C vorheizen, Möhre und Zwiebel in einen Bräter
geben und einen Rost hineinstellen. Die Ente mit reichlich Salz und
Pfeffer würzen und mit der Brust nach unten auf den Rost legen. 30
Minuten braten, dabei alle 5-10 Minuten begießen. Die Ofentempe-
ratur auf 165 °C zurückschalten. Die Ente umdrehen und noch etwa
45 Minuten braten, bis klarer Fleischsaft austritt, wenn man mit einem Metallspießchen in einen Schenkel sticht; häufig begießen. Ist
die Brust braun, bevor die Ente gar ist, locker mit Alufolie abdecken.
Inzwischen für die Sauce das Öl in einer großen Pfanne auf mittlerer
Stufe erhitzen, bis es heiß ist, aber nicht raucht. Die Zwiebeln darin
5 Minuten dünsten, bis sie weich sind, aber nicht braun. Pilze, Tomaten, Kräuter, Knoblauch, Oliven und Bouquet garni zufügen. Mit
Salz und Pfeffer würzen. Hitze zurückschalten und das Ganze 1
Stunde köcheln lassen; dabei gelegentlich umrühren. Die Ente mit
dem Rost aus dem Ofen nehmen und auf ein Tranchierbrett legen.
Den Bräter auf den Herd stellen und den Bratensatz bei Mittelhitze

mit einigen Eßlöffeln Wasser ablöschen. 5 Minuten ohne Deckel köcheln lassen. Die Gemüsesauce auf eine große, vorgewärmte Platte geben, das Bouquet garni wegwerfen. Die Ente tranchieren und auf der Sauce anrichten. Mit gehackter Petersilie bestreuen. Das Bratenfett in eine Sauciere absehen und separat reichen. Sofort servieren.

Civet de canard au Sauternes
Geschmorte Ente in Sauternes

Dieses Gericht stammt aus einem imaginären Restaurant. Ich habe das Rezept aus einer französischen Zeitschrift ausgeschnitten und ein rustikales Herbstgericht daraus entwickelt. Zum ersten Mal habe ich es an einem Abend im Frühherbst ausprobiert. Wir saßen damals auf der Terrasse, und es war so dunkel, daß wir kaum sahen, was wir aßen. Das hielt uns jedoch nicht davon ab, diese köstliche Kombination von Ente und edlem Sauternes in vollen Zügen zu genießen. Die leicht säuerlichen Äpfel passen ausgesprochen gut dazu. Als Getränk empfiehlt sich natürlich ein junger Sauternes.

Für 4 Personen:
1 Ente (1,5-2 kg schwer), gewaschen, trockengetupft, in 8-10 Stücke zerteilt
Salz · frisch gemahlener schwarzer Pfeffer
2 EL bestes kaltgepreßtes Olivenöl
1 Möhre, geputzt und fein gehackt · 1 Zwiebel, fein gehackt
1/2 l Sauternes · 1/2 l Enten- oder Hühnerbrühe, vorzugsweise hausgemacht (siehe Seite 274)
Bouquet garni, bestehend aus: 12 Petersilienstengeln, 8 Pfefferkörnern, 1 Lorbeerblatt, 1/2 T L frischem Thymian, 1/4 TL Fenchelsamen, in ein doppellagiges Mulltuch gebunden
4 Granny-Smith-Äpfel · 3 EL Butter

Die Entenstücke mit reichlich Salz und Pfeffer würzen. Das Öl in einer tiefen Pfanne auf mittlerer Stufe erhitzen. Wenn es heiß ist, aber nicht raucht, die Entenbrüste hineingeben und nur auf der Hautseite anbraten. Die Schenkel auf beiden Seiten anbraten. Das Fleisch aus der Pfanne nehmen. Möhre und Zwiebel hineingeben und 3-4 Minuten anbräunen. Die Entenstücke wieder in die Pfanne geben. Wein, Brühe und Bouquet garni zufügen. Das Ganze zugedeckt bei schwacher Hitze etwa 40 Minuten köcheln lassen. Das Fleisch aus der Pfanne nehmen und warm stellen. Die Sauce durch ein feinmaschiges Sieb abseihen und über die Ente gießen. Eventuell nachwürzen. Die Äpfel schälen, das Kerngehäuse herauslösen und das Fruchtfleisch achteln, Die Butter in einer großen Pfanne zerlassen. Die Äpfel darin 4-5 Minuten bei Mittelhitze sautieren, bis sie leicht gebräunt sind, auf 4 vorgewärmte Teller verteilen, je ein Stück Ente dazugeben und mit Sauce übergießen.

Petit salé de canard Le Petit Marguery
Pökelente mit Wirsing »Le Petit Marguery«

Dies ist eines meiner liebsten Bistro-Gerichte, das offenbar immer mehr an Beliebtheit gewinnt. **Petit salé aux lentilles**, gepökeltes Schweinefleisch mit Linsen, ist ein Bistro-Klassiker, und inzwischen wird auch immer häufiger in Salzlake mit Kräutern marinierte Ente angeboten. Dieses Rezept aus dem Pariser Bistro »Le Petit Marguery« scheint kompliziert, ist letztendlich aber doch nicht so zeitaufwendig, weil die Vorbereitung die meiste Zeit in Anspruch nimmt. Und glauben Sie mir, die Mühe lohnt sich! Ich könnte gar nicht sagen, was mir bei diesem Gericht am besten schmeckt: das zarte Entenfleisch, der mit Butter verfeinerte Wirsing oder die köstliche goldgelbe Sauce. Sie können dazu noch gekochte Kartoffeln reichen, die für dieses aromatische Gericht genau die richtige Beilage sind.

Für 4 Personen:

Pökellake und Ente: *2 TL frischer Thymian*

2 Knoblauchzehen, in Scheiben geschnitten

6 Wacholderbeeren · 6 schwarze Pfefferkörner

2 ganze Nelken · etwa 150 g grobes Meersalz · 2 EL Zucker

*4 Entenkeulen oder 1 ganze Ente, in 4 Portionen zerteilt,
mit Haut und Knochen, Fett entfernt*

Brühe: *4 EL Butter*

*2 Lauchstangen (der weiße und zarte grüne Teil),
geputzt, gut gewaschen und gehackt*

2 Möhren, geputzt und kleingeschnitten

2 Zwiebeln, gehackt · 1 Stange Sellerie, kleingeschnitten

1 Knolle Knoblauch, die einzelnen Zehen geschält

etwa 1/3 l trockener Weißwein

Sauce und Wirsing:

4 EL Crème fraîche (siehe Seite 272) oder dicke Sahne,

2 große Eigelb · Salz · frisch gemahlener schwarzer Pfeffer

*1 Kopf Wirsing, dicke Blattrippen entfernt,
in dünne Streifen geschnitten*

4 EL Butter

6 Tage vorher die Pökellake zubereiten: Dazu Thymian, Knoblauch, Wacholderbeeren, Pfefferkörner und Nelken mit 1/2 l Wasser in einem kleinen Topf auf höchster Stufe zum Kochen bringen. Hitze zurückschalten und das Ganze zugedeckt 10 Minuten köcheln lassen. Zum Abkühlen beiseite stellen. Inzwischen Salz und Zucker mit 1/2 l Wasser in einem anderen Topf auf niedrigster Stufe erwärmen und rühren, bis sich das Salz auflöst. Zum Abkühlen beiseite stellen. Wenn die Mischungen abgekühlt sind, beide in eine große Schüssel gießen. Die Entenstücke hineinlegen, die Schüssel abdecken und für

6 Tage in den Kühlschrank stellen. Das Entenfleisch aus der Schüssel nehmen, abtropfen lassen und die Pökellake wegschütten. Die Entenstücke mit frischem kaltem Wasser bedecken und 6 Stunden bei Zimmertemperatur beiseite stellen. Für die Brühe die Butter in einer großen Pfanne bei Mittelhitze zerlassen. Gemüse und Knoblauch unter gelegentlichem Rühren etwa 10 Minuten darin garen, bis die Zwiebeln glasig sind. Sie dürfen nicht braun werden. Die Entenstücke aus dem Wasser nehmen und in die Pfanne geben. Den Wein und die gleiche Menge Wasser zugießen, so daß das Fleisch bedeckt ist, und zugedeckt etwa 2 Stunden leise köcheln lassen, bis es sehr weich ist und fast vom Knochen fällt. Die Stücke enthäuten, das Fleisch wieder in die Brühe geben und bei schwacher Hitze warm halten.

Für die Zubereitung von Sauce und Wirsing 3/4 l der Brühe in einen kleinen Topf gießen. Auf höchster Stufe zum Kochen bringen und etwa 15 Minuten einkochen, bis die Flüssigkeit um die Hälfte reduziert ist. Auf niedrigste Stufe schalten, die Crème fraîche und danach schnell die Eigelbe unterrühren. Salzen und pfeffern. Auf niedrigster Stufe oder im Wasserbad warm halten. Den Wirsing in Topf mit sprudelndem Salzwasser etwa 5 Minuten kochen, bis er gar, aber noch knackig ist. Abschrecken und gut abtropfen lassen. Die Butter in einer großen Pfanne bei Mittelhitze zerlassen. Den Wirsing hineingeben, umrühren und etwa 2 Minuten sautieren, bis er die Butter aufgenommen hat. Den Wirsing auf eine vorgewärmte Platte geben. Die Entenstücke daneben anrichten und beides mit der Sauce übergießen. Sofort servieren.

Lapin Monsieur Henny
Kaninchen mit Pilzen und Thymian »Monsieur Henny«

Kaninchen wird in französischen Bistros gern gegessen. Als ich die Rezepte für dieses Buch ausprobierte, mußte ich besonders häufig Monsieur Henny, meinen Metzger im Ort, aufsuchen. Was auch immer ich verlangte – Huhn, Kaninchen, eine Lammkeule oder Ochsenschwanz –, er fragte mich stets, was ich daraus zubereiten wolle.

Wenn ich ihm dann mein Rezept erläuterte, hatte er immer ein eigenes für das jeweilige Stück Fleisch parat. Mir lief bereits beim Zuhören das Wasser im Mund zusammen. Monsieur Henny ist nicht nur ein sehr guter Koch, sondern auch ein ausgezeichneter Verkäufer, denn häufig nahm ich schließlich zwei Hühner, zwei Ochsenschwänze oder zwei Lammkeulen mit nach Hause, um mein Rezept und das seine auszuprobieren. Und während mir Monsieur Henny hinter der Ladentheke diktierte, warteten die Kunden in der Schlange geduldig, bis wir mit unserem »Privatgeschäft« zu Ende waren. Sein Rezept aber wurde zu einem Lieblingsgericht meiner Familie.

Für 4 Personen:

1 frisches Kaninchen (1,2 – 1,5 kg schwer), in 7-8 Portionen zerteilt, Leber zurückbehalten (ersatzweise Hühnerleber)

Salz · frisch gemahlener schwarzer Pfeffer

3 EL bestes kaltpreßtes Olivenöl

2 mittelgroße Zwiebeln, grob gehackt

140 g gepökeltes Schweinefleisch, gewürfelt

4 EL trockener Weißwein, z.B. Aligoté, Riesling oder ein weißer Côtes du Rhône

250 g frische Pilze, blättrig geschnitten

4 Lorbeerblätter, mit 1 Zweig Thymian zusammengebunden

3 EL Dijon-Senf · eine Handvoll Thymianblätter

70 g Semmelbrösel

Die Kaninchenstücke mit reichlich Salz und Pfeffer würzen. Das Öl auf mittlerer Stufe in einer tiefen Pfanne erhitzen. Wenn es heiß ist, aber nicht raucht, das Fleisch unter gelegentlichem Wenden anbraten. Die Stücke auf einen Teller herausheben. Zwiebeln und Schweinefleischwürfel in derselben Pfanne 3-4 Minuten bräunen. Sehr langsam den Wein zugießen. Kaninchenstücke, Pilze und Lorbeerblätter zufügen und das Ganze zugedeckt bei Mittelhitze etwa 20 Minuten köcheln lassen, bis das Kaninchen gar ist. Die Kaninchenstücke aus der Pfanne nehmen, auf eine vorgewärmte Platte legen und zugedeckt warm stellen. Leber, Senf, Thymianblätter und Semmelbrösel im Mixer pürieren. Die Mischung unter die Sauce in der Pfanne rühren. Die fertige Sauce über das Kaninchen gießen. Mit Nudeln oder Reis servieren.

Lapin à la moutarde Café des Fédérations
Kaninchen in Senfsauce »Café des Fédérations«

Kaninchen in Senfsauce ist eines der großen, klassischen Bistro-Gerichte. Und das ist nicht verwunderlich bei dieser köstlichen Kombination aus zartem und pikantem Aroma. Diese Variante aus dem »Café des Fédérations« in Lyon mag ich besonders gern, denn das Kaninchen bleibt hierbei schön saftig und aromatisch. Am liebsten reiche ich dazu frische, in Butter geschwenkte Nudeln. Im »Café des Fédérations« servieren sie zu fast allen Gerichten einen jungen Morgon; Sie können diesem Beispiel ruhig folgen.

Für 6 Personen:
1 frisches Kaninchen (etwa 1,2 kg schwer), in 7-8 Portionen zerteilt (ersatzweise Huhn)
8 EL Dijon-Senf · Salz · frisch gemahlener schwarzer Pfeffer
3 EL Erdnußöl · 1 EL Butter
1 Flasche (0,75 l) trockener Weißwein
2 mittelgroße Zwiebeln, fein gehackt · 1 EL Mehl
einige Zweige frischer oder 1 TL getrockneter Thymian
1 Lorbeerblatt
gehackte Petersilie

Die Kaninchenstücke auf einer Seite gleichmäßig mit Senf bestreichen, mit reichlich Salz und Pfeffer würzen. Öl und Butter auf mittlerer Temperatur in einer großen Pfanne erhitzen. Wenn das Fett heiß ist, aber nicht raucht, 2-3 Kaninchenstücke hineingeben, die mit Senf bestrichene Seite nach unten. Sie müssen in der Pfanne genügend Platz haben und deshalb in mehreren Gängen gebraten werden. Die Stücke etwa 10 Minuten braten, bis sie gebräunt sind. Nun die andere Seite mit Senf bestreichen und wenden. Weitere 10 Minuten braten, bis sie auch auf der anderen Seite braun sind. Herausnehmen, auf eine große Platte legen und mit den restlichen Stücken genauso verfahren. Einige Eßlöffel Wein in die Pfanne geben und den Bratensatz löschen. Die Zwiebeln zufügen und unter Rühren etwa 5 Minuten garen, bis sie goldbraun sind. Die Pfanne vom Herd nehmen. Die Zwiebeln mit Mehl bestäuben und gründlich umrühren. Den restlichen Wein, Thymian, Lorbeerblatt und Kaninchenstücke zufügen. Die Pfanne wieder auf den Herd stellen und das Ganze bei Mittelhitze etwa 1 Stunde köcheln lassen, bis das Kaninchen sehr weich ist und die Sauce einzudicken beginnt. Fleisch und Sauce auf eine vorgewärmte Platte geben, mit Petersilie bestreuen, sofort mit frischen Butternudeln oder Reis servieren.

Lapin aux olives vertes
Kaninchen mit grünen Oliven

Dieses Gericht zählt zu meinen liebsten **plats ménagers**. Es ist eines jener deftigen Gerichte, die die Hausfrau einfach in den Ofen stellt und dann vergessen kann. Inzwischen ziehe ich das Kaninchen mit Oliven der traditionelleren Ente vor, denn es ist leichter und aromatischer. Versuchen Sie, gute grüne Oliven zu bekommen, die noch nicht entsteint sind, vorzugsweise »Picholines« aus der Provence. Meiner Erfahrung nach müssen selbst salzige Oliven nicht gewässert werden. Sie können das Kaninchen ruhig etwas länger garen: Es wird auch nach einer Stunde im Ofen nicht zu weich, und die Sauce wird dadurch noch aromatischer. Wenn es schnell gehen muß, ist es aber auch in knapp einer Stunde zubereitet. Leicht und zugleich herzhaft, paßt dieses Gericht in jede Jahreszeit,

---

Für 4-6 Personen:

---

1 frisches Kaninchen (1,2 – 1,5 kg schwer), in 7-8 Portionen zerteilt (ersatzweise Huhn)

Salz · frisch gemahlener schwarzer Pfeffer · 3 EL Olivenöl

---

2 mittelgroße Zwiebeln, grob gehackt · 1 EL Mehl

---

4 EL trockener Weißwein, z.B. Aligoté, Riesling oder ein weißer Côtes du Rhône

---

4 Tomaten, geschält, entkernt und gehackt

---

2 Lorbeerblätter

---

3 EL frische, gehackte Kräuter, vorzugsweise eine Mischung aus Rosmarin, Thymian und Petersilie

---

180 g grüne Oliven, entsteint

Die Kaninchenstücke mit reichlich Salz und Pfeffer würzen. Das Öl in einer tiefen Pfanne auf mittlerer Stufe erhitzen. Wenn es heiß ist, aber nicht raucht, das Fleisch darin (es muß genügend Platz haben) unter gelegentlichem Wenden gleichmäßig anbraten. Mit den restlichen Stücken genauso verfahren und nach dem Anbraten auf einen Teller legen. Die Zwiebeln in der Pfanne 3-4 Minuten bräunen. Mit Mehl bestäuben und gründlich verrühren. Sehr langsam den Wein unterrühren. Kaninchen, Tomaten, Lorbeerblätter, Kräuter und Oliven hineingeben. Das Ganze zugedeckt etwa 20 Minuten bei Mittelhitze köcheln lassen, bis das Kaninchen gar ist. (Man kann es auch länger garen oder im voraus zubereiten und dann aufwärmen). Die Lorbeerblätter entfernen. Kaninchen und Sauce mit Reis oder frischen Nudeln servieren, diese jedoch nicht vorab unter die Sauce mischen, da das Gericht sonst zu trocken wird.

Les viandes, les rôtis, et les plats du jour

Schmorfleisch, Braten und Tagesgerichte

Herzhafte **daubes**, den Magen wärmende Schmorgerichte, gekochtes Rindfleisch und Gemüse – all das steht für »Bistro«. Ich möchte Ihnen in diesem Kapitel die Vielfalt an Fleischgerichten zeigen, von pikant gewürzten roten Bohnen mit Würsten aus dem französischen Baskenland bis zum echt pariserischen, mit Möhren sautierten Kalbfleisch. Viele Gerichte wie Lamm mit weißen Bohnen gehören zu den Bistro-Klassikern, während geschmorte Kalbsbrustspitzen mit frischen Nudeln »Le Caméléon« zu den modernen Interpretationen zählen. Fast alle Gerichte haben zwei große Vorteile: Sie reichen für eine größere Gesellschaft, und man kann sie gut aufwärmen.

Pot-au-feu aux deux viandes Chez Adrienne
Suppeneintopf mit zweierlei Rindfleisch »Chez Adrienne«

Die meisten französischen Köche sagen, daß in einen guten **Pot au-feu** – gekochtes Rindfleisch mit Gemüse – mindestens zwei verschiedene Fleischstücke vom Rind hineingehören: vorzugsweise ein kerniges Stück aus Querrippe, Schwanzstück oder Oberschale und eines wie Rinderhaxe. Manche geben auch noch kräftigen Ochsenschwanz, ein halbes Suppenhuhn und die verschiedensten Gemüse wie Möhren, Knollensellerie, Kohl, Lauch und Kartoffeln dazu. Küchenchefin Adrienne Biasin vom Pariser Bistro »Chez La Vieille« meint, daß weiße Rübchen besonders gut hineinpassen; allerdings wissen die meisten Gäste Rübchen nicht zu schätzen und lassen sie auf dem Teller liegen. Bei Adrienne wird der **pot-au-feu** auf einer großen, vorgewärmten Platte serviert, das in Scheiben geschnittene Rindfleisch wird in der Mitte und das Gemüse ringsherum angerichtet. Kurz vor dem Servieren gibt sie etwas Fleisch- und Gemüsebrühe darüber. Sie können die Fleischbrühe übrigens auch erkalten lassen, die Fettschicht abnehmen und sie zum Pochieren von Rinderfilet aufheben. Probieren Sie zum **pot-au-feu** einen Beaujolais, vorzugsweise einen Fleurie.

Für 8-10 Personen:

---

etwa 750 g Markknochen vom Rind, in 5 cm lange Stücke gehackt

---

4 ganze Lauchstangen (weißer und grüner Teil getrennt),
geputzt und gut gewaschen

---

1 kg Querrippe · 1 kg Rinderhaxe ohne Knochen

---

grobes Meersalz · 3 mittelgroße Zwiebeln, jede mit 1 Nelke gespickt

---

Bouquet garni, bestehend aus: 12 Petersiliestengeln,
8 Pfefferkörnern, 1/2 TL frischem Thymian, 1/4 TL Fenchelsamen,
1 Lorbeerblatt, in ein doppellagiges Mulltuch gebunden

---

1 Kohlkopf (etwa 600 g), geviertelt

---

6 Möhren, geputzt

---

1 kleiner Knollensellerie, geputzt und gewürfelt

Jedes Stück Markknochen in ein grünes Lauchblatt wickeln, mit Küchengarn zusammenbinden und beiseite legen. Querrippe und Haxe separat zusammenbinden, so daß sie ihre Form behalten und in einen großen Topf passen. Das Fleisch mit reichlich kaltem Wasser bedecken und bei Mittelhitze zum Köcheln bringen. Das Wasser darf nur leise köcheln, nicht kochen. Nach etwa 10 Minuten sorgfältig Fett und Schaum entfernen. Sorgfältiges Abschäumen ist für einen guten **pot-au-feu** äußerst wichtig. Sobald sich wieder Schaum bildet, erneut entfernen. Weitere 30 Minuten köcheln lassen. Die Brühe mit etwa 1 EL grobem Salz würzen. Gespickte Zwiebeln, Bouquet garni und restliches Lauchgrün hineingeben. Erneut abschäumen und weitere 2 Stunden leise köcheln lassen. In dieser Zeit des öfteren abschäumen. Das Fleisch soll sehr weich sein und sich vom Knochen lösen. (Man kann es bis hierher vorkochen und vor dem Servieren wieder zum Köcheln bringen.) Etwa 30 Minuten vor dem Servieren die Markknochen zufügen; sie müssen ganz mit Flüssigkeit bedeckt sein. Inzwischen das Gemüse in zwei separaten Töpfen garen: in dem einen den Kohl, in dem anderen die Möhren, den weißen Teil des Lauchs und den Sellerie. Das Gemüse mit kaltem Wasser bedecken und zugedeckt zum Kochen bringen. Der Lauch ist nach spätestens 15 Minuten weich, Möhren und Sellerie nach 20-30 Minuten, und der Kohl nach etwa 25 Minuten. Das Gemüse nach und nach herausnehmen, sobald es gar ist, und auf eine große, vorgewärmte Platte legen. Das Küchengarn um Querrippe und Haxe entfernen, das Fleisch in Stücke schneiden und auf einer vorgewärmten Platte anrichten. Zwiebeln, Bouquet garni und Lauchgrün entfernen, ebenso die Lauchblätter, in denen die Markknochen eingewickelt waren. Markknochen ebenfalls auf die Platte legen, das Gemüse ringsherum anrichten. Einige Löffel der Fleisch- und Gemüsebrühe über den **pot-au-feu** geben. Sofort servieren. Dazu Cornichons, scharfen Dijon-Senf und grobes Salz reichen.

Reste?

Colette Dejean vom »Chez Toutoune« in Paris macht mit übrig gebliebenem pot-au-feu folgendes: Eine Auflaufform mit dünnen Streifen gegartem Lauch auslegen, feingewürfelte, gegarte Möhren, in kleine Stücke geschnittene Reste von Rindfleisch und eine Mischung aus gehackter Petersilie und gedünsteten Zwiebeln hineingeben. Die Form in dieser Reihenfolge auffüllen. Das Ganze festdrücken, mit einem Püree aus weißen Rübchen bedecken und mit Lauchblättern abschließen. Im Ofen bei 175°C im Wasserbad fertig garen. Heiß, mit übriggebliebener Brühe als Sauce servieren.

Daube de boeuf Auberge de la Madone aux cèpes et à l'orange

Geschmortes Rindfleisch mit Steinpilzen und Orange »Auberge de la Madone«

Ich bin überzeugt, daß es in der Provence ebenso viele Rezepte für **daube** – geschmortes Rindfleisch – gibt wie Haushalte. Diese Variante mit Steinpilzen und Orange stammt aus dem beliebten Restaurant, »Auberge de la Madone« in dem Dörfchen Peillon nördlich von Nizza. Statt Steinpilze, wie sie Küchenchef Christian Millo verwendet, kann man ersatzweise auch frische Zuchtpilze nehmen. Reichen Sie dazu den Wein, den Sie zum Kochen verwenden, etwa einen kräftigen roten Bellet, Château de Crémat, aus der Gegend um Nizza.

Für 8 Personen:

2,2 kg Rindfleisch zum Schmoren, vorzugsweise je zur Hälfte aus Kamm und Keule, in größere Stücke von gut 100 g geschnitten

4 Möhren, geputzt und in Scheiben geschnitten

3 mittelgroße Zwiebeln, grob gehackt · 2 Knoblauchzehen

1 Petersiliestengel · 1 Stange Sellerie, in dicke Scheiben geschnitten

3 Lorbeerblätter · 1 EL frischer oder 1 TL getrockneter Thymian

4 EL Marc de Provence (Tresterbranntwein) oder Cognac

1 Flasche (0,75 l) kräftiger Rotwein, z.B. Côtes de Provence

5 EL bestes kaltgepreßtes Olivenöl

1 TL schwarze Pfefferkörner · 3 Nelken · 3 EL Butter

500 g frische Steinpilze oder Zuchtpilze

1 EL Tomatenmark · Salz · frisch gemahlener Pfeffer

geriebene Schale und Saft von 1 Orange

Einen Tag vorher das Fleisch mit Möhren, Zwiebeln, Knoblauch, Petersilie, Sellerie, Lorbeerblättern, Thymian, Marc, Rotwein und 1 EL Olivenöl in einer großen Schüssel vermischen. Pfefferkörner und Nelken in ein kleines Mulltuch binden und zufügen. Zugedeckt für 24 Stunden in den Kühlschrank stellen. In dieser Zeit ein- oder zweimal umrühren. Fleisch und Gemüse aus dem Kühlschrank nehmen und zimmerwarm werden lassen. Das Fleisch mit einem Schaumlöffel aus der Marinade nehmen, abtropfen lassen und mit Küchenkrepp trockentupfen. Die Gemüse beiseite stellen. Marinade und Mullsäckchen in eine große feuerfeste Kasserolle geben und bei Mittelhitze zum Kochen bringen. 5 Minuten kochen lassen, um die Flüssigkeit etwas zu reduzieren. Vom Herd nehmen. Die Butter und 4 EL Olivenöl auf höchster Stufe in einer großen Pfanne erhitzen. Nach dem Aufschäumen die Hälfte des Fleisches hineingeben und etwa 5 Minuten von allen Seiten anbraten, bis es ringsum braun ist. Mit einem Schaumlöffel in die Flüssigkeit in der Kasserolle heben. Mit dem restlichen Fleisch ebenso verfahren.

In derselben Pfanne das Gemüse etwa 7 Minuten anbraten, bis es ebenfalls gebräunt ist und in die Kasserolle geben. Nun die Pilze in der Pfanne etwa 5 Minuten sautieren, bis sie leicht gebräunt sind; beiseite stellen. Das Tomatenmark in die Kasserolle rühren. Bei Mittelhitze zum Kochen bringen. Auf niedrigste Stufe zurückschalten und das Ganze 3 1/2-4 Stunden köcheln lassen, bis das Fleisch sehr weich ist. Gelegentlich abschäumen. Mit Salz und Pfeffer würzen, Pilze, Orangenschale und -saft unterrühren. Das Mullsäckchen entfernen. (Die **daube** kann 2-3 Tage im voraus zubereitet und im Kühlschrank aufbewahrt werden. Vor dem Servieren wieder erhitzen.) Mit Kartoffeln, Reis oder Nudeln servieren.

Estouffade provençale
Provenzalisches Rinderragout

Dieses Rinderragout ist seit Jahrzehnten im »La Mère Besson«, einem traditionsreichen, familiären Bistro in der sonnenverwöhnten Stadt Cannes, das montägliche Gericht. Ein leichteres Rezept wird man kaum finden: An einem Tag gibt man alle Zutaten zusammen in eine Kasserolle, am nächsten werden sie gekocht; dann läßt man das Ganze einen Tag ruhen, entfernt das überschüssige Fett von der Oberfläche, wärmt das Gericht wieder auf und serviert es. Man braucht nur einen Topf abzuspülen! Es ist ein köstliches, saftiges Rinderragout, mit den besten Zutaten der Provence mariniert: kräftiger Rotwein, Thymian, Knoblauch, Zwiebeln und Möhren. Zum Schluß kommt noch etwas frische oder getrocknte Orangenschale hinein, und fertig ist das Essen. Reichen Sie zur **estouffade** entweder eine »Macaronade« (siehe Seite 92), ein einfaches Gratin aus Makkaroni und Parmesan, mit der Garflüssigkeit des Ragouts zubereitet, oder einfach Butternudeln mit geriebenem Parmesan.

Für 8 Personen:

1,2 kg Rindfleisch zum Schmoren,
in 4 cm große Stücke geschnitten (das erledigt der Metzger)

---

2 mittelgroße Zwiebeln, grob gehackt

---

2 Knoblauchzehen, zerdrückt

---

1 Möhre, geputzt, in 1 cm dicke Scheiben geschnitten

---

1 Stange Sellerie, kleingeschnitten

Salz · frisch gemahlener schwarzer Pfeffer

---

2 EL bestes kaltgepreßtes Olivenöl

---

1 Flasche (0,75 l) Rotwein, vorzugsweise aus der Provence

---

1 Bund Thymian · 3 Lorbeerblätter

---

1 Streifen Orangenschale, etwa 5 cm breit, gehackt

Zwei Tage vorher alle Zutaten bis auf die Orangenschale in einer großen emaillierten Kasserolle vermengen und über Nacht zugedeckt kalt stellen. Das Ganze am nächsten Tag bei schwacher Hitze zum Kochen bringen. 3-4 Stunden leise köcheln, bis das Fleisch ganz weich ist. Das Ragout abkühlen lassen und für etwa 12 Stunden in den Kühlschrank stellen, bis das Fett an der Oberfläche fest geworden ist. Vor dem Servieren alles überschüssige Fett abnehmen. Das Ragout 10-15 Minuten erhitzen, bis das Fleisch heiß ist. Abschmecken. Lorbeerblätter und Thymian entfernen, die Orangenschale unterrühren und servieren.

Gardiane La Camargue
Rinderragout mit schwarzen Oliven »La Camargue«

Eines der typischen und beliebtesten Gerichte der Camargue südlich von Arles, dem »Land der Cowboys«, ist die **gardiane**, ein herzhaftes Rinderragout (meist aus Bullenfleisch zubereitet) mit dicken schwarzen Oliven aus Nyons und dem kräftigen Rotwein der Provence. Ich kenne nur wenige so angenehme Lokale wie das kleine Dorf-Bistro »La Camargue« in Aigues-Mortes. Hier lassen sich die Gäste neben den **tellines**, winzigen, in Olivenöl und Knoblauch sautierten Muscheln, gern das kräftige, mit Wein verfeinerte Ragout schmecken, das einige Stunden auf dem Herd leise vor sich hinköchelt, bis das Fleisch butterweich ist. Trinken Sie dazu einen roten Côtes du Rhône, etwa einen Vacqueyras.

Für 6 Personen:
2,2 kg Rindfleisch zum Schmoren, vorzugsweise je zur Hälfte aus Keule und Kamm, in Stücke zu etwa 100 g geschnitten
5 Knoblauchzehen
3 mittelgroße Zwiebeln, in Ringe geschnitten
4 Möhren, geputzt, in gut 2 cm lange Stücke geschnitten
1 Flasche (0,75 l) kräftiger Rotwein, z.B. Côtes du Rhône

2 EL Olivenöl
2 Zweige frischer oder 1/2 TL getrockneter Thymian
3 Lorbeerblätter
125 g in Öl eingelegte schwarze Oliven, vorzugsweise aus Nyons
Salz · frisch gemahlener schwarzer Pfeffer

Einen Tag vorher Fleisch, Knoblauch, Zwiebeln, Möhren und Wein in eine große Schüssel geben. Das Ganze für 24 Stunden in den Kühlschrank stellen; in dieser Zeit ein- oder zweimal umrühren. Drei Stunden vor der Zubereitung das Fleisch aus dem Kühlschrank nehmen, so daß es Zimmertemperatur annehmen kann. Aus der Marinade heben und abtropfen lassen. Das Öl in einer sehr großen, schweren Kasserolle auf mittlerer Stufe erhitzen. Das Fleisch darin – falls nötig portionsweise – von allen Seiten anbräunen. Es soll in der Kasserolle genügend Platz haben. Thymian, Lorbeerblätter und Oliven zufügen, mit Salz und Pfeffer würzen. Die Marinade über das Fleisch gießen, zudecken und zum Kochen bringen. Hitze zurückschalten und das Ganze bei halb offenem Deckel 2 Stunden leise köcheln lassen. Lorbeerblätter und Thymian herausnehmen und wegwerfen. Das Ragout auf einer tiefen Platte mit gekochtem Reis, Kartoffeln oder Nudeln servieren.

Sauté de veau aux carottes La Boutarde

Kalbfleisch mit Möhren »La Boutarde«

Für dieses Gericht braucht man nur drei Grundzutaten – Kalbfleisch, Wein und Möhren –, und wenn es gut zubereitet wird, ist es ein wahrhaft königliches Mahl aus butterweichem, fein gewürztem Kalbfleisch mit zarten Möhren, die in der würzigen Sauce mitschmoren. Diese Variante des klassischen Gerichts stammt aus dem »La Boutarde«, einem kleinen Bistro, das mittags für die Redakteure und Mitarbeiter des International Herald Tribune als **cantine** fungiert. Ich bereite dieses Gericht immer einen Tag im voraus zu, damit sich die Aromen richtig entfalten können. Und gerade weil es durch seine Einfachheit besticht, braucht man dazu nicht einmal Kartoffeln oder Reis als Beilage. Ein knackiger gemischter Salat und knuspriges Baguette reichen vollkommen aus. Trinken Sie dazu den Wein, den Sie zum Kochen verwenden. Ich empfehle einen Muscadet de Sèvre-et-Maine von der Atlantikküste.

Für 4-6 Personen:
4 EL bestes kaltgepreßtes Olivenöl
1 kg Kalbfleisch zum Schmoren aus Schlegel oder Lende, in ziemlich große, etwa 60 g schwere Stücke geschnitten
Salz · frisch gemahlener schwarzer Pfeffer
2 Zwiebeln, in dünne Ringe geschnitten
1 Flasche (0,75 l) Weißwein, z.B. Muscadet de Sèvre-et-Maine
3 Lorbeerblätter · 2 TL Kräuter der Provence (siehe Seite 268)
2 kleine Tomaten, geschält, entkernt und gehackt
1 kg zarte, junge Möhren, geputzt und in dünne Scheiben geschnitten

Das Öl auf mittlerer Stufe in einer tiefen Pfanne von 30 cm Durchmesser erhitzen. Die Fleischwürfel darin von allen Seiten anbräunen. Nicht zuviel auf einmal in die Pfanne geben und beim Anbraten Zeit lassen das Fleisch soll schön braun sein und sein Aroma entwickeln. Die Wärmezufuhr dabei so regulieren, daß es nicht zu dunkel wird. Die angebratenen Fleischstücke auf eine Platte geben, mit Salz und Pfeffer würzen. Wenn das ganze Fleisch angebraten ist, kommt es wieder in die Pfanne. Die Zwiebeln zufügen und 2-3 Minuten bei Mittelhitze braten, bis sie weich und glasig sind. Hitze etwas zurückschalten und 1/4 l Wein zugießen. Den Bratensatz vom Boden lösen und gründlich umrühren. Lorbeerblätter, Kräuter und Tomaten unterrühren. Zugedeckt zum Kochen bringen und etwa 5 Minuten köcheln lassen. Nochmals 1/4 l Wein zugießen und zugedeckt 1 Stunde bei Mittelhitze leise köcheln lassen. Den restlichen Wein unterrühren und das Ganze eine weitere Stunde zugedeckt köcheln lassen. Das Fleisch aus der Pfanne nehmen und beiseite stellen. Die Möhren in die Pfanne geben und zugedeckt so lange köcheln, bis sie einen Großteil der Flüssigkeit aufgenommen haben. Das Fleisch wieder in die Pfanne geben und erhitzen. Sofort servieren.

Tendrons de veau Le Caméléon

Geschmorte Kalbsbrustspitzen mit frischen Nudeln »Le Caméléon«

Zu den beliebtesten Stücken vom Kalb, die man zum Schmoren verwendet, gehören in Frankreich **tendrons**, Kalbsbrustspitzen, die wie Spareribs aussehen. Für dieses Rezept können Sie jedes gute, zum Schmoren geeignete Stück vom Kalb nehmen, zum Beispiel Brust, Rippenstück, Schulter oder Koteletts aus der Schulter und die Nuß oder Haxe. Dieses Gericht gehört zu meinen liebsten (sowohl was das Zubereiten als auch das Verspeisen betrifft!), und ich bestelle es ziemlich oft, wenn ich das populäre Pariser Bistro »Le Caméléon« besuche. Dazu trinke ich gern einen fruchtigen roten Saumur-Champigny aus dem Loiretal.

Für 6-8 Personen:
2 EL Erdnußöl
1 kg Kalbsbrust mit Knochen (den Metzger bitten, mehrere gleich breite Stücke aus der unteren Brust zu schneiden)
Salz · frisch gemahlener schwarzer Pfeffer
1/4 l trockener Weißwein,
4 mittelgroße Möhren, geputzt und in Scheiben geschnitten
2 mittelgroße Zwiebeln, in Ringe geschnitten
4 Knoblauchzehen, grob gehackt
2 Lorbeerblätter
1 TL getrockneter Thymian
1 große Dose (800 g) italienische Tomaten mit Saft
500 g frische Fettucine (schmale Bandnudeln)
eine kleine Handvoll glattblättrige Petersilie, fein gehackt

Das Öl in einer tiefen Pfanne von 30 cm Durchmesser auf mittlerer Stufe erhitzen. Sobald es heiß ist, das Fleisch darin portionsweise auf beiden Seiten anbräunen; die Pfanne sollte nicht zu voll sein. Gründliches Anbraten ist zwar zeitaufwendig, aber wichtig, damit das Fleisch ein kräftiges Aroma entwickelt. Jede Portion etwa 5 Minuten anbraten und die Wärmezufuhr so regulieren, daß das Fleisch nicht zu dunkel wird. Das angebratene Fleisch auf eine Platte geben, mit Salz und frisch gemahlenem schwarzem Pfeffer würzen. Nach dem Anbraten das Fett aus der Pfanne gießen und das Fleisch wieder hineingeben. Wein, Möhren, Zwiebeln, Knoblauch, Lorbeerblätter, Thymian und Tomaten zufügen und auf höchster Stufe zum Kochen bringen. Auf die niedrigste Stufe zurückschalten und alles zugedeckt etwa 1 1/2 Stunden köcheln lassen, bis das Fleisch weich und die Sauce eingedickt ist. Darauf achten, daß das Ganze immer köchelt. Inzwischen in einen großen Topf Wasser zum Kochen bringen, bis es sprudelt. Salzen, die Nudeln hineingeben und nach Anleitung biß-

fest kochen. Wasser abießen und die Nudeln auf eine große, vorgewärmte Platte legen. Das Fleisch mit einem Schaumlöffel aus der
Pfanne nehmen und auf die Nudeln plazieren. Die Sauce durch ein
Sieb streichen und über das Fleisch gießen. Mit Petersilie bestreuen
sofort servieren.

Baeckeofe Caveau d'Eguisheim
Elsässer Eintopf mit dreierlei Fleisch

Der **Baeckeofe**, was soviel wie »Bäckerofen« heißt, ist ein typisches
»Fleisch-Kartoffel-Gericht«. Er wurde im Elsaß traditionell montags
gegessen, wenn die Hausfrauen große Wäsche und deshalb wenig
Zeit zum Kochen hatten. Sie brachten die garfertig vorbereiteten
Kasserollen morgens in die **boulangerie**, und der Bäcker stellte die
bunten, handbemalten Tongefäße in seinen Steinofen, der mit Holz
beheizt wurde. Mittags, wenn die Frauen mit der Wäsche fertig waren, holten sie ihre dampfenden Kasserollen wieder ab. Baeckeofe ist
ein Hochgenuß für jeden, der gern Fleisch ißt. Servieren Sie dazu den
Wein, den Sie zum Kochen verwenden, am besten einen Elsässer
Weißwein. Statt in einem großen Tontopf können Sie den Baeckeofe
auch in einem gußeisernen Bräter mit gut schließendem Deckel zubereiten.

Für 8-10 Personen:
Fleisch und Marinade: *500 g Rinderschulter ohne Knochen, alles Fett entfernt, in 7 cm große Würfel geschnitten*
500 g Lammschulter oder Lammkoteletts, Knochen ausgelöst und in 7 cm große Würfel geschnitten
500 g Schweineschulter oder Koteletts, Fett entfernt, in 7 cm große Würfel geschnitten
1 Flasche (0,75 l) weißer Elsässer Silvaner, Tokajer oder Riesling
4 Möhren, geputzt und in dünne Scheibchen geschnitten

2 mittelgroße Zwiebeln, in dünne Scheiben geschnitten

3 Knoblauchzehen · 2 Lorbeerblätter

2 EL getrockneter Thymian

Salz nach Belieben

Gemüse: 2 kg mehlige Kartoffeln,
geschält und in dünne Scheiben geschnitten

500 g Zwiebeln, in dünne Scheiben geschnitten

3 Stangen Lauch, geputzt, gewaschen, in dünne Ringe geschnitten

Salz · frisch gemahlener schwarzer Pfeffer

Einen Tag vorher das Fleisch marinieren: Dazu alle Zutaten für die Marinade und das Fleisch in eine sehr große Schüssel geben. Alles gut durchmischen, fest mit Frischhaltefolie abdecken und über Nacht in den Kühlschrank stellen. Am nächsten Tag den Ofen auf 190°C vorheizen. Etwa ein Drittel des Gemüses (Kartoffeln, Zwiebeln und Lauch) auf dem Boden einer sehr großen Kasserolle verteilen. Das Fleisch aus der Marinade nehmen und abtropfen lassen, die Marinade mit den Gewürzen beiseite stellen. Die Hälfte des Fleisches auf das Gemüse geben, mit Salz und Pfeffer würzen. Darauf die nächste Schicht Gemüse und das restliche Fleisch geben. Wieder würzen. Das restliche Gemüse auf das Fleisch schichten, würzen und die Marinade mit den Gewürzen darübergießen. Die Kasserolle gut abdecken und das Ganze etwa 3 Stunden im Ofen garen, bis das Fleisch ganz weich ist.

Üblicherweise wird die Kasserolle mit einem Brotteig dicht verschlossen, so daß kein Dampf entweicht, aber das ist nicht unbedingt notwendig. Eigentlich muß man während der dreistündigen Garzeit nicht nachsehen, aber ich mache es trotzdem hin und wieder, um sicher zu sein, daß die Flüssigkeit nicht ganz verkocht ist. Die Kasserolle aus dem Ofen nehmen, etwas schräg halten und überschüssiges Fett abschöpfen. Fleisch und Gemüse auf große, vorgewärmte Teller geben und sofort servieren.

Daube de queue de boeuf

Geschmorter Ochsenschwanz

Ochsenschwanz ist eines der billigsten und aromatischsten Fleischstücke. Man kann ihn gut einige Tage in einer kräftigen Mischung aus Rotwein, Kräutern und Gemüse marinieren. Je länger, desto besser schmeckt er. Er sollte mindestens 3 Tage ziehen. Da Ochsenschwanz ziemlich fett ist, sollten Sie ihn lange schmoren, dann abkühlen lassen, um das Fett abzuschöpfen. Servieren Sie dieses Gericht in vorgewärmten Suppentellern, mit dicken Nudeln, gemischtem Salat und einem kräftigen Rotwein.

Für 8-12 Personen:
Marinade und Ochsenschwanz: *4 Nelken*
500 g Zwiebeln, geschält und geviertelt
1 Knoblauchknolle, die Zehen geschält und halbiert
250 g Schalotten, geschält
500 g Möhren, geputzt und in 2 cm dicke Scheiben geschnitten
3 Flaschen (à 0,75 l) Rotwein, z.B. Côtes du Rhône
1 Bund Petersilie · 4 Lorbeerblätter · 1 Bund Thymian
1 TL schwarze Pfefferkörner
2,5 kg Ochsenschwanz, in 10 cm große Stücke zerteilt
Außerdem: *300 g gepökelter Schweinebauch, gewürfelt*
500 g Möhren, geputzt und in 2 cm dicke Scheiben geschnitten
Salz · frisch gemahlener schwarzer Pfeffer
Zum Servieren: *grobes Salz*
250 g Rigatoni (kurze, dicke Röhren) oder Makkaroni

4 Zwiebelviertel mit einer Nelke spicken. Alle Zutaten für die Marinade einschließlich der Pfefferkörner in eine große Kasserolle oder einen Bräter geben. Die Ochsenschwanzstücke zufügen und das Ganze zugedeckt bis zu 5 Tagen im Kühlschrank marinieren. Während dieser Zeit den Inhalt gelegentlich umrühren und die Zutaten gleichmäßig verteilen. Den Ochsenschwanz aus der Marinade nehmen und gut abtropfen lassen.

Den Schweinebauch in einer schweren Pfanne bei Mittelhitze anbraten, bis er gleichmäßig gebräunt ist. Den Ochsenschwanz portionsweise zufügen und von allen Seiten anbraten. Ochsenschwanz und Schweinebauch in die Marinade geben und nötigenfalls soviel Wasser zufügen, daß das Fleisch gut bedeckt ist. Bei Mittelhitze zum Kochen bringen. Fett und Schaum sorgfältig abschöpfen. Das Ganze mindestens 2 - 2 1/2 Stunden leise köcheln lassen, bis das Fleisch so weich ist, daß es sich vom Knochen löst. Die Kasserolle vom Herd nehmen und den Inhalt abkühlen lassen. Zugedeckt über Nacht in den Kühlschrank stellen.

Am nächsten Tag alles Fett, das sich an der Oberfläche abgesetzt hat, abnehmen. Die Möhren zufügen, mit Salz und Pfeffer würzen und das Ganze erhitzen. Eventuell nachwürzen. In einem großen Topf Wasser zum Kochen bringen, salzen und die Nudeln bißfest kochen. Die abgegossenen Nudeln gleichmäßig auf vier tiefe Suppenteller verteilen. Die Ochsenschwanzstücke mit einer Fleischgabel aus der Kasserolle nehmen. Abtropfen lassen und auf ein Brett legen. Größere Fleischstücke auslösen und auf die Nudeln legen. Sauce und Gemüse daraufgeben und das Ganze mit etwas grobem Salz bestreuen. Sofort servieren.

Gigot d'agneau à la sept heures
Ambassade d'Auvergne

Sieben-Stunden-Lammkeule »Ambassade d'Auvergne«

Lammfleisch sieben Stunden lang garen? Wer meint, Lammfleisch sei nur dann gut, wenn es innen rosa ist, für den ist diese Zubereitungsart schlicht Ketzerei! Ich habe dieses Gericht vor Jahren im »Ambassade d'Auvergne« in Paris gegessen und finde, daß eine große Lammkeule durch langsames Garen – fast wie Schmorfleisch – wirklich gut wird. Das erste Mal habe ich solch eine Keule in unserem mit Ziegeln ausgekleideten Brotofen geschmort; unser Hof war den ganzen Nachmittag von dem köstlichen Aroma erfüllt. Ein Freund von mir hat die Lammkeule mit Rotwein zubereitet und es schmeckte einfach köstlich. Eigentlich verwendet man für dieses Gericht Hammelkeule, aber Lammkeulen eignen sich ebensogut. Trinken Sie dazu einen guten Rotwein, zum Beispiel einen Côteau d'Auvergne oder einen Gigondas.

Für 12 Personen:
6 mittelgroße Zwiebeln, geviertelt
6 Möhren, geputzt und geviertelt
1 Knoblauchknolle, die Zehen geschält und halbiert
6 Lorbeerblätter
1 Bund frischer oder einige TL getrockneter Thymian
1 Lammkeule mit Knochen, 3 - 3,5 kg schwer
Salz · frisch gemahlener schwarzer Pfeffer
2 Flaschen (à 0,75 l) trockener Weißwein, z.B. Aligoté
2,5 kg große, festkochende Kartoffeln, geschält und geviertelt
5 Tomaten, geschält, entkernt und gehackt

Den Ofen auf 220°C vorheizen. Zwiebeln, Möhren, Knoblauch, Lorbeerblätter und Thymian in einen Bräter mit Deckel geben, der groß genug ist für die Lammkeule. Die Lammkeule darauflegen und ohne Deckel 30 Minuten braten. Den Bräter aus dem Ofen nehmen und die Keule mit reichlich Salz und Pfeffer würzen. Wieder in den Ofen schieben und weitere 30 Minuten braten. Den Bräter aus dem Ofen holen, den Ofen jedoch nicht abschalten. Auf den Herd stellen, den Wein langsam über die Lammkeule gießen und zum Kochen bringen. Den Bräter zugedeckt wieder in den Ofen schieben und die Lammkeule braten, bis das Fleisch ganz weich ist und sich vom Knochen löst. Die Garzeit hängt davon ab, wie groß und wie zart die Lammkeule ist, sowie von dem Gefäß, in dem sie gegart wird. Normalerweise braucht sie 4-5 Stunden, nachdem man den Wein zugegossen hat. Am besten man sieht ab und zu nach und reduziert die Ofenwärme, wenn das Fleisch zu stark bräunt oder die Flüssigkeit zu sehr verdampft. Eine Stunde vor dem Servieren die Kartoffeln und Tomaten zugeben und das Ganze zugedeckt eine weitere Stunde garen, bis die Kartoffeln durch sind. Das Fleisch sollte ganz weich sein und sich vom Knochen lösen. Man sollte es »mit dem Löffel essen können«, wie die Franzosen sagen.

Tranche de gigot La Boutarde
Gebratene Lammkeulenscheiben »La Boutarde«

Französisches Lammfleisch ist wunderbar, ganz zart und aromatisch. Ich mag es sehr gern, und deshalb wird es bei uns auch häufig gegessen. Diese Variante habe ich zum ersten Mal in dem kleinen Pariser Bistro »La Boutarde« gegessen. Ich habe das Gericht mit einer meiner Lieblingszutaten verfeinert, mit Knoblauch. Man kann es bereits einige Stunden im voraus vorbereiten, so daß zum Schluß nur noch wenig zu tun ist. Reichen Sie dazu ein Kartoffelgratin und einen kräftigen Rotwein, zum Beispiel einen roten Hermitage.

Für 4 Personen:
3 EL bestes kaltgepreßtes Olivenöl
40 Knoblauchzehen, ungeschält · 1 EL frischer Thymian
4 Scheiben Lammkeule à 150 g
Salz · frisch gemahlener schwarzer Pfeffer
4 EL trockener Weißwein, z.B. Cassis

Das Öl in einer großen gußeisernen Pfanne auf mittlerer Stufe erhitzen. Knoblauch und Thymian hineingeben und 5-6 Minuten sautieren, bis der Knoblauch weich zu werden beginnt; die Pfanne dabei ständig rütteln. Die Wärmezufuhr so regulieren, daß der Knoblauch nicht anbrennt. Knoblauch und Thymian auf eine vorgewärmte Platte geben und zugedeckt warm stellen. Die Fleischscheiben in der heißen Pfanne auf beiden Seiten schnell anbraten. (1-2 Minuten pro Seite, wenn der Kern noch blutig, 3-4 Minuten von jeder Seite, wenn das Fleisch ganz durchgebraten sein soll.) Das Fleisch auf 4 Teller verteilen, mit Salz und Pfeffer würzen. Den Bratensatz mit dem Wein ablöschen, Knoblauch und Thymian wieder zufügen und mit der Sauce verrühren. Die Sauce über das Fleisch gießen und sofort servieren.

Gigot d'automne Guy Savoy
Herbstliche Lammkeule »Guy Savoy«

Lamm ist mir von allen Fleischsorten am liebsten, und davon wiederum bevorzuge ich die Keule. Dieses Rezept hat Ähnlichkeit mit anderen beliebten Bistro-Gerichten wie **boeuf à la ficelle**, **navarin printanier** und dem klassischen **pot-au-feu**. Das größte Problem dabei ist, einen ausreichend großen Bräter zu finden! Ein großer, ovaler Topf eignet sich auf jeden Fall besser als ein runder. Und die Größe der Lammkeule hängt von der Anzahl der Gäste ab. Gehen Sie von einer Garzeit von etwa 10 Minuten pro Pfund aus, dann ist das Fleisch innen noch rosa. Das Rezept stammt von Guy Savoy, einem von mir sehr geschätzten Pariser Küchenchef. Er leitet sowohl das elegante Restaurant, das seinen Namen trägt, als auch das »Bistro de l'Etoile« gleich gegenüber.

Für 8 Personen:

---

1 Lammkeule mit Knochen (3-3,5 kg schwer)

1/2 Kohlkopf (etwa 750 g), mit Küchengarn zusammengebunden, damit er seine Form behält

---

500 g Möhren, geputzt und in Scheibchen geschnitten

---

500 g weiße Rübchen, geputzt und halbiert oder geviertelt

---

220 g Knollensellerie, geputzt und gewürfelt

---

3 Stangen Lauch, gut gewaschen, geputzt und mit Küchengarn zusammengebunden

---

500 g Perl- oder Gemüsezwiebeln

---

1 große Zwiebel, mit 2 Nelken gespickt

---

3 Knoblauchzehen ungeschält · 2 Schalotten mit Schale

Bouquet garni, bestehend aus: 12 Petersiliestengeln, 8 Pfefferkörnern, 1 Lorbeerblatt, 1/4 TL Fenchelsamen, 1/4 TL getrocknetem Thymian, in ein doppellagiges Mulltuch gebunden

---

1 EL Salz · 10 schwarze Pfefferkörner

1/8 l Crème fraîche (siehe Seite 272) oder dicke Sahne

1/8 l eingelegter Meerrettich, abgetropft

Die Lammkeule mit Küchengarn zusammenbinden, damit sie beim Garen ihre Form behält, und in einen großen Topf geben. Gemüse, Knoblauch, Schalotten, Bouquet garni und Salz zufügen. Mit reichlich kaltem Wasser bedecken und bei starker Mittelhitze mit halb offenem Deckel zum Kochen bringen. Das dauert etwa 20-25 Minuten. In dieser Zeit des öfteren abschäumen. Sobald das Wasser zu kochen beginnt, den Herd auf niedrigste Temperatur zurückschalten. Die Pfefferkörner zufügen und die Keule etwa 10 Minuten pro Pfund leise köcheln lassen. Dann ist sie innen noch rosa. Den Herd am Ende der Garzeit abschalten und die Lammkeule 15 Minuten in der Brühe ziehen lassen. Inzwischen die Meerrettichsauce zubereiten. Dafür Crème fraîche und Meerrettich verrühren, mit Salz und Pfeffer würzen. Die Lammkeule auf ein Tranchierbrett legen. Das Küchengarn entfernen, die Keule in Scheiben schneiden und in der Mitte einer großen Platte anrichten. Den Kohl in 8 Stücke schneiden, den Lauch der Länge nach halbieren. Das Gemüse um das Fleisch herumlegen und mit Meerrettichsauce servieren

Reste?

Hier noch ein Tip von Colette Dejean vom »Chez Toutoune« in Paris, wenn von der Lammkeule etwas übrig geblieben ist: Gehackte Schalotten in Butter anbräunen und etwas Bouillon dazugeben. Frisch geriebene Semmelbrösel und etwas Rotweinessig zufügen. Bei schwacher Hitze köcheln lassen, bis eine dicke Sauce entsteht, und etwas in Würfel geschnittene saure Gurke unterrühren. Die zimmerwarmen oder aufgewärmten Scheiben der Lammkeule damit übergießen und servieren.

Gigot rôti au gratin de Monsieur Henny
Lammbraten mit Kartoffelgratin »Monsieur Henny«

Dieses einfache, sättigende Gericht ist einer jener »Eintöpfe«, die französische Landfrauen gern beim Bäcker am Ort in dem großen Backofen garen ließen. Dieser Lammbraten ist inzwischen zur Spezialität unseres Hauses in der Provence geworden. Der Fleischsaft vermischt sich bei diesem Rezept – es stammt übrigens von meinem Dorfmetzger, Roland Henny – so schön mit dem Gratin aus Kartoffeln, Tomaten und Zwiebeln. Das Lamm wird traditionell direkt im Gratin gegart, ich lege das Fleisch aber lieber auf ein stabiles Kuchengitter oder einen Rost, den ich etwa 3 cm über dem Gratin in den Ofen schiebe. So wird das Fleisch gebraten statt geschmort. Reichen Sie dazu einen gehaltvollen Rotwein, etwa einen Côtes du Rhône Villages oder einen Châteauneuf-du-Pape.

Für 8-10 Personen:

6 Knoblauchzehen, 1 Zehe halbiert, der Rest gehackt

1 kg mehlige Kartoffeln, geschält, in dünne Scheiben geschnitten

Salz · frisch gemahlener schwarzer Pfeffer · 1 EL frischer Thymian

2 große Zwiebeln, in sehr dünne Scheiben geschnitten

5 mittelgroße Tomaten (etwa 500 g), entkernt und in dünne Scheiben
geschnitten

160 ml trockener Weißwein · 80 ml bestes kaltgepreßtes Olivenöl,

1 Lammkeule mit Knochen (3-3,5 kg schwer)

Den Ofen auf 200°C vorheizen. Den Boden einer großen ovalen
Auflaufform aus Porzellan in den Maßen 40 x 25 x 5 cm mit der
Schnittfläche der halbierten Knoblauchzehe einreiben. Die Kartoffeln in einer Lage hineinschichten, mit reichlich Salz und Pfeffer, etwas Thymian und gehacktem Knoblauch würzen. Die Zwiebelscheiben darauflegen und wie die Kartoffeln würzen. Darauf die
Tomatenscheiben plazieren, mit Salz, Pfeffer, dem restlichen Thymian und Knoblauch würzen. Den Wein und dann das Öl darübergießen. Die Lammkeule vom Fett befreien, das Fleisch mit Salz und
Pfeffer einreiben. Ein stabiles Kuchengitter oder einen Rost direkt
über dem Gratin in den Ofen schieben und die Lammkeule darauflegen, so daß der Fleischsaft in das Gratin tropfen kann. Die Lammkeule etwa 1 1/4 Stunden garen (nicht abdecken), wenn sie innen
noch blutig sein soll. (30-40 Minuten länger, wenn sie durchgebraten
sein soll.) Die Keule alle 15 Minuten umdrehen und mit Flüssigkeit
aus dem Gratin begießen. Aus dem Ofen nehmen und vor dem Aufschneiden 20 Minuten ruhen lassen. Das Fleisch in dünne Scheiben
schneiden und auf vorgewärmten Tellern oder einer Platte mit dem
Gratin anrichten.

Le sauté d'agneau aux flageolets Le Perraudin

Lammragout mit Bohnenkernen »Le Perraudin«

Zwischen einem klassischen Bistro-Gericht und dem, was eine französische Hausfrau üblicherweise auf den Tisch bringt, gibt es oft gar keinen Unterschied. Das gilt auch für dieses Rezept, bei dem das Lammfleisch kurz angebraten und dann mit dem traditionellen Dreigespann von Möhren, Zwiebeln und Tomaten langsam gegart wird. Die Bohnen als Beilage werden separat gekocht. Dieses Ragout ist genau das richtige bei kaltem Wetter und »ißt sich von allein« oder **»Ça se mange tout seul!«**, wie die Franzosen sagen. Als Hubert Gloaguen, Inhaber des »Le Perraudin« mir das Rezept schickte, schrieb er dazu: »Trinken Sie zu diesem rustikalen Gericht einen Weißwein aus dem Loiretal oder einen Côtes du Rhône. Er sollte fruchtig sein und bei Zimmertemperatur serviert werden. Bon appétit.« Was ist dem noch hinzuzufügen?

Für 6 Personen:
Bohnen: *500 g hellgrüne Bohnenkerne (Flageolets), Limabohnen oder kleine weiße Bohnen, über Nacht eingeweicht*
3 Möhren, geputzt und in Scheiben geschnitten
2 Zwiebeln, geschält und gehackt
Bouquet garni, bestehend aus: einigen Thymianzweigen, Petersilienstengeln und Lorbeerblättern, mit Küchengarn oder in einem doppellagigen Mulltuch zusammengebunden
60 g Frühstücksspeck, gewürfelt · Salz
Lamm: *2 EL Erdnußöl*
1 kg magere Lammschulter mit Knochen, in 5 cm große Würfel geschnitten
Salz · frisch gemahlener schwarzer Pfeffer
90 g Mehl · 1/2 l trockener Weißwein, z.B. Sauvignon Blanc

4 Zwiebeln, geschält und gehackt

3 Möhren, geputzt und in Scheiben geschnitten

5 kleine Tomaten, geschält, entkernt und gehackt
(ersatzweise 3 EL Tomatenmark)

2 Lorbeerblätter

einige Zweige frischer oder 1 TL getrockneter Thymian

einige Petersiliestengel · fein gehackte Petersilie zum Garnieren

Die Bohnen im Einweichwasser zugedeckt auf höchster Stufe zum Kochen bringen. Sobald es kocht, den Topf vom Herd nehmen und die Bohnen zugedeckt 40 Minuten ruhen lassen. Das Wasser abgießen. Die Bohnen erneut mit kaltem Wasser bedecken. Möhren, Zwiebeln, Bouquet garni und Schinken zufügen. Bei Mittelhitze zum Köcheln bringen und zugedeckt etwa 1 Stunde garen, bis die Bohnen weich sind. (Die Garzeit hängt davon ab, wie frisch sie sind. Ältere Bohnen brauchen länger.) Sie sollten aber nicht breiig sein, sondern noch Biß haben. Mit Salz abschmecken. (Die Bohnen können vorab gekocht und aufgewärmt werden.)
Das Öl in einer großen Pfanne auf mittlerer: Stufe erhitzen. Sobald es heiß ist, aber nicht raucht, die Fleischwürfel darin portionsweise etwa 10-15 Minuten von allen Seiten anbraten und mit Salz und Pfeffer würzen. Sobald alles Fleisch angebraten ist, kommt es wieder in die Pfanne. Mit Mehl bestäuben und umrühren. Den Wein zugießen und unter ständigem Rühren zum Kochen bringen. 1 1/2 l Wasser (das Lamm soll darin buchstäblich ertrinken) zugießen und Zwiebeln, Möhren, Tomaten, Lorbeerblätter, Petersilie und Thymian zufügen. Mit Salz und Pfeffer würzen und 1 Stunde zugedeckt köcheln lassen. Auf jeden vorgewärmten Teller 3 oder 4 Fleischstücke geben und die Bohnen daneben plazieren. Etwas Sauce über Fleisch und Bohnen gießen, das Ganze mit Petersilie bestreuen und sofort servieren.

Blanquette d'agneau au vin blanc
Lammragout in Weißweinsauce

Auch dieses Gericht – es wird manchmal im Pariser Bistro »L'Aquitaine« serviert – zählt zu meinen Favoriten. Es ist so einfach und dabei so köstlich und aromatisch. Wenn Sie den Knochen gleich beim
Metzger auslösen und ihn das Fleisch in Würfel schneiden lassen,
bleibt fast nichts weiter zu tun, als den Tisch zu decken und eine gute
Flasche Weißwein zu öffnen, zum Beispiel einen fruchtigen Aligoté
aus dem Burgund. Reichen Sie als Beilage dazu lockeren Reis, mit einer Prise Thymian gewürzt. Ich muß zugeben, daß ich eine **blanquette** früher immer für ein relativ farb- und geschmackloses Gericht hielt. Aber ich habe meine Meinung geändert, und auch Sie
werden begeistert sein, nachdem Sie dieses Rezept mit der köstlichen
Sauce probiert haben, die mit Zitronensaft und Thymian verfeinert
wird.

Für 4 Personen:

---

*1 kg Lammkeule ohne Knochen, Fett und Sehnen entfernt,
das Fleisch in 4 cm große Würfel geschnitten (das kann der Metzger
erledigen)*

---

3 EL Butter · Salz · frisch gemahlener schwarzer Pfeffer

---

4 frische Knoblauchzehen, zerdrückt · 2 EL Mehl

---

1 Flasche (0,75 l) trockener Weißwein, z.B. Aligoté

---

2 Lorbeerblätter · 1 TL getrockneter Thymian

---

1 großes Eigelb

---

1 EL frisch gepreßter Zitronensaft

---

2 EL Crème fraîche (siehe Seite 272) oder dicke Sahne

Die Butter in einer tiefen Pfanne von 30 cm Durchmesser bei Mittelhitze zerlassen. Wenn sie heiß ist, einige Fleischwürfel hineingeben und von allen Seiten anbraten. Das ist wichtig, damit das Fleisch

ein schönes Aroma bekommt. Am besten portionsweise je 5 Minuten anbraten und die Wärmezufuhr so regulieren, daß nichts anbrennt. Gebräunte Fleischwürfel auf eine Platte geben und mit Salz und Pfeffer würzen. Sobald alles Fleisch angebraten ist, kommt es wieder in die Pfanne. Den Knoblauch zufügen und bei Mittelhitze 2-3 Minuten anschwitzen, mit Mehl bestäuben und mit einem Holzlöffel kräftig umrühren, damit das Fleisch von allen Seiten überzogen ist. Den Herd eine halbe Stufe zurückschalten und 1/4 l Wein sowie Lorbeerblätter und Thymian zufügen. Zugedeckt zum Kochen bringen und etwa 5 Minuten köcheln lassen. Weitere 1/4 l Wein zugießen und das Ganze 1 Stunde bei Mittelhitze zugedeckt köcheln lassen. Den restlichen Wein zugießen und weitere 15 Minuten zugedeckt köcheln lassen. (Bis hierher kann das Gericht vorbereitet und zugedeckt bis zu 1 Tag im Kühlschrank aufbewahrt werden. Dann ganz langsam erhitzen und mit dem Rezept fortfahren.)

Eigelb, Zitronensaft und Crème fraîche in einer kleinen Schüssel verrühren. Das Fleisch mit einem Schaumlöffel aus der Pfannen heben und auf eine vorgewärmte Platte legen. Die Pfanne vom Herd nehmen und die Eigelbmischung schnell unter die Sauce rühren, bis sie ganz glatt ist. Das Eigelb darf nicht gerinnen. Die Sauce über das Fleisch gießen. Sofort mit Reis servieren.

Haricots rouges aux boudin noir et chorizo
Kidney-Bohnen mit Blutwurst und Chorizo

Ein rustikaleres, herzhafteres Gericht wird man kaum finden; es ist zwar etwas schwer, jedoch ein ideales Essen in der kalten Jahreszeit. Die Wurst sollte von bester Qualität sein. Das Rezept stammt von Aroxxa Aguirre, einer jungen Küchenchefin, die früher das »Euskalduna« geführt hat, ein kleines baskisches Bistro in Bayonne.

Für 6-8 Personen:
500 g getrocknete Kidney-Bohnen, über Nacht eingeweicht
200 g Bauchspeck ohne Schwarte, *in 4 cm x 2,5 cm große Stücke geschnitten*
1 große Zwiebel, gehackt
2 große Möhren, geputzt und fein gewürfelt
4 Knoblauchzehen, zerdrückt
1/2 - 3/4 l trockener Rotwein, z.B. spanischer Rioja
Salz · frisch gemahlener schwarzer Pfeffer
250 g Chorizo (spanische Knoblauchwurst) · 250 g Blutwurst
2 EL bestes kaltgepreßtes Olivenöl
etwa 125 g eingelegte, milde grüne Chillies, gehackt, zum Garnieren

Die Bohnen gut waschen und sorgfältig verlesen, Steinchen entfernen. In einen großen, schweren Topf geben, mit kochendem Wasser bedecken und 1 Stunde ruhen lassen. Inzwischen den Speck in einer großen beschichteten Pfanne unter häufigem Rühren bei Mittelhitze 3-4 Minuten ausbraten. Zwiebel, Möhren und Knoblauch zufügen und etwa 5 Minuten sautieren, bis der Speck knusprig und die Zwiebelwürfel weich, aber nicht braun sind. Die Bohnen abseihen, das Wasser weggießen. Die Bohnen wieder in den Topf geben und mit Rotwein bedecken. Bei Mittelhitze langsam zum Kochen bringen und gelegentlich abschäumen. Nötigenfalls noch etwas Wein oder Wasser zugießen. Wenn sich kein Schaum mehr an der Oberfläche bildet, die Speckmischung zufügen und das Ganze zugedeckt etwa 30 Minuten leise köcheln lassen. 1 EL Salz unterrühren und so lange garen, bis die Bohnen weich sind. Die Garzeit hängt von der Frische der Bohnen ab. Frischere sind schneller weich als ältere Bohnen. Normalerweise beträgt die Garzeit etwa 2 Stunden.

Während die Bohnen garen, die Wurst zubereiten. (Man kann die Bohnen einige Stunden vor dem Essen kochen und dann wieder erhitzen.) Chorizo und Blutwurst gleichmäßig mit einer Gabel einstechen. Das Öl in einer großen, schweren Pfanne auf mittlerer Stufe erhitzen. Wenn es heiß ist, auf niedrige Temperatur zurückschalten und die Wurst in die Pfanne geben. Unter häufigem Wenden etwa 10 Minuten braten, bis sie gleichmäßig braun ist. Die Bohnen wieder erhitzen und den Herd abschalten. Mit Salz und Pfeffer würzen. Die Bohnen mit Garflüssigkeit auf eine vorgewärmte Platte geben. Die Wurst in dicke Scheiben schneiden, eventuell vorher die Haut abziehen und die Wurstscheiben um die Bohnen herum anrichten. Die eingelegten Chillies gesondert dazu reichen. Sofort servieren.

Les desserts maison
Hausgemachte Nachspeisen

Die Bistro-Küche ist eigentlich nichts anderes als gute Hausmannskost. Es versteht sich, daß auch die Nachspeisen unkompliziert sind
und man dafür weder besondere Gerätschaften noch ausgefallene
Zutaten benötigt. Manche Desserts wie Pflaumen in Rotwein oder
Schokoladen-Mousse kann man das ganze Jahr hindurch zubereiten.
Bei anderen wie dem Himbeerkuchen aus dem »Café du Jura« sollte
man warten, bis im Sommer die Beeren reif sind. Die Auswahl an
Obstkuchen ist besonders groß, denn Apfel- und Birnenkuchen stehen in der »Bistro-Hitliste« stets an erster Stelle. Sie finden hier aber
auch einige regionale Spezialitäten wie die Zitronenkraut-Creme von
Marie-Claude Gracia in Südwestfrankreich, den exzellenten Käseku-
chen von einer **ferme-auberge** im Elsaß und das Birnen-Omelette
»Chez Tante Paulette« aus Lyon.

Mon gâteau au chocolat
Schokoladenkuchen von Marie-Claude Gracia

Meiner Meinung nach kann man für Schokoladenkuchen nie genug Rezepte haben. Diesen hier mag ich besonders gern, weil er einfach, saftig und nicht zu süß ist. Das Rezept stammt von Marie-Claude Gracia vom »La Belle Gasconne« in Poudenas in Südwestfrankreich. Er gehört zu jenen Kuchen, die man fast mit verbundenen Augen machen könnte, so einfach ist seine Zubereitung.

Ergibt 8-12 Stücke:

360 g gute Zartbitter-Schokolade, in kleine Stücke gebrochen;

150 g Butter · 160 g Kristallzucker

5 große Eier · Eiweiß und Eigelb getrennt

45 g Mehl

etwa 2 TL Puderzucker zum Bestäuben (nach Belieben)

Den Ofen auf 175° C vorheizen. Eine Springform oder eine tiefe, beschichtete Kuchenform von 24 cm Durchmesser einbuttern. Schokolade, Butter und Kristallzucker in einer Schüssel im Wasserbad über leise köchelndem Wasser schmelzen. Bei Mittelhitze gründlich verrühren. Die Mischung beiseite stellen und abkühlen lassen. Die Eigelbe und dann das Mehl unterrühren. Das Eiweiß in einer großen Schüssel sehr steif schlagen. Ein Drittel des Eischnees zum Teig geben und gründlich unterrühren. Den restlichen Eischnee langsam und sorgfältig unterheben. Den Teig nicht zu sehr durchrühren, damit er nicht zusammenfällt. Es dürfen aber keine weißen Streifen mehr zu sehen sein. Den Teig in die Form geben und den Kuchen 35-40 Minuten backen, bis er fest, aber noch elastisch ist. Den Kuchen in der Form einige Stunden auf einem Kuchengitter abkühlen lassen, erst dann herausnehmen. Er wird traditionell nicht mit Puderzucker bestäubt, es sieht aber hübscher aus. Dazu reicht man ein Glas Sherry, einen süßen Sauternes oder Banyuls.

Gâteau au chocolat Le Mas de Chastelas

Schokoladenkuchen »Le Mas de Chastelas«

Dieser Kuchen ist so, wie ich mir einen Schokoladenkuchen vorstelle. Einen besseren wird man kaum finden. Das Rezept stammt aus einem schönen Lokal nahe Saint-Tropez, in einer restaurierten **magnanerie** (Seidenraupenzucht) gelegen. Servieren Sie diesen Kuchen einer ausgehungerten Schar von Schokoladenliebhabern. Die Zubereitung mag etwas seltsam anmuten – der Kuchen wird 15 Minuten gebacken und muß dann 12 Minuten »ziehen« –, aber das Ergebnis ist ein sehr saftiger, Mousse-ähnlicher Kuchen.

Ergibt 8-12 Stücke:

---

500 g feine Zartbitter-Schokolade

---

250 g Butter, in kleine Stücke geschnitten

---

10 große Eier, Eigelb und Eiweiß getrennt

---

50 g Zucker · 35 g Mehl

Den Ofen auf 200° C vorheizen. Eine Springform oder eine tiefe, beschichtete Kuchenform von 27 cm Durchmesser einbuttern. Die Schokolade in kleine Stücke brechen und im Wasserbad unter gelegentlichem Rühren schmelzen. Die Schokolade vom Herd nehmen und die Butter unterrühren, bis beides gut vermischt ist. Die Mischung in eine große Rührschüssel geben. Das Eiweiß in einer großen Schüssel sehr steif schlagen. Eigelb und Zucker in einer mittelgroßen Schüssel schaumig rühren, bis die Mischung hellgelb ist. Das Mehl zufügen und gründlich unterrühren. Die Eigelbmischung unter die Schokolade rühren. Ein Drittel des Eischnees gründlich untermischen. Sehr langsam den restlichen Eischnee unterheben, bis keine weißen Streifen mehr zu sehen sind. Den Teig in die Form geben und 15 Minuten backen. Die Form aus dem Ofen nehmen, mit einem Teller abdecken und 12 Minuten beiseite stellen. Zimmerwarm servieren.

Quatre-quarts aux poires

Einfacher Birnenkuchen

Der französische **quatre-quarts** entspricht in etwa unserem Ei-schwer-Kuchen, für den man zu gleichen Teilen Eier, Butter, Mehl und Zucker verwendet. Er ist einer meiner Favoriten – vor allem we-gen des Aromas von gekochten Birnen, Vanille und Birnengeist. Abends serviere ich ihn am liebsten warm mit aufgeschlagener Crème fraîche, die ich mit einem Schuß Birnenschnaps (**eau-de-vie de poire**) verfeinere.

Ergibt 8 Stücke:

---

100 g Vanillezucker (siehe Seite 269)

---

etwa 750 g reife Birnen, geschält, entkernt und geviertelt, jedes Viertel in 4 Schnitze geschnitten

---

2 EL Birnenschnaps · etwa 100 g Butter, zimmerwarm · 2 große Eier

---

90 g Mehl

Den Ofen auf 165° C vorheizen. Eine Springform von 27 cm Durch-messer gut einbuttern und mit 1 EL Vanillezucker ausstreuen. Die Birnenschnitze kreisförmig am äußeren Rand der Form anordnen, so daß sie etwas überlappen. Den inneren Ring ebenfalls dachziegelar-tig mit den restlichen Birnenschnitzen füllen. 1 EL Birnenschnaps darüberträufeln. Butter und den restlichen Vanillezucker in einer mittelgroßen Schüssel mit dem Handmixer schaumig schlagen. Nacheinander die Eier zufügen und gut daruntermischen. Dann das Mehl und den restlichen Birnenschnaps unterrühren. Den Teig in ei-ner dünnen, gleichmäßigen Schicht über die Birnen verteilen. Er muß sie nicht ganz bedecken, denn er geht beim Backen auf. Den Kuchen etwa 45 Minuten backen, bis er fest und gebräunt ist. Aus dem Ofen nehmen und auf einem Kuchengitter abkühlen lassen. Den Kuchen aus der Form lösen und mit aufgeschlagener Crème fraîche, die man auch weglassen kann, servieren.

Gâteau au citron
Zitronenkuchen

Die Franzosen haben viele köstliche Rezepte mit Zitrone, und dies hier ist eines meiner liebsten. Dieser Kuchen ist genau das, was man um drei Uhr nachmittags zu einer schönen Tasse Kaffee oder Tee braucht. Er schmeckt ebenso gut wie ein Dessert; man kann dazu ein Apfel- oder Birnenkompott reichen oder Scheiben von frischer Ananas. Am zweiten oder dritten Tag schmeckt er fast noch besser.

Ergibt 2 Kuchen:
300 g Mehl · 1 TL Backpulver
5 große Eier
300 g Vanillezucker (siehe Seite 269)
185 ml Crème fraîche (siehe Seite 272) oder dicke Sahne
etwa 100 g Butter, zerlassen und gekühlt
1/8 l frisch gepreßter Zitronensaft
geriebene Schale von 4 Zitronen

Den Ofen auf 175° C vorheizen. Zwei 24 cm lange Kastenformen einbuttern. Mehl und Backpulver vermischen. Eier und Zucker in einer großen Schüssel mit dem Handmixer gut verrühren. Mit auf niedriger Stufe laufendem Mixer langsam die folgenden Zutaten nacheinander einarbeiten: Crème fraîche, Mehlmischung, zerlassene Butter, Zitronensaft und Zitronenschale. Das Ganze glattrühren. Den Teig gleichmäßig auf die Kastenformen verteilen. Auf den mittleren Einschub des Backofens stellen und etwa 1 Stunde backen, bis die Oberfläche goldbraun ist und kein Teig hängen bleibt, wenn man mit einem Holzstäbchen in die Kuchenmitte sticht. Die Formen aus dem Ofen nehmen und auf einem Kuchengitter abkühlen lassen. Die Kuchen stürzen und in dünne Scheiben schneiden. Man kann sie, in Frischhaltefolie eingewickelt, gut einige Tage aufbewahren.

Tarte au fromage blanc ferme d'Alsace
Elsässer Käsekuchen

Die französische **tarte au fromage blanc** ist eine leichtere Variante des bei uns so beliebten Käsekuchens. Dieses Rezept ist ein Andenken an den besten Kuchen, den ich je gegessen habe – in einem kleinen Bauernhaus im Elsaß.

Ergibt 8-10 Stücke:
500 g Speisequark · 500 g Naturjoghurt (3,5% Fett)
1 Rezept Pâte sucrée (süßer Mürbeteig), *nur der erste Arbeitsgang (siehe Seite 264)*
3 große Eier
2 EL Crème fraîche (siehe Seite 272) oder dicke Sahne
100 g Zucker

Einen Tag vorher oder am Morgen Quark und Joghurt im Mixer glattrühren. Die Mischung in ein großes, mit einem feuchten Mulltuch ausgelegtes Sieb über einer Schüssel geben. Die Masse 6-24 Stunden bei Zimmertemperatur abtropfen lassen, bis sie ganz trocken und fest ist. Erst dann kann sie weiterverarbeitet werden.

Den Teig auf einer leicht bemehlten Fläche zu einem Kreis von 30 cm Durchmesser ausrollen. In eine Springform von 27 cm Durchmesser geben und am Rand etwas hochziehen. Den Teig am Boden und am Rand gut festdrücken, ohne ihn zu dehnen. Den Rand mit einem Messer begradigen, den Boden mit einer Gabel einstechen. Mindestens 20 Minuten kalt stellen oder eingewickelt bis zu 24 Stunden im Kühlschrank stehenlassen.

Den Ofen auf 190° C vorheizen. Den Boden locker mit Backpapier auslegen und am Rand gut andrücken, damit der Teig beim Backen nicht schrumpft. Bis zum Rand mit Hülsenfrüchten oder trockenem Reis füllen und den Boden etwa 20 Minuten backen, bis der Teig am Rand braun zu werden beginnt und so fest ist, daß er nicht mehr zusammenfällt. Reis oder Hülsenfrüchte (kann man immer wieder zum »Blindbacken« verwenden) sowie Papier herausnehmen und den Boden noch etwa 10 Minuten backen, bis er überall leicht gebräunt ist. Während dieser Zeit immer wieder nachsehen, da die Öfen unterschiedlich heizen und der Teig sehr schnell braun werden kann. Vor dem Füllen mindestens 20 Minuten auf einem Kuchengitter abkühlen lassen. Den Ofen nicht abschalten. Während der Boden backt, die abgetropfte Quarkmischung in eine Rührschüssel geben. Nacheinander die Eier mit dem Handmixer unterrühren. Crème fraîche und Zucker zufügen und das Ganze glattrühren. Die Mischung auf den abgekühlten Boden streichen und 35-40 Minuten backen, bis der Kuchen in der Mitte fest ist. Auf einem Kuchengitter abkühlen lassen, herausnehmen und zimmerwarm servieren.

Financiers aux noisettes
Haselnuß-Butterkekse

Financiers, kleine Butterkekse mit Haselnüssen, sind in Frankreich sehr beliebt. Sie werden zwar traditionell mit Mandeln hergestellt – gute **financiers** schmecken wie mit Marzipan gefüllt –, für diese hier verwendet man aber Haselnüsse. Sie werden wie üblich zuerst im sehr heißen Ofen gebacken, damit sie eine schöne Kruste bekommen. Dann reduziert man die Hitze, damit sie innen saftig bleiben. Spezielle **Financier**-Förmchen (sie sind 5 x 10 cm groß) gibt es in Geschäften für Restaurantbedarf. Kleine Schiffchen- oder Muffinformen sind ebenfalls geeignet.

Ergibt 22 Financiers:
200 g Puderzucker · 100 g Haselnüsse, fein gemahlen
70 g Mehl · 5-6 Eiweiß · 180 g Butter, zerlassen und gekühlt

Den Ofen auf 230° C vorheizen. 22 Financier-Förmchen gut einbuttern. Zucker, Haselnüsse und Mehl in einer mittelgroßen Schüssel vermischen. Die Mischung durch ein feinmaschiges Sieb in eine zweite Schüssel passieren. Sie soll sehr fein sein. Das Eiweiß unterziehen. Die zerlassene Butter zufügen und das Ganze glattrühren. Die Förmchen bis zum Rand mit Teig füllen, auf ein Backblech stellen und dieses auf der Mittelschiene in den Ofen schieben. Die Kekse 7 Minuten backen, dann auf 200° C zurückschalten und weitere 7 Minuten backen. Den Ofen abschalten und die Financiers 7 Minuten abkühlen lassen. Die Förmchen aus dem Ofen nehmen, auf einem Kuchengitter abkühlen lassen und die Kekse herausnehmen. Zu Tee, Kaffee, Eiscreme oder Sorbet servieren. (Anmerkung: Die Förmchen sofort mit einer festen Bürste und heißem Wasser, aber ohne Spülmittel auswaschen.) Die Kekse bleiben in einem luftdicht verschlossenen Behälter einige Tage lang frisch.

Tarte aux pommes Françoise Potel
Apfelkuchen »Françoise Potel«

Ich hatte das Glück, bei der Vorbereitung einiger Weinproben bei Françoise und Gérard Potel auf der Domaine de la Pousse d'Or im Burgund mithelfen zu dürfen. Bei dieser Gelegenheit hat Françoise Potel – eine wunderbare Köchin und Gastgeberin, bei der sich jeder sofort wie zu Hause fühlt – manchmal diesen köstlichen Apfelkuchen serviert. Ich habe das Rezept in mein ständig wachsendes Repertoire aufgenommen.

Ergibt 6-8 Stücke:
1 Rezept Pate demi-feuilleté (Halbblätterteig, siehe Seite 267), nur der erste Arbeitsgang
Füllung: 5 Golden Delicious oder Boskop (etwa 1 kg)
3 EL frisch gepreßter Zitronensaft · 2 EL Butter · 50 g Zucker
Belag: 2 Eier · 100 g Zucker · 6 EL Butter, zerlassen
1 TL Vanille-Extrakt

Den vorbereiteten Teig aus dem Kühlschrank nehmen. Auf einer leicht bemehlten Fläche zu einem Kreis von 30 cm Durchmesser ausrollen und in eine Springform aus Schwarzblech von 27 cm Durchmesser legen. Den Teig mit den Fingerspitzen gut am Boden und am Rand andrücken, ohne ihn zu dehnen. Gut 2 cm über den Rand der Form stehen lassen und begradigen. Den überstehenden Teig in die Form klappen und an der Seite festdrücken, damit ein doppelter Rand entsteht. Den Teig mindestens 20 Minuten kalt stellen. Den Ofen auf 190° C vorheizen. Den Teigboden mit einer Gabel einstechen. Locker mit Backpapier auslegen und an der Seite festdrücken, damit der Teig beim Backen nicht schrumpft. Bis zum Rand mit trockenem Reis oder Hülsenfrüchten füllen und den Boden etwa 20 Minuten backen, bis der Teig am Rand braun zu werden beginnt und so fest ist, daß er nicht mehr zusammenfällt. Die Form aus dem Ofen nehmen, Papier und Hülsenfrüchte (kann man immer wieder zum »Blindbacken« verwenden) entfernen.

Inzwischen die Äpfel schälen und entkernen. Jeden Apfel in 12 gleich große Schnitze schneiden. In einer Schüssel in Zitronensaft wenden, damit sie sich nicht verfärben. Die Butter in einer großen Pfanne bei Mittelhitze zerlassen. Die Apfelschnitze hineingeben, mit Zucker bestreuen und etwa 15 Minuten sautieren, bis sie von allen Seiten leicht gebräunt sind; dabei die Pfanne gelegentlich rütteln. Während die Äpfel dünsten, für den Guß die Eier und den Zucker in der Rührschüssel mit dem Mixer verrühren, bis die Masse dick und hellgelb ist. Zerlassene Butter und Vanille-Extrakt zufügen und weiter auf höchster Stufe rühren, bis die Zutaten gut vermischt sind. Die Äpfel auf dem vorbereiteten Kuchenboden gleichmäßig anordnen und den Guß darüber verteilen. Den Kuchen etwa 30 Minuten backen, bis die Oberfläche goldbraun ist.

Tarte aux pommes à la crème
Apfelkuchen mit Sahne

Dieser köstliche goldgelbe Apfelkuchen ist eine wahre Freude. Er ist einer jener typischen Obstkuchen, die man in allen französischen Bistros findet. Er kommt aus Savoyen, wo es Äpfel und Sahne im Überfluß gibt. Als ich ihn zum ersten Mal servierte, wollten meine Gäste wissen, wo ich ihn gekauft hätte. Ich war ganz stolz, ihnen sagen zu können, er sei **fait maison!**

Ergibt 8 Stücke:
3 große Eigelb
185 ml Crème fraîche (siehe Seite 272) oder dicke Sahne
5 EL Zucker
1 Rezept Pâte brisée (Mürbeteig, siehe Seite 264), vorgebacken und abgekühlt
4 Kochäpfel wie Boskop (etwa 750 g)

Den Ofen auf 190° C vorheizen. Die Eigelbe in eine große Schüssel geben und mit einer Gabel aufschlagen. Crème fraîche und 3 EL Zucker zufügen, das Ganze gründlich vermischen und beiseite stellen. Die Äpfel schälen, vom Kerngehäuse befreien und halbieren. Jede Hälfte vierteln. Den Boden dachziegelförmig mit Apfelschnitzen belegen, dabei am Rand beginnen. Die Sahnemischung darübergießen und mit den restlichen 2 EL Zucker bestreuen . Den Kuchen auf der mittleren Schiene des Ofens etwa 45 Minuten backen, bis die Sahnemischung fest ist und die Äpfel sehr braun sind. Auf einem Kuchengitter abkühlen lassen. Warm oder bei Zimmertemperatur servieren.

Tartelettes aux pommes Lionel Poilâne

Apfeltörtchen »Lionel Poilâne«

Es gibt keine bessere Nachspeise auf der Welt als einen perfekt gelungenen Apfelkuchen, und zu diesen Apfeltörtchen habe ich mich von Lionel Poilâne, dem bekanntesten Bäcker Frankreichs, inspirieren lassen.

Ergibt 4 Apfeltörtchen oder 1 großen Kuchen
(siehe Anmerkung):

---

1 Rezept Pâte sucrée (süßer Mürbeteig, siehe Seite 264),
nur der erste Arbeitsgang

---

4 Golden Delicious oder Boskop (etwa 750 g)

---

4 EL Butter

---

50 g Kristallzucker · 1 Ei, aufgeschlagen

---

1 EL brauner Zucker

Den Ofen auf 220° C vorheizen. Den Teig in 4 gleiche Portionen teilen und diese auf einer leicht bemehlten Fläche zu einer Platte von jeweils 15 cm Durchmesser ausrollen. Die Böden auf ein Backblech legen und bis zum Backen im Kühlschrank aufbewahren. Die Äpfel schälen und vom Kerngehäuse befreien. Jeden Apfel in 12 gleich große Spalten schneiden. Die Butter bei starker Hitze in einer großen Pfanne zerlassen, die Apfelspalten hineingeben, mit Kristallzucker bestreuen und etwa 15 Minuten sautieren, bis sie leicht gebräunt sind. Die Teigplatten aus dem Kühlschrank nehmen und die Äpfel in die Mitte der Böden legen. Den Teig so weit über den Äpfeln einschlagen, daß ein gut 2 cm breiter Rand entsteht. Die Ränder mit dem aufgeschlagenen Ei bestreichen. Die Törtchen etwa 20 Minuten backen, bis sie goldbraun sind. Die Äpfel mit braunem Zucker bestreuen und die Törtchen warm oder bei Zimmertemperatur servieren.

Anmerkung: Für einen großen Kuchen den Teig zu einer 30 cm großen Platte ausrollen und alle Äpfel in die Mitte geben. Dann den Teig einschlagen. Etwa 10 Minuten länger backen, damit der Kuchen gar ist.

Tarte Tatin aux poires
Gestürzter Birnenkuchen »Tatin«

Der gestürzte Apfelkuchen der beiden Schwestern Tatin in dem französischen Dorf Lamotte-Beuvron ist inzwischen berühmt geworden, und dies hier ist eine Variante mit Birnenfüllung. Er ist ganz einfach zuzubereiten. Wenn der Teig hergestellt ist (ich bereite ihn immer einige Stunden im voraus zu), ist der Rest ein Kinderspiel. Wie die echte **tarte Tatin** besteht auch die Variante mit Birnen aus nichts anderem als schön karamelisierten Früchten und einem dünnen Boden. Die Birnenstücke sollen möglichst nicht zu sehr zerkochen. Eine Backform aus Glas hat den Vorteil, daß man beim Stürzen sieht, ob noch Birnenstücke am Boden kleben. Die angegebene Menge an Birnen kommt Ihnen für einen einzigen Kuchen vielleicht etwas viel vor, aber sie kochen schnell zusammen.

Ergibt 8-10 Stücke:
6 EL Butter
7-8 feste Birnen (etwa 1,7 kg), geschält, geviertelt und vom Kerngehäuse befreit
100 g Zucker
1 Rezept Pâte brisée (Mürbeteig, siehe Seite 264), nur der erste Arbeitsgang
1/4 l Crème fraîche (siehe Seite 272) oder saure Sahne

Den Ofen auf 220° C vorheizen. Die Butter in einer tiefen Pfanne von 30 cm Durchmesser zerlassen. Birnen und Zucker hineingeben. 20 Minuten sautieren und gelegentlich umrühren, damit nichts am Boden hängen bleibt. Auf höchste Stufe schalten und weitere 15 Minuten garen, bis Birnen und Zucker schön goldbraun sind. Die Pfanne gelegentlich rütteln und aufpassen, daß nichts anbrennt. (Wenn Sie keine Pfanne haben, in die alle Birnen hineinpassen, bereiten Sie jeweils die halbe Menge Birnen und Zucker in zwei kleineren zu.) Die Birnen in eine runde, ungebutterte Backform aus Glas oder eine spezielle kupferne Form mit Zinnbeschichtung häufen, die einen Durchmesser von 27 cm hat. Die **pâte brisée** so ausrollen, daß sie etwas größer ist als die Form. Die Teigplatte auf die Birnen legen und den Rand innen an der Form entlang etwas nach unten hineindrücken. Den Teigdeckel nicht einstechen. Den Kuchen auf der mittleren Schiene im Ofen 35-40 Minuten backen, bis die Birnen kochen und der Teig schön goldbraun ist. Den Kuchen aus dem Ofen nehmen und sofort auf eine große, flache, hitzebeständige Platte stürzen. Fest auf den Boden klopfen, damit keine Birnenstückchen hängenbleiben und die Form langsam heben. Warm oder bei Zimmertemperatur servieren und ein Schüsselchen Crème fraîche dazu reichen.

Tarte aux framboises Café du Jura

Himbeerkuchen »Café du Jura«

Gibt es überhaupt jemanden, der keine Himbeeren mag? Manchmal denke ich, daß es eine Schande ist, sie anders als frisch und aus der Hand zu essen. Ich ändere meine Meinung aber ganz schnell, sobald einer dieser exquisiten und doch einfachen Himbeerkuchen vor mir steht, mit einem feinen Sandteig und etwas Sahne. Der Kuchen ist ganz einfach zuzubereiten, was man auch einige Stunden im voraus erledigen kann. Dieses Rezept stammt aus dem »Café du Jura«, einem traditionsreichen Bistro im Herzen Lyons.

Ergibt 8 Stücke:

---

3 große Eigelb · 185 ml Crème fraîche (siehe Seite 272) oder dicke Sahne

---

3 EL Kristallzucker · 1 Pate-sablée-Boden (Sandteig, siehe Seite 265), vorgebacken

---

250 g frische Himbeeren · 2 TL Puderzucker

Den Ofen auf 190° C vorheizen. Die Eigelbe in eine große Schüssel geben und mit einer Gabel aufschlagen. Crème fraîche und Kristallzucker zufügen und alles gut verrühren. Die Mischung auf den abgekühlten Kuchenboden gießen. Die Sahnemischung mit den Himbeeren belegen. Den Kuchen auf der mittleren Schiene etwa 15 Minuten backen, bis die Sahnefüllung fest zu werden beginnt. Gleichmäßig mit Puderzucker bestäuben. Vor dem Servieren abkühlen lassen.

Tarte aux figues Georgette

Georgettes Feigenkuchen

Ich mochte Feigen schon immer sehr gern, und auf diesem Kuchen, eingebettet in einen Sirup mit feinem Vanillearoma, sehen sie besonders hübsch aus. Das Rezept stammt von Georgette, der Inhaberin des Bistros »Estaminet des Remparts« in Mougins, wo sie die »Königin der Kuchen und Zauberin der provenzalischen Küche« genannt wird. Etwas Crème fraîche ist dazu das Tüpfelchen auf dem i!

Ergibt 8 Stücke:
1 kg frische Feigen, vorzugsweise schwarze
160 g Zucker
1 Vanilleschote, der Länge nach aufgeschlitzt
1 Pâte-sablée-Boden (Sandteig, siehe Seite 265), halb gebacken und abgekühlt
1/8 l Crème fraîche (siehe Seite 272) oder dicke Sahne

Feigen, Zucker, Vanilleschote und 1/8 l Wasser in einen schweren Topf geben und umrühren, bis sich der Zucker größtenteils aufgelöst hat. Bei starker Mittelhitze zum Kochen bringen und den Topf etwas rütteln, damit der Zucker nicht anbrennt. Ohne Deckel etwa 1 Stunde leise köcheln lassen, bis die Feigen sehr weich sind und der Sirup ganz dickflüssig ist. Darauf achten, daß nichts anbrennt. (Man kann das Feigenkompott etwa 20 Minuten abkühlen lassen und sofort für einen Kuchen verwenden oder es in sterilisierten Gläsern zum späteren Gebrauch aufbewahren.) Den Ofen auf 190° C vorheizen. Feigen und Sirup gleichmäßig auf dem Kuchenboden verstreichen. 20-30 Minuten auf der mittleren Schiene backen, bis der Sirup fest geworden ist. Auf einem Kuchengitter abkühlen lassen. Zimmerwarm servieren und nach Belieben Crème fraîche dazu reichen.

Tarte amandine Le Petit Marguery

Birnen-Mandel-Kuchen »Le Petit Marguery«

Im »Le Petit Marguery«, dem beliebten, von den drei Brüdern Cousin geführten Pariser Bistro, steht dieser Kuchen, manchmal leicht abgewandelt, fast immer auf der Speisekarte. Man kann ihn mit Birnen, Pfirsichen, Kirschen oder Mirabellen zubereiten. Ist der Boden hergestellt, bleibt nichts zu tun, als ihm beim Backen zuzusehen!

Ergibt 8 Stücke:
160 g ganze Mandeln, nicht blanchiert
1 großes Ei, leicht aufgeschlagen
5 EL Kristallzucker
2 EL Kirschwasser
185 ml Crème fraîche (siehe Seite 272) oder dicke Sahne
6-7 reife Birnen (etwa 1 kg)
1 Pâte-brisée-Boden (Mürbeteig, siehe Seite 264), vorgebacken und abgekühlt
1 EL Vanillezucker (siehe Seite 269)

Den Ofen auf 190° C vorheizen. Die Mandeln in der Gewürzmühle oder Küchenmaschine fein mahlen und gründlich mit Ei, Zucker, Kirschwasser und Crème fraîche vermischen. Die Mischung sollte ganz glatt sein. Die Birnen schälen und vom Kerngehäuse befreien. Jede in 8 gleich große Spalten schneiden. Die Birnenspalten vom Rand her spiralförmig auf den vorgebackenen Kuchenboden legen. Die Sahnemischung darübergießen. Den Kuchen auf mittlerer Schiene im Ofen etwa 45 Minuten backen, bis die Sahnemischung fest ist. Den Kuchen aus dem Ofen nehmen und mit Vanillezucker bestreuen. Warm oder bei Zimmertemperatur mit Crème fraîche servieren.

Tarte aux pruneaux et aux amandes
Backpflaumenkuchen mit Mandeln

Bevor ich nach Frankreich ging, hatte ich eigentlich keine besondere Vorliebe für Backpflaumen. Seit ich aber das wunderbar süße und nahrhafte Trockenobst kenne, das es hier gibt, bin ich davon begeistert. Dieser Kuchen ist besonders saftig, denn die Pflaumen werden im Ofen auf wundersame Weise fast wie Konfekt. Der schwarze Tee, in dem sie vorher eingeweicht werden, muß schön stark sein (ich nehme 1 EL Earl Grey auf 1/2 l Wasser).

Ergibt 8 Stücke:

1/2 l heißer schwarzer Tee, z.B. Earl Grey

500 g Backpflaumen, ohne Steine

35 g ganze Mandeln, nicht blanchiert

1 großes Ei, leicht aufgeschlagen

5 EL Kristallzucker · 2 EL Pflaumenschnaps oder Brandy

185 ml Crème fraîche (siehe Seite 272) oder dicke Sahne

*1 Pate-sucrée-Boden (süßer Mürbeteig, siehe Seite 264),
halb gebacken und abgekühlt · 1 EL Puderzucker*

Mindestens 1 Stunde vor Zubereitung des Kuchens die Backpflaumen mit dem heißen Tee übergießen und beiseite stellen. Den Ofen auf 190° C vorheizen. Die Mandeln in der Küchenmaschine fein mahlen. Ei, Zucker, Schnaps und Crème fraîche zufügen und das Ganze glattrühren. Die Pflaumen gut abtropfen lassen, den Tee wegschütten. Den abgekühlten Kuchenboden mit den Pflaumen belegen, ggf. in zwei Schichten. Die Mandelmischung darübergießen. Den Kuchen auf der mittleren Schiene im Ofen etwa 45 Minuten backen, bis er goldbraun und die Füllung fest ist. Aus dem Ofen nehmen und mit Puderzucker bestreuen. Den Kuchen auf einem Gitter abkühlen lassen und zimmerwarm servieren.

Tarte au citron Madame Cartet

Zitronenkuchen »Madame Cartet«

Wenn man das kleine Pariser Bistro »Cartet« betritt, fallen einem sofort die Nachspeisen ins Auge, die dort an der Theke aufgereiht sind. Mit Sicherheit ist auch dieser köstliche, einfache Zitronenkuchen darunter. Ich mag die schöne goldgelbe Farbe und das säuerliche Aroma sehr gern. Marie-Thérèse und Raymond Nouaille, die jetzigen Inhaber, sagten mir: »Madame Cartet bereitete den Kuchen mit vier Eiern zu. Wir nehmen fünf.« Wie dem auch sei, für mich ist er immer der krönende Abschluß eines schönen Essens.

Ergibt 8 Stücke:
160 ml frisch gepreßter Zitronensaft (etwa 4 Zitronen)
100 g Zucker
3 EL Crème fraîche (siehe Seite 272) oder dicke Sahne
5 große Eier
1 Pâte-sablée-Boden (Sandteig, siehe Seite 265), vorgebacken und abgekühlt

Den Ofen auf 190° C vorheizen. Zitronensaft, Zucker und Crème fraîche in einer großen Rührschüssel gründlich vermischen. Nacheinander die Eier unterrühren. Die Mischung auf den vorbereiteten Kuchenboden gießen und 15-20 Minuten backen, bis sie fest ist. Den Kuchen aus dem Ofen nehmen und auf einem Gitter abkühlen lassen. Zimmerwarm servieren.

Tourte aux blettes
Süßer Mangoldkuchen

Dieses traditionelle Dessert aus Nizza habe ich zum ersten Mal vor einigen Jahren bei einem Abendessen im »Barale« gegessen, dem beliebten Bistro von Catherine-Hélène Barale. Der Gedanke an einen Mangoldkuchen als Dessert kam mir erst zwar etwas abwegig vor, aber als ich ihn dann probiert hatte, hätte ich am liebsten noch ein Stück gegessen. Inzwischen bereite ich ihn oft in unserem Haus in der Provence zu, entweder als Imbiß am Spätnachmittag mit einem Glas gut gekühlten Rosé oder als sommerliches Dessert, zu dem der selten angebotene Bellet blanc vom Chateau du Crémat aus der Gegend von Nizza ganz hervorragend paßt. Der Teig enthält übrigens kein tierisches Fett. Viele traditionelle Rezepte beinhalten auch Pinienkerne, aber ich bevorzuge die einfachere Version. Doch wenn Sie gern Pinienkerne essen, nur zu! Übrigens wird dieser typische Kuchen in fast allen Konditoreien Alt-Nizzas angeboten.

Ergibt 8 Stücke:
280 g Mehl · 1/2 TL Salz
1/8 l bestes kaltgepreßtes Olivenöl · 500 g Mangoldblätter (ersatzweise Spinat)
2 Eier, leicht aufgeschlagen
140 g Rosinen · 1 EL Puderzucker

Den Ofen auf 200° C vorheizen. Für den Teig Mehl und Salz in einer mittelgroßen Schüssel vermischen. 1/8 l Wasser und anschließend das Öl gründlich unterrühren. Den Teig kurz durchkneten. Er ist ziemlich feucht und läßt sich leicht verarbeiten. Die Teigmenge halbieren und zu zwei Platten flachdrücken.

Für die Füllung die Mangoldblätter waschen und trockentupfen, die weiße Mittelrippe entfernen. Die Blätter in der Küchenmaschine fein hacken. Eier und Rosinen in einer Schüssel gründlich vermischen. Den gehackten Mangold unterrühren und beiseite stellen. Eine Teigplatte zu einem 27 cm großen Kreis ausrollen und eine Springform derselben Größe damit auslegen. Keinen Rand hochziehen. Die Mangoldmischung auf dem Teig verstreichen. Die zweite Teigplatte ausrollen und darauflegen. Deckel und Boden fest gegeneinander drücken. Den Kuchen etwa 40 Minuten backen, bis die Oberfläche goldbraun ist. Auf einem Kuchengitter abkühlen lassen. Mit Puderzucker bestäuben und bei Zimmertemperatur servieren.

Flan à l'ananas Adrienne
Adriennes Ananas-Flan

Eines Morgens saß ich in Adrienne Biasins winziger Küche, als sie das Mittagessen für die Stammgäste ihres Bistros »Chez la Vieille« in Paris zubereitete. Ich machte mir den ganzen Vormittag Notizen und versuchte, ihr nach Möglichkeit nicht im Weg zu stehen, während der **pot-au-feu** auf dem Herd köchelte und Adrienne diese köstliche Creme mit frischen Ananas vorbereitete. Jeder ist davon begeistert, schon wegen des Aromas. Sie ist mit ihrer schönen sonnengelben Farbe vor allem im Winter ein Hochgenuß.

Für 8 Portionen:
1 Vanilleschote · 1/2 l Milch · 1 frische Ananas (etwa 1,7 kg schwer)
3 große Eier · 3 große Eigelb
135 g Vanillezucker (siehe Seite 269) · 2 EL Mehl
2 EL Crème fraîche (siehe Seite 272) oder dicke Sahne

Den Ofen auf 200° C vorheizen. Eine runde Kuchenform von 27 cm Durchmesser aus Glas oder Porzellan (mit geradem Rand) einbuttern. Die Vanilleschote der Länge nach halbieren und das Mark mit einem kleinen Löffel in die Milch kratzen. Diese mit Mark und Schote in einem schweren Topf auf höchster Stufe aufkochen. Den Topf vom Herd nehmen und die Milch 15 Minuten zugedeckt ziehen lassen. Die Vanilleschote herausnehmen. Die Ananas mit einem großen Messer großzügig schälen und darauf achten, alle »Augen« zu entfernen. Das Fruchtfleisch der Länge nach in 8 Teile schneiden. Die harte Mitte heraustrennen. Diese Achtel in gut 2 cm große Stücke schneiden. (Man benötigt davon insgesamt etwa 750 g.) Die Fruchtstücke in die vorbereitete Backform geben und etwa 5 Minuten backen. (Adrienne empfiehlt, die Ananasstücke schon vor Zugabe der Crememischung kurz zu backen, damit sie den Saft wieder aufnehmen und die Creme nicht verwässern.) Eier, Eigelbe, Vanillezucker, Mehl und Crème fraîche in einer großen Schüssel gut verrühren. Langsam die warme Milch einrühren. Die Crememischung über die Ananasstücke gießen und etwa 45 Minuten backen, bis sie goldbraun ist. Auf einem Kuchengitter abkühlen lassen und bei Zimmertemperatur servieren.

Millas aux pruneaux
Backpflaumen-Flan mit Armagnac

Bei guten Köchen kann man auch die kleinen Tricks lernen, die den großen Unterschied ausmachen. Und so sah ich an einem Vormittag Marie-Claude Gracia in ihrer Küche dabei zu, wie sie ihren köstlichen Backpflaumen-Flan zubereitete. Sie verwendete Zucker so sparsam wie Salz. Statt reichlich davon in diese Nachspeise zu geben, bestreut sie damit nur den Boden und die Oberfläche. So kommt der Zucker zwar an den Gaumen, aber das Dessert ist nicht übermäßig süß. Madame Gracia serviert diesen köstlichen goldgelben Flan in ihrer **auberge** »La Belle Gasconne« in Poudenas.

Für 8 Portionen:
500 g Backpflaumen ohne Steine · 3 EL Armagnac
5 EL Zucker · 3 große Eier · 3 EL plus 1 TL Mehl
1/2 l Milch

Zwei Tage vor der Zubereitung Pflaumen und Armagnac in eine Schüssel geben, kurz umrühren und zugedeckt beiseite stellen. (Notfalls reicht es, wenn die Pflaumen nur einige Stunden ziehen, nach 2 Tagen ist das Aroma aber intensiver.) Den Ofen auf 190° C vorheizen. Eine Keramik-Backform von 27 cm Durchmesser und geradem Rand leicht einfetten und bemehlen. (Man kann auch eine Springform verwenden, die jedoch ganz dicht schließen muß.) 1 EL Zucker mit der Pflaumen-Armagnac-Mischung verrühren und in die vorbereitete Backform geben: die Pflaumen sollten in einer Schicht dicht nebeneinander liegen. Die Eier mit 3 EL Zucker in einer großen Schüssel gut verrühren. Das Mehl zufügen und gründlich untermischen. Die Milch unterrühren und den Teig über die Pflaumen gießen. Den Flan etwa 45 Minuten backen, bis er goldbraun ist und Blasen wirft. Auf ein Kuchengitter stellen. Mit dem restlichen 1 EL Zucker bestreuen und abkühlen lassen. (Bei einer Springform den Flan vor dem Servieren herausnehmen.) Bei Zimmertemperatur servieren.

Mousse au chocolat Ambassade d'Auvergne
Schokoladen-Mousse »Ambassade d'Auvergne«

Ich muß gestehen, daß ich eine Schwäche für Schokolade habe. Wegen einer gewissen Ehrfurcht davor, esse ich sie jedoch recht selten, dafür aber mit großem Genuß. Auf diese Mousse bin ich eigentlich nur zufällig gekommen. Mein Mann hat sie eines Abends in der »Ambassade d'Auvergne« in Paris bestellt. Als ich die große weiße Schüssel kommen sah, wußte ich bereits, daß etwas Besonderes auf uns zukommt. Diese Mousse ist einfach himmlisch!

Für 8–10 Portionen:
250 g feine Zartbitter-Schokolade, in kleine Stücke gebrochen
3 EL Orangenlikör, z.B. Grand Marnier · 2 TL Vanille-Extrakt
120 g Butter, in kleine Stücke geschnitten
8 große Eigelb · 100 g Zucker · 5 große Eiweiß

Schokolade mit Orangenlikör und Vanille-Extrakt im Wasserbad unter ständigem Rühren schmelzen. Den Topf vom Herd nehmen und die Butter unterrühren. Eigelb und Zucker in einer großen Schüssel verrühren, bis eine dicke, hellgelbe Mischung entsteht. Die noch lauwarme Schokoladenmischung unterziehen. Das Eiweiß in einer mittelgroßen Schüssel steif schlagen. Ein Drittel des Eischnees zur Schokoladenmischung geben und gründlich durchrühren. Den restlichen Eischnee vorsichtig unterheben und dabei nicht zu kräftig rühren. Es sollen jedoch keine weißen Streifen mehr zu sehen sein. Die Mischung in eine große Servierschüssel füllen (ich nehme dazu eine weiße Auflaufform, die 2 l faßt). Mit Frischhaltefolie abdecken und für mindestens 6 Stunden in den Kühlschrank stellen. Die Schüssel mit einem großen Löffel herumreichen, so daß sich jeder selbst bedienen kann.

Tip: *Nie Salz zu aufgeschlagenen Eiern geben, die mit anderen Zutaten vermischt werden. Sie werden dadurch wieder flüssig.*

Les flans à la verveine de ma mère
Zitronenkraut-Creme nach Art meiner Mutter

Ich habe Zitronenkraut – die Franzosen sagen dazu **verveine odorante** – erst kennengelernt, als ich vor einigen Jahren nach Frankreich übersiedelte. Mein Französischlehrer machte mich darauf aufmerksam, daß man daraus Tee zubereiten kann, und bald zog ich das Kraut auf meinem Balkon. Viele Jahre später sah ich, daß es auch eine andere Verwendung dafür gab, als ich im »La Belle Gasconne« in Poudenas dieses köstliche Dessert probierte. Die Inhaberin, Marie-Claude Gracia hat dieses Dessert nach ihrer Mutter benannt. Wenn Sie kein frisches oder getrocknetes Zitronenkraut bekommmen, können Sie ersatzweise auch sehr gut frische Minze verwenden.

Für 6 Portionen:
2 *Vanilleschoten · 3/4 l Milch · 160 g Vanillezucker (siehe Seite 269)*
18 *Blätter frisches oder getrocknetes Zitronenkraut oder frische Minze*
6 *große Eier*

Den Ofen auf 175° C vorheizen. Die Vanilleschoten der Länge nach halbieren. Das Mark mit einem kleinen Löffel herauskratzen. (Die Schoten für Vanillezucker aufbewahren.) Milch, Zucker und Vanillemark in einem großen Topf zum Kochen bringen. Den Topf vom Herd nehmen und 12 Zitronenkrautblätter hineingeben. Zugedeckt beiseite stellen und 10 Minuten ziehen lassen. Die Eier in einer großen Schüssel verquirlen. Die Zitronenkrautblätter aus der Milch nehmen, und die Milch langsam unter die Eier rühren. Die Mischung vorsichtig in sechs 180 ml fassende Förmchen gießen. Jeweils mit 1 Zitronenkrautblatt bestecken. Die Förmchen in eine große Bratenpfanne stellen und soviel kochendes Wasser in die Pfanne gießen, daß die Förmchen etwa bis zur Hälfte im Wasser stehen. Ca. 45-50 Minuten garen, bis die Creme in der Mitte fest ist, aber noch etwas wackelt. Die Förmchen aus dem Wasserbad nehmen und abkühlen lassen. Mit Frischhaltefolie abdecken und in den Kühlschrank stellen. Die Creme sollte mindestens 12, aber nicht mehr als 24 Stunden vor dem Servieren zubereitet werden. Etwa 15 Minuten vor dem Gebrauch aus dem Kühlschrank nehmen.

Crème caramel

Karamelcreme

Diese Creme ist eines meiner liebsten Desserts »für Kranke«, das aber allen schmeckt. Leider ist diese typische Nachspeise in Frankreich aber zu einem Massenprodukt geworden, das in vielen Fällen nur süß ist und mit der richtigen nichts mehr gemein hat. Ihre Gäste werden es um so mehr schätzen, wenn Sie ihnen eine goldgelbe, nach Vanille duftende, sahnige Creme servieren!

Für 8 Portionen:

Karamel: *250 g Vanillezucker (siehe Seite 269)*

Creme: *2 Vanilleschoten · 3/4 l Milch*

160 g Vanillezucker (siehe Seite 269)

3 große Eier · 6 große Eigelb

Für den Karamel den Zucker mit 4 EL Wasser in einen schweren Topf geben und auf höchster Stufe unter Rühren erhitzen, bis sich der Zucker auflöst. Den Sirup zum Kochen bringen und ohne Umrühren etwa 4 Minuten kochen, bis er karamelisiert und goldbraun geworden ist. Den Topfboden sofort in kaltes Wasser tauchen, um den Kochvorgang zu unterbrechen. Den Karamel sehr schnell auf acht 1/4 l fassende Förmchen verteilen und drehen, damit er sich gleichmäßig auf dem Boden verteilt. Die Förmchen beiseite stellen. Den Ofen auf 165° C vorheizen.

Die Vanilleschoten der Länge nach halbieren und das Mark mit einem kleinen Löffel herauskratzen. Vanillemark, -schoten und Milch in einem schweren Topf bei starker Hitze zum Kochen bringen. Den Topf vom Herd nehmen und zugedeckt für 15 Minuten beiseite stellen. Die Vanilleschoten herausnehmen. Zucker, Eier und Eigelbe in einer großen Schüssel verquirlen. Langsam die heiße Milch unterrühren und die Mischung ebenfalls in die Förmchen gießen. Die Förmchen in eine Bratpfanne stellen und soviel kochendes Wasser angießen, daß es daran etwa zur Hälfte hochreicht. Die Pfanne auf der mittleren Schiene in den Ofen schieben. Die Creme 50-60 Minuten garen, bis sie in der Mitte fest ist, aber noch etwas wackelt. Die Förmchen aus dem Wasserbad nehmen und noch etwa 15 Minuten fest werden lassen. Mit der Messerklinge vorsichtig am Rand der Förmchen entlangfahren und die Creme auf kleine Teller stürzen. Sofort servieren. Oder die Förmchen abdecken und vor dem Servieren einige Stunden in den Kühlschrank stellen.

Crème brûlée
Braune Vanillecreme

Diese Creme gehört offenbar zu den weltweit beliebtesten Desserts, zumindest in unserer heutigen Zeit. Jeder scheint sein eigenes Rezept zu haben, natürlich »das beste«. Wie bei allen Gerichten kommt es auch hier auf die Qualität der Zutaten an: die frischesten Eier vom Bauern, die beste Sahne, echte Vanille und natürlich ein guter Koch!

Für 8 Portionen:

1 Vanilleschote · 1 l dicke Sahne · 100 g Vanillezucker (siehe Seite 269)

6 große Eigelb · 75 g brauner Zucker

Den Ofen auf 150° C vorheizen. Die Vanilleschote der Länge nach halbieren und das Mark mit einem kleinen Löffel herauskratzen. Sahne, Vanillemark und -schote in einem schweren Topf zum Kochen bringen. Den Topf vom Herd nehmen und zugedeckt 15 Minuten beiseite stellen, damit die Mischung durchzieht. Die Vanilleschote herausnehmen. Vanillezucker und Eigelbe in einer mittelgroßen Schüssel gut verquirlen. Die Sahnemischung gründlich unterrühren. 8 tiefe runde Portionsförmchen von 15 cm Durchmesser in eine Bratenpfanne stellen. Die Creme hineingießen. Soviel kochendes Wasser in die Pfanne gießen, daß die Förmchen etwa zur Hälfte darin stehen. Die Creme etwa 30 Minuten garen, bis sie in der Mitte fest ist, aber noch etwas wackelt. Für mindestens 1 Stunde bis zu 24 Stunden in den Kühlschrank stellen. Herausnehmen, den braunen Zucker gleichmäßig darübersieben und die Creme einige Sekunden unter dem Grill glasieren, bis der Zucker geschmolzen ist und eine Kruste bildet. Er darf jedoch nicht verbrennen. Die Creme bis etwa 15 Minuten vor dem Servieren wieder in den Kühlschrank stellen.

Omelette aux poires *Chez Tante Paulette*

Birnen-Omelett »Chez Tante Paulette«

Ich hatte mir im »Chez Tante Paulette«, Lyon ein wunderbares Mittagessen schmecken lassen. Nach dem knackigen Salat mit viel Knoblauch, einer reichliche Portion Hähnchen-Eintopf mit Safran und einer zweiten Portion vom Saint-Marcellin-Käse, der einem auf der Zunge zergeht, war ich glücklich und zufrieden und dachte eigentlich nicht, daß ich noch eine Nachspeise essen könnte. Da kam Tante Paulette mit einem goldgelben Obstomelett an den Tisch. Sie beträufelte es mit Birnenschnaps und flambierte es – voilà! Da gab es natürlich nur noch eines: weiteressen! Gleich am nächsten Abend bereitete ich dieses Dessert zu Hause zu, um ja kein Detail zu vergessen. Verwenden Sie die frischesten und größten Landeier, die Sie bekommen können. Man schmeckt wirklich den Unterschied! Tante Paulette bereitet das Omelett mit Äpfeln oder Birnen, je nach Stimmung und Jahreszeit.

Für 4 Personen:
2 EL Butter
4 feste Birnen (etwa 500 g), wahlweise Äpfel geschält, geviertelt und vom Kerngehäuse befreit
2 EL Zucker
3 große, frische Eier, leicht aufgeschlagen
3 EL Birnenschnaps, Calvados oder Brandy

Die Butter in einer Omelettpfanne von 22 cm Durchmesser bei Mittelhitze zerlassen. Die Birnen und 1 EL Zucker hineingeben und umrühren. Die Birnen 20 Minuten garen und dabei gelegentlich vorsichtig umrühren, damit sie nicht am Boden hängen bleiben. Die aufgeschlagenen Eier durch Schwenken der Pfanne gleichmäßig verteilen. Sobald das Omelett an der Unterseite fest zu werden beginnt, die Ränder mit einer Gabel anheben, damit es nicht nicht kleben bleibt. Die Eier sollten nur etwas stocken, das ist nach 2-3 Minuten der Fall. Das Omelett auf eine große Platte stürzen und sofort mit dem restlichen EL Zucker bestreuen. Mit Birnenschnaps beträufeln, diesen anzünden und die Platte rütteln, bis die Flammen zusammenfallen. Das Omelett in vier Portionen zerteilen und sofort servieren.

Tip :*Wie stellt man fest, ob Eier frisch sind? Man legt sie in eine Schüssel mit kaltem Salzwasser. Wenn sie auf den Boden sinken und dort liegen bleiben, sind sie frisch genug, um* à la coque, *das heißt weichgekocht, gegessen zu werden.*

Riz au lait
Reispudding

Reispudding ist ein schönes und gesundes Dessert, das einem gehaltvoll und sättigend vorkommt, ohne es wirklich zu sein. Auch für empfindliche Mägen ist er geeignet und überhaupt nicht trocken, sondern wunderbar cremig. Die Garzeit mag Ihnen etwas lange erscheinen, aber es dauert eben, bis der Reis die Flüssigkeit aufgenommen hat. Bereiten Sie dieses Dessert an einem kalten Wintertag zu, damit das ganze Haus nach Orange und Zitrone duftet!

Für 4 Personen:
65 g weißer Langkornreis (kein Kochbeutel-Reis)
1 Vanilleschote · 3/4 l Milch, eine Prise Salz
geriebene Schale von 1 Orange
geriebene Schale von 1 Zitrone
2 EL Butter · 50 g Vanillezucker (siehe Seite 269)

Den Reis gründlich waschen und abtropfen lassen. In einen großen Topf geben, mit reichlich Wasser bedecken und bei Mittelhitze zum Kochen bringen. Den Reis etwa 5 Minuten kräftig kochen, mit warmem Wasser abspülen, abtropfen lassen und beiseite stellen. Die Vanilleschote der Länge nach halbieren und das Mark mit einem kleinen Löffel herauskratzen. (Die Schote für Vanillezucker aufbewahren.) Vanillemark, Milch, Salz und geriebene Zitronen- und Orangenschale in einem großen Topf bei Mittelhitze zum Kochen bringen. Gelegentlich umrühren und darauf achten, daß die Milch nicht überkocht. Den Ofen auf 165° C vorheizen. Die Milch vom Herd nehmen. Butter und Zucker hineinrühren, bis sich der Zucker auflöst. Beiseite stellen und etwa 10 Minuten abkühlen lassen. Den Reis in die Milchmischung einrühren und diese in eine 1 l fassende Form gießen. Mit Alufolie abdecken. Das Ganze etwa 1 Stunde und 40 Minuten ohne umzurühren backen, bis der Reis fast alle Flüssigkeit aufgenommen hat. Den Reispudding in einer Servierschüssel warm oder kalt servieren.

So wird Reispudding gehaltvoller:

3 oder 4 verquirlte Eier unter den gekochten Reis rühren und mit Zucker süßen. Die Mischung in eine gebutterte Form geben und diese in eine tiefe Bratenpfanne stellen. Die Pfanne zur Hälfte mit kochendem Wasser füllen. Den Reispudding bei 175° C etwa 20 Minuten backen.

Clafoutis aux figues
Feigen-Clafoutis

An einem Wochenende im Herbst waren wir in Savoyen unterwegs und wollten zum Abendessen in ein hübsches, kleines Restaurant gehen, wo auf der Theke eine so schöne Feigentorte stand, wie man sie sich kaum vorstellen kann. Ich bestellte sie im Geiste schon als Nachspeise, während der Wirt sagte: **complet** – alles besetzt. Es war also nichts mit dem Abendessen – und auch nichts mit der Feigentorte, die mich seitdem in Gedanken verfolgt. Dieser Clafoutis mit Honig und Feigen jedoch erinnert eher an die Provence. Die Menge der Feigen richtet sich nach der Größe des Kuchens.

Für 8 Personen:

4 EL Butter · 2 gehäufte EL aromatischer Honig

1/2 TL frisch gemahlener Zimt

10-12 (etwa 1 kg) große frische Feigen,
ohne Stengel und der Länge nach halbiert

6 große Eier · 100 g Vanillezucker (siehe Seite 269)

1/4 l Milch · 85 g Mehl · eine Prise Salz · Puderzucker

Den Ofen auf 200° C vorheizen. Eine Keramik-Backform von 27 cm Durchmesser einbuttern und mit Zucker ausstreuen. Die Butter in einem kleinen Topf bei schwacher Hitze schmelzen. Beiseite stellen und abkühlen lassen. Honig und Zimt in einer großen Pfanne bei starker Mittelhitze erwärmen. Die halbierten Feigen darin wenden und sie dann mit der Schnittfläche nach oben in die vorbereitete Backform legen. Eier und Zucker in einer Schüssel mit dem Mixer schaumig rühren. Langsam Milch, Mehl, Salz und zerlassene Butter unterrühren. Alle Zutaten müssen gründlich vermischt sein. Den Teig über die Feigen gießen und das Ganze 30-35 Minuten backen, bis der Teig fest und goldbraun ist. Auf einem Kuchengitter abkühlen lassen. Sobald der Kuchen etwas abgekühlt ist, mit Puderzucker bestäuben. Warm oder bei Zimmertemperatur servieren.

Clafoutis aux poires
Birnen-Clafoutis

Was mir an diesem Dessert besonders gefällt, ist die goldgelbe Farbe, und es ist wirklich **beau et bon** – gleichzeitig schön anzusehen und gut! Bereiten Sie dieses Dessert im Herbst zu, wenn die Birnen am aromatischsten sind.

Für 8-12 Personen:
1/8 l Birnenschnaps oder Brandy
6 Anjou-Birnen (etwa 1 kg) · 6 große Eier
100 g Vanillezucker (siehe Seite 269) · 90 g Mehl
1/8 l Crème fraîche (siehe Seite 272) oder dicke Sahne
eine Prise Salz · 1 EL Puderzucker

Den Birnenschnaps in eine tiefe Schüssel gießen, in der alle Birnenstücke Platz haben. Die Birnen schälen, vom Kerngehäuse befreien und in 16 gleich große Schnitze schneiden. Die Birnenschnitze im Schnaps wenden, noch einmal gründlich umrühren und die Birnen 1 Stunde ziehen lassen. Gelegentlich wenden, damit sie sich nicht verfärben. Den Ofen auf 200° C vorheizen. Eine Backform aus Porzellan von 27 cm Durchmesser einbuttern und mit Zucker ausstreuen. Eier und Vanillezucker in einer Rührschüssel mit dem Mixer schaumig schlagen. Langsam Mehl, Crème fraîche und Salz unterrühren. Die Birnen abtropfen lassen und die Flüssigkeit unter den Teig rühren. Die Birnenschnitze spiralförmig in der vorbereiteten Backform anrichten und den Teig darübergießen. Auf der mittleren Schiene des Ofens etwa 25 Minuten backen, bis der Teig fest und goldbraun ist. Auf einem Kuchengitter abkühlen lassen und mit Puderzucker bestäuben. Warm oder bei Zimmertemperatur servieren.

Anmerkung: Sie können den Clafoutis auch mit Kirschen, Pflaumen, Mirabellen oder Aprikosen machen.

Poires au vin rouge

Birnen in Rotwein

Makellos schöne rote Birnen in einer würzigen, fruchtigen Sauce sind ein überaus einfaches und doch sehr wirkungsvolles Dessert. Bereiten Sie es einen Tag im voraus zu, damit die Birnen die würzige Sauce ganz aufnehmen können. Verwenden Sie aber lieber relativ unreife Birnen, sonst fallen sie Ihnen beim Kochen auseinander. Als Wein würde ich einen guten Beaujolais empfehlen.

Für 4-6 Personen:
4 große oder 6 sehr kleine Birnen, geschält, mit Stengel
100 g Vanillezucker (siehe Seite 269)
1 Flasche (0,75 l) fruchtiger Rotwein, z.B. ein guter Beaujolais
1/8 l Crème de Cassis (Johannisbeerlikör)
2 EL frisch gepreßter Zitronensaft
1 Zweig Bohnenkraut oder Rosmarin
1 Vanilleschote, der Länge nach halbiert
4 Nelken · 4 schwarze Pfefferkörner

Alle Zutaten in einen ausreichend großen Topf geben und zugedeckt bei Mittelhitze zum Köcheln bringen. Von Zeit zu Zeit umrühren, damit die Birnen gleichmäßig mit Sauce bedeckt sind. Etwa 30 Minuten auf kleinster Stufe pochieren, bis die Birnen weich sind. Den Topf vom Herd nehmen und abkühlen lassen. Die Birnen mit der Flüssigkeit in eine Schüssel füllen. Vor dem Servieren zugedeckt 24 Stunden im Kühlschrank aufbewahren.

Pruneaux au vin rouge
Pflaumen in Rotwein

Wenn man vorausplant, ist dieses einfache Bistro-Dessert in Sekundenschnelle zubereitet. Es ist es ein köstliches Dessert für den Winter. Im Sommer kann man frische, in Scheiben geschnittene Erdbeeren dazugeben. Ich verwende normalerweise keine entsteinten Trockenpflaumen, weil ich meine, daß sie im ganzen hübscher aussehen. Aber wenn Sie die Kerne stören, können Sie sie natürlich entsteinen!

Für 6-8 Portionen:

---

etwa 500 g Backpflaumen

1/4 l kräftiger Rotwein, z.B. Gigondas · 50 g Zucker

---

2 dünne Scheiben Zitrone ohne Kerne

---

2 Scheiben Orange ohne Kerne

---

200 g frische Erdbeeren, in Scheibchen geschnitten

Die Backpflaumen einen Tag vorher in Wasser einweichen und zugedeckt 24 Stunden weichen lassen. Die Pflaumen durch ein Sieb abgießen. Pflaumen, Wein, Zucker sowie Zitronen- und Orangenscheiben in einen großen Topf geben. Auf höchster Stufe zum Kochen bringen. Sobald es kocht, den Topf vom Herd nehmen und zum Abkühlen beiseite stellen. Kurz vor dem Servieren die Erdbeeren dazugeben.

Grundrezepte für Teige, Saucen und Fonds

Pâte brisée
Mürbeteig

Ergibt 1 halb gebackenen oder ganz gebackenen Kuchenboden

140-170 g Mehl

100 g Butter, gekühlt und in kleine Stücke geschnitten

1 Prise Salz · 3 EL Eiswasser

Mehl, Butter und Salz in die Küchenmaschine geben und etwa 10 Sekunden durchrühren, bis sich grobe Krümel bilden. Das Eiswasser zugießen und die Küchenmaschine 6-8 mal kurz anschalten, bis die Zutaten sich verbinden. Es sollte sich aber keine Kugel bilden. Den Teig auf Folie zu einer Platte auseinanderdrücken. Wenn er nicht fest genug ist, eßlöffelweise etwas mehr Mehl einarbeiten. Den Teig in Folie wickeln und mindestens 1 Stunde im Kühlschrank ruhen lassen. Auf einer leicht bemehlten Fläche zu einem Kreis von 30 cm ausrollen und in eine Springform von 27 cm Durchmesser geben. Den Teig mit den Fingerspitzen vorsichtig am Boden und an den Seiten festdrücken, ohne ihn zu dehnen. Den überstehenden Teig wegschneiden, so daß ein gut 2 cm dicker Rand bleibt. Diesen Rand nach innen klappen, so daß ein fester, doppelter Wulst entsteht. Wenn der Teig etwas höher ist als die Form, ist es weniger problematisch, wenn er beim Backen schrumpft. Den Boden mit einer Gabel einstechen und den Teig mindestens 20 Minuten oder eingewickelt bis zu 24 Stunden kalt stellen. Den Ofen auf 190° C vorheizen. Den Boden locker mit Alufolie oder Backpapier auskleiden und am Rand festdrücken, damit der Teig beim Backen nicht schrumpft. Mit Reis oder trockenen Hülsenfrüchten gut ausfüllen, damit er seine Form behält.

Für einen **halb gebackenen Boden** den Teig etwa 20 Minuten backen, bis er am Rand braun zu werden beginnt und fest genug ist. Füllmittel und Folie entfernen und den Boden etwa 10 Minuten oder länger weiterbacken, bis er goldbraun ist.

Für einen **ganz durchgebackenen Boden** Füllmittel und Folie entfernen und den Teig weitere 20 Minuten backen. Den Boden ständig im Auge behalten, denn er kann sehr schnell braun werden, da die Öfen unterschiedlich heizen. Vor dem Füllen mindestens 10 Minuten abkühlen lassen.

Pâte sucrée
Süßer Mürbeteig

Ergibt 1 halb oder ganz gebackenen Kuchenboden:
140-170 g Mehl
100 g Butter, gekühlt und in kleine Stücke geschnitten
2 TL Zucker · 1 Prise Salz · 3 EL Eiswasser

Mehl, Butter, Zucker und Salz in den Mixer geben und etwa 10 Sekunden durchrühren, bis eine grobkrümelige Masse entsteht. Das Eiswasser zugießen und den Mixer 6-8 mal anschalten, bis ein fester Teig entsteht. Er soll jedoch keine Kugel bilden. Den Teig auf Folie zu einer Platte ausrollen. Wenn er zu klebrig ist, eßlöffelweise etwas Mehl einarbeiten. Den Teig in Folie wickeln und für mindestens 1 Stunde in den Kühlschrank legen.

Auf einer leicht bemehlten Fläche zu einer Platte von 30 cm ausrollen und in eine Springform von 27 cm Durchmesser legen. Den Teig mit den Fingerspitzen am Boden und an den Seiten festdrücken, ohne ihn zu dehnen. Überstehenden Teig wegschneiden und einen gut 2 cm breiten Rand lassen. Diesen Rand in die Form umklappen und am Rand festdrücken, damit ein doppelter Wulst entsteht. Wenn der Teig etwas höher ist als die Form, ist es weniger problematisch, wenn er beim Backen schrumpft. Den Boden mit einer Gabel einstechen und den Teig mindestens 20 Minuten oder eingewickelt bis zu 24 Stunden kalt stellen. Den Ofen auf 190° C vorheizen. Den Boden locker mit Alufolie oder Backpapier auskleiden und am Rand festdrücken, damit der Teig beim Backen nicht schrumpft. Mit Reis oder trockenen Hülsenfrüchten ausfüllen, damit er seine Form behält.

Für einen **halb gebackenen Boden** den Teig etwa 20 Minuten backen, bis der Rand braun zu werden beginnt und so fest ist, daß er nicht zusammenfällt. Füllmittel und Folie entfernen und den Teig noch etwa 10 Minuten weiterbacken, bis er leicht gebräunt ist.

Für einen **ganz gebackenen Boden** Füllmittel und Folie entfernen und den Teig weitere 20 Minuten backen. Den Boden im Auge behalten, denn er kann sehr schnell braun werden, da die Öfen unterschiedlich heizen. Vor dem Füllen mindestens 10 Minuten abkühlen lassen.

Pâte sablée
Sandteig

Dieser klassische französische Teig mit Puderzucker und Eiern ergibt einen sehr schönen Boden, der besonders gut für Obstkuchen geeignet ist. Während der Zubereitung denke ich oft an die schönen Stunden meiner Kindheit, wenn ich meiner Mutter beim Kuchenbacken helfen durfte. Den Teig auszurollen ist sehr mühselig, und es ist wesentlich einfacher, ihn mit den Fingern auszudrücken.

Ergibt einen 27 cm großen Kuchenboden:

---

150 g Mehl

---

100 g Butter, gekühlt und in kleine Stücke geschnitten

---

1 Prise Salz · 70 g Puderzucker · 1 großes Ei, leicht aufgeschlagen

---

Mehl, Butter, Salz und Zucker im Mixer etwa 10 Sekunden durchrühren, bis eine grobkrümelige Masse entsteht. Das Ei zugeben und den Mixer etwa 20mal kurz anschalten, bis sich die Zutaten verbinden. Den Teig auf Folie zu einer Platte ausdrücken. Die Finger mit

Mehl bestäuben, den Teig sehr schnell in eine Springform von 27 cm Durchmesser drücken und am Rand hochziehen. Dabei den Rand mit den Fingern wellenförmig eindrücken. Mit Frischhalte- oder Alufolie abdecken und für 2-3 Stunden in den Kühlschrank stellen. Den Ofen auf 190° C vorheizen. Den Boden mehrmals mit einer Gabel einstechen. Locker mit Backpapier oder Alufolie auskleiden und am Rand gut festdrücken, damit der Teig beim Backen nicht schrumpft. Mit Reis oder trockenen Hülsenfrüchten füllen, damit er seine Form behält. Den Boden etwa 20 Minuten backen, bis der Rand braun zu werden beginnt und so fest ist, daß er nicht zusammenfällt.

Für einen **halb gebackenen Boden:** Füllmittel und Folie entfernen und den Teig weitere 10 Minuten backen, bis er leicht gebräunt ist.

Für einen **ganz gebackenen Boden:** Füllmittel und Folie entfernen und den Teig weitere 20 Minuten backen. Den Boden im Auge behalten, denn er kann sehr schnell braun werden, da die Öfen unterschiedlich heizen. Vor dem Füllen mindestens 10 Minuten abkühlen lassen.

Pâte pain
Brotteig

Dieser Hefeteig ist vielseitig verwendbar – für pikante Kuchen, Pizzas, für die provenzalische **fougasse**, die geflochten wird, oder für Weißbrot. Ich habe davon oft einen Vorrat im Kühlschrank, denn der Teig hält sich in einem gut verschlossenen Behälter mehrere Tage. Das Rezept ergibt eine Teigmenge, die für zwei normal große Kuchen oder Pizzas oder einen Laib Brot ausreicht.

Ergibt etwa 500 g Brotteig:
1/4 l lauwarmes Wasser
1 EL oder 1 Päckchen Trockenhefe
300- 350 g Mehl · eine Prise Zucker
1 TL Salz

Wasser, Hefe, 150 g Mehl und Zucker in einer großen Schüssel gründlich vermengen. Den Vorteig beiseite stellen und etwa 5 Minuten gehen lassen. Wenn der Teig Blasen wirft, das Salz zufügen und nach und nach das Mehl hineinarbeiten, bis er so fest ist, daß man ihn nicht mehr rühren kann. Den Teig auf eine leicht bemehlte Arbeitsfläche geben und etwa 10 Minuten kneten, bis er glatt ist und glänzt. Sollte er zu klebrig sein, noch etwas Mehl einarbeiten. Den Teig in einer Schüssel zugedeckt etwa 1 Stunde bei Zimmertemperatur gehen lassen, bis er sein Volumen verdoppelt hat. Den Teig erneut durchkneten und zugedeckt noch 1 weitere Stunde gehen lassen, bis er sein Volumen nochmals verdoppelt hat. So kann er verwendet oder in einem gut verschlossenen Behälter im Kühlschrank aufbewahrt werden.

Pâte demi-feuilletée
Halbblätterteig

Dies ist eine weniger komplizierte Version des klassischen Blätterteigs, die dennoch etwas Geduld und Timing erfordert. Ich bereite ihn immer zu, wenn in einem Rezept Blätterteig verlangt ist.

Ausreichend für einen 27 cm großen Kuchenboden:
150 g Butter · gekühlt · 160 g Mehl · 1/2 TL Salz
6-7 EL Eiswasser

Die Butter in 4 Portionen teilen. Das Mehl auf eine Marmorplatte oder eine kalte Arbeitsfläche sieben und eine Mulde hineindrücken. 1 Portion Butter, das Salz und 6 EL Eiswasser zugeben. Butter, Salz und Wasser mit den Fingern gut vermischen. Nach und nach das Mehl mit den Händen einarbeiten bis ein grobkrümeliger Teig entsteht. Ist der Teig zu trocken, den restlichen 1 EL Eiswasser hineingeben. Den Teig fest zusammendrücken. Er soll weich, aber nicht klebrig sein. In Frischhaltefolie wickeln und für mindestens 15 Minuten in den Kühlschrank legen. Den Teig auf einer leicht bemehlten Marmorplatte oder kalten Arbeitsfläche zu einem ca. 15 x 40 cm großen Rechteck ausrollen. Die zweite Portion kalte Butter in kleine Stücke schneiden und auf zwei Drittel des Teigs verteilen. Dabei an einem Ende eine rechteckige Fläche aussparen. Die butterlose Fläche über das mittlere Drittel, darüber das letzte Drittel schlangen. Die Enden mit dem Nudelholz fest zusammendrücken. (Dieses Ausrollen und Umschlagen nennt man »touren«.) Das Teigpaket in Frischhaltefolie wickeln und nochmals für mindestens 15 Minuten in den Kühlschrank legen. Den Teig auf einer bemehlten Arbeitsfläche wieder zu einem Rechteck ausrollen. Die dritte Portion kalte Butter in Stücke schneiden. Wie oben beschrieben auf dem Teig verteilen und wieder einschlagen. In Frischhaltefolie wickeln und weitere 15 Minuten in den Kühlschrank legen. Mit der vierten und letzten Portion Butter ebenso verfahren. Ist der Teig nicht gleichmäßig geworden, legt man ihn wieder in den Kühlschrank und tourt ihn noch einmal, ohne jedoch Butter zuzufügen. Den Teig in Frischhaltefolie wickeln und bis zur Verwendung im Kühlschrank aufbewahren.

Herbes de Provence
Kräuter der Provence

Diese wunderbar aromatische Kräutermischung wird nicht nur in der Provence, sondern in ganz Frankreich gern und reichlich verwendet. Keine gut gewürzte Schweinefleischterrine kommt ohne sie aus, und man sollte sie eigentlich jederzeit zur Hand haben, für Grillfleischmarinaden oder für gemischte Salate und Vinaigrettes.

Ergibt 6 gehäufte EL Kräutermischung:
2 gehäufte EL getrockneter Thymian
je 1 gehäufter EL getrockneter Oregano und getrocknetes Bohnenkraut
2 gehäufte EL getrockneter Majoran

Die Kräuter in einer kleinen Schüssel vermischen. In ein Glas mit Schraubverschluß geben und nach Möglichkeit an einem dunklen Ort aufbewahren.

Sucre vanillé

Vanillezucker

Ich weiß nicht, wie man ohne einen kleinen Vorrat an selbstgemachtem Vanillezucker überhaupt an Backen denken kann. Ich verbrauche eine ganze Menge Vanilleschoten, und wenn ich sie bei irgendeinem Gericht mitgekocht oder eingeweicht habe, lasse ich sie gut trocknen und gebe sie dann in ein großes Glas mit Zucker. Damit hat man innerhalb kürzester Zeit eine wunderbar duftende Mischung zum Aromatisieren von Cremes und Kuchen. So wie man Zucker entnimmt, gibt man einfach wieder neuen dazu, damit der Vorrat nie ausgeht.

Ergibt 800 g Vanillezucker:

---

4 Vanilleschoten, der Länge nach halbiert · 800 g Zucker

Das Mark aus den Schoten kratzen und für andere Verwendungszwecke aufbewahren. Vanilleschoten und Zucker in ein großes Glas geben. Gut verschließen und einige Wochen stehen lassen, damit sich das Aroma entfalten kann. Den Vanillezucker für Desserts und Kuchen statt normalen Zucker verwenden.

Mayonnaise

Es gibt keinen besonderen Trick, wie eine Mayonnaise besonders gelingt, die Zutaten müssen nur zimmerwarm sein. Sie gerinnt nämlich, wenn Öl oder Eigelb zu kalt sind. Am besten gelingt sie, wenn man die Rührschüssel vorher mit warmem Wasser anwärmt und gut austrocknet.

Ergibt 3/8 l:
1/8 helles Olivenöl · 1/8 l Maiskeim- oder Erdnußöl
3 große Eigelb, zimmerwarm · 1 TL Dijon-Senf
1 EL frisch gepreßter Zitronensaft · 1 Prise Salz
1 Prise frisch gemahlener weißer Pfeffer
1 EL Weißweinessig · 1 EL kochendes Wasser

Das Öl in einem Meßbecher mit Schnabel verrühren und beiseite stellen. Die Eigelbe in einer mittelgroßen Schüssel aufschlagen, bis sie dickflüssig und hellgelb sind. Senf, Zitronensaft, Salz und Pfeffer unter ständigem Rühren zufügen, bis die Mischung glatt und dickflüssig ist. Einige Tropfen Öl unterrühren, bis alles gut gemischt ist. Am Anfang nicht zuviel Öl zugießen, sonst gerinnt die Mischung. Sobald die Mayonnaise dick wird, das restliche Öl langsam und stetig zugießen und dabei ständig rühren. Essig und kochendes Wasser unterrühren. Abschmecken. Die Mayonnaise gut verschlossen bis zu 5 Tagen im Kühlschrank aufbewahren.

Sauce tomate

Tomatensauce

Dieses Rezept ergibt etwa 1 l Sauce. Man kann die Zutaten natürlich einfach multiplizieren, wenn man eine größere Menge herstellen möchte. Bereiten Sie im Sommer, wenn es frische Tomaten gibt, ruhig etwas mehr davon zu, damit Sie auch außerhalb der Saison einen Vorrat haben.

Ergibt etwa 1 l Sauce:
2 EL bestes kaltgepreßtes Olivenöl
4 mittelgroße Zwiebeln, grob gehackt
3 Knoblauchzehen, grob gehackt
2 kg reife Tomaten, geviertelt, oder 3 große Dosen (à 800 g) italienische Eiertomaten
1 Lorbeerblatt
eine Handvoll frische Kräuter, vorzugsweise Basilikum, Kerbel, Thymian und glattblättrige Petersilie, geputzt und gehackt
1/2 TL roter Chili, zerkleinert (nach Belieben)
geriebene Schale von 1 Orange (nach Belieben)
Salz und frisch gemahlener schwarzer Pfeffer

Das Öl in einer großen Kasserolle auf mittlerer Stufe erhitzen. Zwiebeln und Knoblauch unter häufigem Rühren darin braten, bis sie weich, aber nicht braun sind. Auf starke Mittelhitze schalten und die restlichen Zutaten hineingeben, mit etwas Salz und Pfeffer würzen. Ohne Deckel 30-45 Minuten bei Mittelhitze köcheln lassen, bis die Sauce eingedickt ist. Abschmecken. Die Mischung durch ein feinmaschiges Sieb streichen. Die Sauce hält sich im Kühlschrank einige Tage, kann aber auch für einige Monate eingefroren werden.

Crème fraîche

Crème fraîche, die etwas säuerliche, dicke Sahne aus Frankreich, ist inzwischen auch bei uns bekannt. Ich persönlich ziehe sie saurer Sahne vor, die mir weniger gut schmeckt und nicht so cremig ist. Crème fraîche, falls bei Ihnen nicht erhältlich, ist leicht herzustellen, paßt ausgezeichnet zu frischem Obst und verfeinert Saucen und Dressings.

Ergibt 1/2 l:
1/2 l dicke Sahne
2 EL Buttermilch

Sahne und Buttermilch in einer mittelgroßen Schüssel gut vermischen. Mit Frischhaltefolie abdecken und über Nacht oder so lange bei Zimmertemperatur stehenlassen, bis sie ziemlich dick ist. Die Schüssel gut abdecken und für mindestens 4 Stunden in den Kühlschrank stellen, damit die Sahne noch dicker wird. Man kann sie einige Tage aufbewahren; sie wird aber im Laufe der Zeit immer säuerlicher.

Sauce gribiche La Cagouille

Vinaigrette mit Kapern und Eiern »La Cagouille«

Sauce gribiche, jene pikante, helle französische Sauce, die so gut zu gegrilltem Fisch oder gekochtem Lauch auf einem Bett aus Blattsalat paßt, schätze ich seit jeher. Gérard Allemandou vom ausgezeichneten Pariser Fischbistro »La Cagouille« serviert sie zu warmer **raie** (Rochen). Verwenden Sie die Sauce am Tag der Zubereitung, aber bewahren Sie sie bis zum Gebrauch bei Zimmertemperatur auf.

Ergibt 1/4 l Sauce:
1 EL guter Rotweinessig · 1 EL guter Sherry-Essig · Salz
4 EL bestes kaltgepreßtes Olivenöl
20 g rote Zwiebeln, gehackt
2 EL gewürfelte Cornichons · 2 TL abgetropfte Kapern
1/2 TL Dijon-Senf · frisch gemahlener schwarzer Pfeffer
2 hartgekochte Eier · Eigelb und Eiweiß separat gehackt
3 EL glattblättrige Petersilie, gehackt

Essig mit einer Prise Salz in einer kleinen Schüssel mit dem Schneebesen verrühren, bis sich das Salz auflöst. Das Öl unter ständigem Rühren langsam zugießen, bis alles gut gemischt ist. Zwiebeln, Cornichons, Kapern und Senf zufügen. Mit Salz und Pfeffer abschmecken. Kurz vor dem Servieren das gehackte Eigelb, Eiweiß und die Petersilie unterrühren.

Fond de volaille
Hühnerbrühe

Ich fühle mich nie so ganz wohl, wenn ich nicht einen kleinen Vorrat an Hühnerbrühe im Gefrierfach habe. Wenn ich ohnehin den ganzen Tag in der Nähe der Küche bin, bereite ich immer eine Brühe aus frischen Hühnerflügeln und -hälsen zu; damit wird sie schön gehaltvoll. Und wenn mich der Hunger packt, mache ich mir in der Mikrowelle eine Brühe aus 500 g rohem oder gekochtem Hühnerklein mit den üblichen Kräutern und Gemüsen und 1/2 l Wasser. Sie wird auf höchster Stufe 12 Minuten gegart und dann abgeseiht.

Ergibt 2 l Brühe:

---

2 kg rohes oder gekochtes Hühnerklein · 4 Möhren

---

2 große Zwiebeln, 1 davon mit 2 Nelken gespickt · 1 Stange Sellerie

---

1 Lauchstange (weißer und zartgrüner Teil), der Länge nach halbiert und gut gewaschen

---

Bouquet garni, bestehend aus: 12 Petersiliestengeln, 8 Pfefferkörnern, 1/4 TL Thymian, 1/4 TL Fenchelsamen und 1 Lorbeerblatt, in ein doppellagiges Mulltuch gebunden

---

eine Prise Salz

Das Hühnerklein in einen schweren Topf geben und mit reichlich kaltem Wasser bedecken, es sollte mindestens 5 cm darüberstehen. Zum Kochen bringen. So lange abschäumen, bis die Brühe klar ist. Die verdampfte Flüssigkeit durch kaltes Wasser ersetzen. Gemüse und Bouquet garni zugeben und eine Prise Salz zufügen. Das Ganze auf höchster Stufe zum Kochen bringen. Hitze zurückschalten und die Brühe 2 Stunden leise köcheln lassen. Schaum und Fett immer wieder abschöpfen.

Ein großes Sieb mit doppellagigem, feuchtem Mulltuch auslegen und das Sieb in eine große Schüssel hängen. Die Brühe durchpassieren und in den Kühlschrank stellen. Wenn sie erkaltet ist, das ganze Fett von der Oberfläche entfernen. Die Brühe kann problemlos 3-4 Tage im Kühlschrank, im Gefrierfach bis zu 6 Monaten aufbewahrt werden.

Fumet de poisson
Fischfond

Ergibt 1 l Fischfond:
2,5 kg Fischabfälle (Köpfe ohne Kiemen), gründlich gewaschen und zerkleinert
2 Zwiebeln, gehackt
90 g frische Pilze, gewaschen und blättrig geschnitten
Bouquet garni, bestehend aus: 12 Petersiliestengeln, 8 Pfefferkörnern, 1/2 TL Thymian, 1/4 TL Fenchelsamen und 1 Lorbeerblatt, in ein doppellagiges Mulltuch gebunden
1/2 l trockener Weißwein · 1 TL frisch gepreßter Zitronensaft

Alle Zutaten mit 2 l Wasser in einen großen Topf geben. Zum Kochen bringen und häufig abschäumen. Den Fond 30 Minuten ohne Deckel köcheln lassen und des öfteren abschäumen. Ein Sieb mit doppellagigem, feuchtem Mulltuch auslegen und das Sieb in eine große Schüssel hängen. Die Brühe durchpassieren. Den Fischfond abmessen und nötigenfalls auf 1 l einkochen.

Sachgruppenregister

**Grundrezepte für Teige,
Saucen und Fonds**

Alphabetisches Register
französisch

A

B

C

D

E

Alphabetisches Register
deutsch

Kulinarische Reiseführer

Wilhelm Heyne Verlag
München